Theorien Sozialer Bewegungen

Campus Studium

Heiko Beyer ist Akademischer Oberrat und *Annette Schnabel* Professorin für Soziologie am Institut für Sozialwissenschaften der Heinrich-Heine-Universität Düsseldorf.

Heiko Beyer, Annette Schnabel

Theorien Sozialer Bewegungen

Eine Einführung

Campus Verlag
Frankfurt/New York

ISBN 978-3-593-50715-6 Print
ISBN 978-3-593-43613-5 E-Book (PDF)
ISBN 978-3-593-42850-5 E-Book (EPUB)

Umschlaggestaltung: Guido Klütsch, Köln
Satz: Campus Verlag, Frankfurt am Main
Lektorat: Marcel Müller
Gesetzt aus: Garamond
Druck und Bindung: Beltz Bad Langensalza
Printed in Germany

www.campus.de

Inhalt

1. Einleitung

1.1 Zur Brisanz Sozialer Bewegungen

Im Morgengrauen des 15. August 1963 machten sich Lawrence Cumberbatch, ein sechzehnjähriger Teenager aus Brooklyn, und zwölf weitere Mitglieder der hiesigen Ortgruppe des Congress of Racial Equality (CORE) auf den Weg, um gemeinsam mit 250.000 anderen Aktivist*innen in Washington DC für die Bürgerrechte der schwarzen Bevölkerung der Vereinigten Staaten zu demonstrieren.[1] Im Gegensatz zu vielen anderen Teilnehmer*innen traten Cumberbatch und seine Genoss*innen die Anreise jedoch nicht mit dem Bus oder in Autos an. Stattdessen hatten sie beschlossen, die Strecke von Brooklyn nach Washington zu Fuß zurückzulegen. Startpunkt war das heute noch existierende Downstate Hospital in der Lenox Road unweit des Prospect Parks, das damals gerade erbaut wurde und vor dem Cumberbatch mit seinen Freund*innen wochenlang protestiert hatte, da die State University, die auf dem Krankenhausgelände ein Wohnheim für ihre Medizinstudent*innen errichtete, Weiße bei der Job-Auswahl bevorzugt zu haben schien. An der Kundgebung in Washington teilnehmen wollte Cumberbatchs Ortgruppe dementsprechend vor allem, weil sie sich davon eine Verbesserung der Situation auf dem Arbeitsmarkt erhoffte.

Ein Foto zeigt die vier Frauen und neun Männer mit selbstbemalten »Freedom Now«-Sweatshirts, Schlafsäcken und Reisetaschen am Morgen des 15. August aufbrechen. In den folgenden zwölf Tagen schlief die Gruppe auf Supermarktparkplätzen, ernährte sich hauptsächlich

---

1 Die folgende Beschreibung basiert auf einem 2013 in *The Huffington Post* veröffentlichten Bericht Cumberbatchs (Cumberbatch Anderson 2013).

von Keksen und erfuhr von vorbeifahrenden Autofahrer*innen und Passant*innen immer wieder rassistische Beschimpfungen, manchmal jedoch auch Ermunterungen. Die dreißig Meilen durch Delaware mussten an einem einzigen Tag zurückgelegt werden, da die dortige Polizei den Aktivist*innen verboten hatte, ein Camp aufzuschlagen. Einige Menschen spendeten der Gruppe Geld oder luden sie zum Essen ein.

Am Abend des 27. August erreichten die CORE-Mitglieder schließlich Washington. Sie übernachteten bei Gleichgesinnten in der Umgebung, begaben sich am nächsten Morgen zur Demonstration und wurden so Zeug*innen eines der wichtigsten Momente in der US-amerikanischen Geschichte. Da die Gruppe durch die wortwörtliche Umsetzung ihrer Aktion, »nach Washington zu marschieren«, zu diesem Zeitpunkt bereits einige Bekanntheit erlangt hatte, durfte sie mit Martin Luther King jr. das Podium vor dem Lincoln Memorial betreten. Lawrence Cumberbatch erinnert sich an diesen Moment folgendermaßen:

»The only way I could explain the experience is that once we gathered from the different homes where we'd spent the night, we walked through the throngs of people, we were escorted up to the podium, and that's when it struck. You could see nothing but this landscape of people, nothing but people. It was really incredible. We were giddy. I can remember it.« (zit. nach Cumberbatch Anderson 2013)

Der kurzfristige realpolitische Ertrag des *March on Washington* war weitaus weniger überwältigend, als die beschriebenen Erfahrungen, die Cumberbatch und andere Teilnehmer*innen in Bezug auf die Demonstration in Erinnerung behielten. Für die schwarzen Arbeiter*innen änderte sich zunächst wenig. Dennoch ist wohl unstrittig, dass der *March on Washington* einen der wichtigsten symbolischen Erfolge des *civil rights movement* darstellt. Vor allem dank Martin Luther Kings »I have a dream«-Rede steht das Ereignis bis heute weltweit als Sinnbild für das Aufbegehren einer unterdrückten Minderheit, die sich erfolgreich gesellschaftliche Teilhabe erkämpft hat.

Soziale Bewegungen sind oftmals der einzige Weg für marginalisierte Bevölkerungsgruppen, gegen Diskriminierung und ungerechte Lebensbedingungen aufzubegehren. Bewegungsorganisationen sind im Vergleich zu staatlichen Akteur*innen weniger darauf angewiesen, Mehr-

Abb. 1: Martin Luther King jr. während seiner Rede am 28. August 1963

(Quelle: http://www.marines.mil/unit/mcasiwakuni/PublishingImages/2010/01/KingPhoto.jpg)

heitsmeinungen und -interessen zu repräsentieren und fokussieren sich in der Regel gerade auf Themen, die nicht oder nur unzureichend von der Parteienlandschaft abgedeckt werden. In diesem Sinne sind sie ein bedeutender Bestandteil zivilgesellschaftlicher Mitbestimmung und eines der wichtigsten Werkzeuge demokratischer Gesellschaften, um Minderheitenforderungen in den öffentlichen Diskurs zu integrieren (Alexander 2006).

In den letzten Jahren wurde der Bewegungsforschung jedoch von der politischen Realität eine bittere Lektion erteilt; nämlich jene, dass es sich bei Minderheitenmeinungen durchaus auch um solche handeln kann, die anderen Minderheiten ihre Rechte absprechen. War der Erfolg der sozialwissenschaftlichen Bewegungsforschung unmittelbar an den Aufstieg der Neuen Linken der 1960er und 1970er Jahre geknüpft gewesen, überschnitten sich häufig sogar die Rolle der Aktivist*in mit jener des

Forschenden, so erscheint vor dem Hintergrund der aktuellen antiega-
litären Bewegungen diese Überidentifikation mit den Untersuchungs-
objekten als Ursache eines konzeptuellen blinden Flecks: Die normative
Aufladung von Begriffen wie Soziale Bewegung, Zivilgesellschaft und
Demokratie, die in den Sozialwissenschaften häufig zu beobachten ist,
hat problematische Konsequenzen für die Analyse der neuesten Sozialen
Bewegungen. Nicht, weil die zugrunde liegende Norm nicht potenziell
begründungsfähig wäre – warum sollte man sich nicht darauf einigen
können, dass zivilgesellschaftlicher Protest oft sozial erwünschte Folgen
hervorbringt? –, sondern weil damit Phänomene wie Antisemitismus,
Antiamerikanismus, Antifeminismus und Rassismus, die ideologischer
Grundbestandteil auch einiger (nicht nur rechtsextremer) Sozialer Bewegungen waren und sind, aus dem Blick geraten. Diese operieren ironischerweise meist genau mit dem Argument, sie nähmen die Demokratie ernst. Ihre Positionen würden von den Eliten als ›politisch inkorrekt‹
gebrandmarkt, obwohl sie dem ›Willen des Volks‹ entsprächen.

Der vorliegende Einführungsband ist uns nicht zuletzt vor dem Hintergrund des Erfolgs neurechter und islamistischer Bewegungen in den
letzten Jahren ein besonderes Anliegen. Konnten die Sozialwissenschaften durch die *Civil-Rights*-, Studenten-, Friedens-, Umwelt-, Frauen-
und *Gay-Rights*-Bewegung der 1970er und 1980er Jahre das Phänomen
der Sozialen Bewegungen gar nicht mehr übersehen, so sind es heute
Pegida, Brexit und *alt-right*, aber auch ISIS, El Kaida und Salafismus,
die das Thema wieder in den unmittelbaren Fokus der Forschung rücken. Unser Buch will hierfür einen theoretischen Werkzeugkasten zu-
sammenstellen. Sein Gegenstand sind sozialwissenschaftliche Theorien
über Soziale Bewegungen, angefangen bei den klassischen Schriften des
Marxismus und der Massenpsychologie, bis hin zu aktuellen Ansätzen
der Bewegungsforschung. Diese Ansätze sollen dabei helfen, Soziale Bewegungen, unabhängig von ihrer politischen Selbstbeschreibung, als soziale und politische Kräfte zu analysieren, die Gesellschaften prägen, indem sie diese verändern oder aber konservieren.

1.2   Was sind Soziale Bewegungen?

Soziale Bewegungen sind Arten kollektiven Verhaltens, die es zunächst von ähnlichen Phänomenen des Sozialen wie Massenpaniken, Trends, Pogromen oder Revolutionen abzugrenzen gilt. Im Vergleich zum Beispiel zu Massenpaniken liegt bei Sozialen Bewegungen statt intuitiven Reaktionen ein mit »subjektive[m] *Sinn*« verbundenes Verhalten vor, das »auf das Verhalten *anderer* bezogen wird und daran in seinem Ablauf orientiert ist« (Weber 1985 [1922]: 542) – wir haben es also mit *sozialem Handeln* im Sinne Max Webers zu tun. Im Fall Sozialer Bewegungen sind nun die einzelnen Handlungen der Akteur*innen in einer besonderen Weise aufeinander bezogen: Die Mitglieder Sozialer Bewegungen beziehen ihre Handlungen aufeinander und auf Sympathisant*innen, die potenziell Mitglieder werden können (diese Bezüge sind theoretisch nicht einfach zu erklären, wie dieser Band zeigen wird), und sie handeln mit Bezug auf diejenigen, die als politische Gegner*innen identifiziert wurden. Insbesondere aus dieser letztgenannten ›sozialen Beziehung‹ im Weber'schen Sinne ergibt sich auch die *Intentionalität* oder Zielorientierung Sozialer Bewegungen, nämlich ihre Interessen gegen jene der Gegner durchzusetzen.

Dies reicht jedoch für eine präzisere Bestimmung dessen, was Soziale Bewegungen nun gegenüber anderen Phänomenen *kollektiven Handelns* auszeichnet nicht hin: Betrachten wir für die weitere Bestimmung des Begriffs der Sozialen Bewegung daher einige für die vorliegende Literatur zum Thema maßgebliche Definitionen. Mayer N. Zald und Roberta Ash fassen den Begriff in ihrem paradigmatischen Aufsatz von 1966 *Social Movement Organizations: Growth, Decay and Change* zum Beispiel folgendermaßen: »A social movement is a purposive and collective attempt of a number of people to change individuals or societal institutions and structures.« (Zald/Ash 1966: 329) Hier wird neben den bereits erwähnten Kriterien der Kollektivität und Intentionalität insbesondere betont, dass es den Akteur*innen um die *Veränderung* bestehender Verhältnisse geht. Fraglich ist, ob dieses Kriterium notwendigerweise vorliegen muss. In der Regel dürfte das Ziel Sozialer Bewegungen zwar fraglos darin bestehen, einen gesellschaftlichen Ist-Zustand zu verändern, es

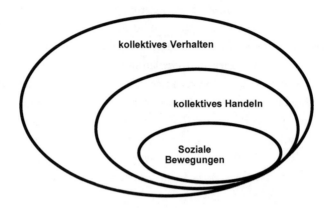

Abb. 2: Verortung Sozialer Bewegungen innerhalb des phänomenologischen Objektbereichs der Sozialwissenschaften

(Quelle: Eigene Darstellung)

kommt aber durchaus vor, dass sich Soziale Bewegungen formieren um einen Ist-Zustand zu verteidigen. Bei solchen sozialen Bewegungen handelt es sich dann um sogenannte *countermovements* (Rohlinger 2002). Letztlich scheint es jedoch eine Frage der Perspektive, welche Bewegungsorganisationen als ›Bewegung‹ und welche als ›Gegenbewegung‹ angesehen werden können. Denn auch Gegenbewegungen zielen oft auf eine empfundene Meinungshoheit bestimmter Eliten, selbst wenn diese sich nicht in parlamentarischen Mehrheiten ausdrückt.

Die von Sydney G. Tarrow in *Power in Movement* (erstmalig veröffentlicht im Jahr 1994) verwendete Definition berührt diesen Aspekt, indem sie Soziale Bewegungen als »collective challenges, based on common purposes and social solidarities, in sustained interaction with elites, opponents, and authorities« (Tarrow 2011: 9) beschreibt. Unter *collective challenges* werden dabei vor allem konflikthafte Kämpfe gegen eine in bestimmtem Sinne als machtvoll empfundene Gruppe verstanden. Diese können zum Beispiel in Form von konkreten Demonstrationen oder auch einer umfassenden symbolischen Gegenkultur zum Ausdruck gebracht werden. Wichtig scheint für Tarrow dabei neben dem hier in die Begriffe des *common purpose* und der *social solidarity* aufgespaltenen Moments der *Kollektivität*, dass der artikulierte Protest von einer gewissen *Dauer* ist. Darin unterscheiden sich laut Tarrow (2011: 11f.) Soziale Bewegungen von anderen Formen der *contentious politics*, etwa von spontanen Aufständen, Unruhen und Revolutionen. Das Konzept der *contentious politics* kann dabei gewissermaßen als Überkategorie begriffen werden, die an anderer Stelle als »episodic, public, collective interaction among makers of claims and their objects« (McAdam u. a. 2001: 5) definiert wird.

Auch Soziale Bewegungen sind damit nur als episodenhaft zu verstehen, gleichwohl diese Episoden mitunter recht lang andauern und Soziale Bewegungen sowohl untergehen als auch wiederauferstehen können. Um Episoden handelt es sind jedoch allein schon deshalb, weil ein längeres Überdauern einer Sozialen Bewegungen zu ihrer Institutionalisierung führen dürfte. Aus Bewegungsorganisationen erwachsen so schließlich Parteien, die sich in die staatliche Politik integrieren. Der ›Weg durch die Institutionen‹, den die Umweltbewegung zurückgelegt hat und der sich am Erfolg der Partei der Grünen manifestiert (vgl. Markovits/Gorski 1997), liefert diesbezüglich ein anschauliches Beispiel.

Damit wird deutlich, dass Begriffe, die in einer festen Organisationsstruktur ein notwendiges Definitionskriterium Sozialer Bewegungen sehen, als problematisch gelten müssen, obschon dies für die Mehrzahl der Definitionen zutrifft und sogar ein gesamter Theoriestrang (nämlich der Ressourcenmobilisierungsansatz; siehe Kapitel 4) auf dieser Annahme aufbaut. Da sich jedoch Organisationen gerade durch das Auf-Dauer-Stellen der Zielverfolgung, formale Regeln der Mitgliedschaft und eine formalisierte Hierarchiestruktur auszeichnen (vgl. aus systemtheoretischer Perspektive die klassische Definition von Luhmann 2005: 12f.), scheint es prinzipiell nicht sinnvoll, nur dort von Sozialen Bewegungen zu sprechen, wo diese solchermaßen charakterisierte Organisationen aufbauen, sondern vielmehr analytisch auch den Fall diffus strukturierter Bewegungen zuzulassen.

Auf Basis dieser Blütenlese von Begriffen lassen sich an dieser Stelle nun Soziale Bewegungen allgemein folgendermaßen definieren:

Soziale Bewegungen umfassen Phänomene sozialen Handels, bei denen sich Akteur*innen aufgrund der Unterstellung gemeinsamer Ziele zumindest diffus organisieren und für eine längere Zeit zu einem Kollektiv zusammenschließen, um mit institutionalisierter Entscheidungsgewalt ausgestattete individuelle oder kollektive Akteur*innen im Modus des Konflikts zu beeinflussen.

Jenes Bewegungskollektiv zerfällt dann oft wiederum in Teilgruppen, sogenannte Bewegungsorganisationen (McCarthy/Zald 1977), die mitunter durchaus unterschiedliche Vorstellungen hinsichtlich der strategischen und taktischen Ausrichtung, der konkreten Ziele und der Bewegungsidentität als solcher haben. Dennoch eint diese Organisationen im Normalfall ein gemeinsamer Feind sowie das sprichwörtliche große Ganze, also die abstrakte Idee des ersehnten Soll-Zustands.

Doch dies sind Überlegungen, die nicht die *Definition* von Sozialen Bewegungen tangieren, sondern bereits auf die Ursachen ihres Erfolgs oder Scheiterns verweisen. Jene schöpfen, in anderen Worten, bereits aus den Erkenntnissen der *Theorien*, mit denen sich das vorliegende Buch nun erst eingehender beschäftigen will.

1.3 Aufbau des Buchs

Genau wie alle anderen Sozialwissenschaften zeichnet sich auch die Forschung zu Sozialen Bewegungen durch das Ineinandergreifen von Theorie und Empirie aus. Die Dynamiken des Erkenntnisgewinns in diesem Feld werden einerseits durch Entwicklungen in der allgemeinen sozialwissenschaftlichen Theorie vorangetrieben, den hier stattfindenden Debatten und den entsprechenden *turns*, die den Sozialwissenschaften in den letzten Jahrzehnten neue Impulse lieferten. So lassen sich enge Verzahnungen zwischen Interaktionismus und *Collective-Behavior*-Ansätzen der Bewegungsforschung, zwischen Organisationssoziologie und dem Ressourcenmobilisierungsansatz oder zwischen Theorien rationaler Handlungswahl und *Critical-Mass*-Ansätzen beobachten. Andererseits wird die Erforschung immer auch durch neue Beobachtungen und Veränderungen im Phänomenbereich der aktuell aktiven Sozialen Bewegungen initiiert. Hier lässt sich die Fokusverschiebung von individueller Unzufriedenheit zu organisationalen Formen der Mobilisierung in den späten 1970er Jahren, aber auch die Digitalisierung sozialer Protestbewegungen nennen. Gleichzeitig gehen von der Bewegungsforschung Impulse aus, die in der allgemeinen Sozialwissenschaft und ihren Teildisziplinen mehr oder minder enthusiastisch aufgenommen werden (zum Beispiel im Neo-Institutionalismus).

Wir beschränken uns mit dem vorliegenden Band auf den ersten der drei Mechanismen der Wissensgenerierung: Uns interessiert die Geschichte der verschiedenen Theorien Sozialer Bewegungen, ihr Schicksal und ihre innere Dynamik. Auch wenn die Sozialgestalt der Sozialen Bewegung historisch bereits viel früher auftritt,[2] beginnen wir mit einem Blick in das 19. Jahrhundert, als von den Sozialwissenschaften im heutigen Sinne noch nicht die Rede sein konnte. Dementsprechend waren die Reflexionen über Soziale Bewegungen vordergründig vor allem politische. Konkret erwuchs dieses Interesse aus der revolutionären Arbeiterbewegung, insbesondere aus dem Marxismus. Dass Karl Marx selbst zu den Gründungsvätern der Soziologie gehört, verdeutlicht, wie fest die Klassiker mit beiden Beinen auf dem Boden der damaligen Verhältnisse standen. Ihre Theorien entwickelten sie vor dem Hintergrund konkreter gesellschaftlicher Probleme des ausgehenden 19. Jahrhunderts: der sozialen Frage, des sozialen Wandels (›Modernisierung‹) sowie den Bedingungen und Grenzen sozialer Ordnung.

Der Ursprung der Bewegungsforschung fällt dementsprechend kaum zufällig mit jenem der Sozialwissenschaften, insbesondere der Soziologie, zusammen. Hatte der Namensgeber der Soziologie, Auguste Comte,

---

2 Zu den bekanntesten Frühformen Sozialer Bewegungen gehört die kirchliche Erneuerungsbewegung der Reformation (1517 und 1648). Anhand dieser Bewegung lassen sich nicht nur Verschiebungen im (theologisch-)ideologischen Erkenntnisgefüge einer ganzen Gesellschaft und durch sie initiierte gravierende soziale und politische Veränderungen (wie die Entstehung des neuzeitlichen Staats, eines zentralen Schulwesens und veränderter Familienstrukturen) beobachten, sondern vor allem bewegungsinterne Dynamiken, die schließlich zu einer Aufspaltung der Bewegung in Lutheraner und Reformierte führte (Van Dülmen 2015).

gesellschaftlichen Wandel im Wesentlichen noch als erfahrungsbasierten Erkenntnisfortschritt beschrieben, so verstand Marx Geschichte als eine Abfolge von Konfliktverhältnissen, die von konkreten, handelnden Menschen inszeniert werden. Aus dem Kampf zwischen den etablierten Kräften der Bourgeoisie und der aufstrebenden Arbeiterklasse, so Marx' Hoffnung, sollte eine bessere, weil menschlichere Gesellschaft hervorgehen. Die Arbeiterbewegung galt ihm als eigentlicher (kollektiver) Akteur der Geschichte, als ›revolutionäres Subjekt‹. Das folgende, 2. Kapitel skizziert diesen und weiterführende Gedanken des Marx'schen Früh- und Spätwerks und beleuchtet zudem die wichtigsten Entwicklungen im Marxismus des 20. Jahrhunderts.

Das 3. Kapitel beginnt mit einem ähnlich klassischen Ansatz, nämlich jenem von Gustave Le Bon, der Soziale Bewegungen aus Sicht der Massenpsychologie beschrieb. Soziale Bewegungen wurden von Le Bon als Gefährdungen der bestehenden Machtverhältnisse eingeschätzt. Ihre revolutionäre Kraft würden sie allein aus irrationalen Impulsen und Emotionen ziehen. Le Bon unterstellte, dass der Mensch sich in der Masse zu einem allein von Trieben gesteuerten Wesen verwandle. Diese Annahme sollte die Agenda für die folgenden siebzig Jahre Bewegungsforschung dominieren. Im Anschluss an die Massenpsychologie werden dementsprechend die Ansätze zu *collective behavior* von Robert E. Park und Ernest W. Burgess, von Herbert Blumer, Ralph H. Turner und Lewis M. Killian sowie Neil J. Smelser vorgestellt, die Soziale Bewegungen ebenfalls als eigenlogische Phänomene thematisieren, die individuelle Entscheidungsleistungen zu überschreiten vermögen. Diese Ansätze sind eng verzahnt mit der zum Zeitpunkt ihrer Entstehung in den USA prominentesten soziologischen Theorie, der Interaktionstheorie der *Chicago-School*. Das Kapitel schließt mit Ansätzen zu (relativer) Deprivation, die kritisch unmittelbar an die *Collective-Behavior*-Theorien anknüpfen. Sie stellen erstens (und erstmals) Soziale Bewegungen als eigenständiges Sozialphänomen heraus und machen, zweitens, die Eigenlogik individuellen Handelns gegen die Logik kollektiver Mobilisierung stark. Diese Theorien führen politischen Protest auf sozialen Wandel zurück, der wiederum zu Perzeptionen relativer Benachteiligung und infolgedessen zu Frustration, Wut und Aufbegehren führen könne.

Das 4. Kapitel zeichnet einen der wichtigsten Paradigmenwechsel in der Bewegungsforschung nach. In den hier vorgestellten Theorien werden die Akteur*innen mitsamt ihren Ressourcen, ihrer Organisationsfähigkeit, ihren Zielen und Wünschen in den Vordergrund der Analysen gestellt. Sie gelten nicht länger als quasi-automatisch handelnde Teile eines hermetischen Kollektivs; die Mobilisierung wird vielmehr von den eigeninteressierten, rationalen Erwägungen der Akteur*innen abhängig gemacht. Während der Ressourcenmobilisierungsansatz – wie der Name schon sagt – auf die Ressourcen, ihre Zusammenführung und Organisation fokussiert, formulieren Ansätze rationaler Handlungswahl zunächst die Frage, ob rationale Akteur*innen überhaupt ›gute Gründe‹ für ein Bewegungsengagement haben. Mancur Olsons (1985 [1965]) Überlegungen zum Kollektivgutproblem hatten nahegelegt, dass diese eher einen Anreiz haben könnten, abzuwarten, bis *andere* sich engagieren, bevor sie selbst Zeit, Geld und kognitive Kapazitäten in den politischen Kampf investieren. Im Rahmen der Rational-Choice-Theorien (RC-Theorien) konnten jedoch Lösungsansätze für dieses Problem entwickelt werden, die zeigen, dass es durchaus ›gute Gründe‹ jenseits der Anreize zum ›Trittbrettfahren‹ geben könnte, einer Bewegung beizutreten und aktiv zu werden. Diese Ansätze legen allerdings auch nahe, dass *gleiche* Ziele eben nur unter sehr bestimmten Bedingungen auch zu *gemeinsamen* Zielen werden können und dass hierfür weder gleiche Lebenslagen noch ähnlich gelagerte Unzufriedenheiten hinreichend sind. Zum Abschluss des Kapitels wird anhand des Beispiels der Leipziger Montagsdemonstrationen von 1989 exemplifiziert, wie sich Theorien rationaler Handlungswahl zur Erklärung von Entscheidungen zur Teilnahme an politischen Protestaktionen nutzen lassen.

Etwa zur selben Zeit, zu der verschiedene Autor*innen am Ressourcenmobilisierungsansatz arbeiteten, entstand die sogenannte Theorie der *political opportunity structures*, mit der sich das 5. Kapitel beschäftigt. Wie der Name schon verrät, interessiert sich dieser Ansatz vor allem für das politisch-institutionelle Umfeld, in dem Soziale Bewegungen und vor allem Proteste entstehen. Von Peter K. Eisinger, einem der Begründer des politischen Forschungsprogramms, wird etwa gezeigt, dass sowohl sehr offene als auch sehr geschlossene Strukturen Proteste gleichermaßen eher verhindern. Spätere Arbeiten von Doug McAdam, Charles Tilly und Sydney Tarrow weisen darauf hin, dass jene Strukturen jedoch immer erst von den Akteur*innen als ›geschlossen‹ oder ›offen‹ interpretiert werden müssen, damit sie überhaupt Handlungswirksamkeit erlangen. Und diese Interpretationen der Wirklichkeit können bisweilen sehr unterschiedlich ausfallen. Zudem versuchten sich die drei genannten Autoren Anfang der 2000er Jahre an einem sowohl theorieintegrativen als auch ›dynamischen‹ Modell, das auf ein breiteres Spektrum von Phänomenen, die in den Bereich *contentious politics* fallen, angewendet werden kann. Ihr *Dynamics-of-Contention*-Ansatz kann als umfassendste Weiterentwicklung des politischen Forschungsprogramms gelten und hat in der jüngsten Zeit zahlreiche empirische Untersuchungen inspiriert, von denen einige ebenfalls in Kapitel 5 vorgestellt werden.

Eine Vielzahl an Studien haben auch die im 6. Kapitel zu behandelnden kultursoziologischen Ansätze des *framing* und der *collective identity* hervorgebracht. Sie gehören bis heute zu den populärsten Konzepten, wenn es darum geht, die Motive und Eigensinnigkeiten der sich in Sozialen Bewegungen engagierenden Menschen nachzuvollziehen. Auf den strukturellen Bias des *Political-Opportunity-Structures*-Ansatzes sowie den rationalistischen Duktus der Ressourcenmobilisierungstheorie reagierend, brachten es in den 1980er Jahren zunehmend Autor*innen zu Berühmtheit, die sich für die individuellen Sinn-Konstruktionen und die Interpretationsmuster von Akteur*innen interessierten. Die (eigene) Erfahrung in den ›Neuen Sozialen Bewegungen‹ hatte dazu geführt, dass man sich nun vermehrt den symbolischen Ausdrucksweisen der Protestierenden und ihrem Spiel mit Bedeutungen widmete. Kulturell expressive Bewegungen wie die Umwelt- oder Friedensbewegung zwangen den Forschenden gewissermaßen eine kulturelle Perspektive auf. Nicht überraschend wuchs sich dieser konzeptuelle Neuanfang zu einem paradigmatischen *cultural turn* aus, wie er sich auch in den Mainstream-Sozialwissenschaften in diesem Zeitraum finden lässt, sodass die Begriffe des *framing* und der *collective identity* über mehrere Jahrzehnte hinweg aus kaum einer Publikation zu Sozialen Bewegungen wegzudenken waren. Inzwischen hat sich einige Kritik an dieser Dominanz formiert, die am Ende des Kapitels kurz zu Gehör kommen soll.

In Anbetracht der politischen und theoretischen Entwicklungen dieser Tage schließen wir den Band mit einem kursorischen Überblick über regimetransformierende Bewegungen in Osteuropa, den Arabischen Frühling, die antikapitalistische Occupybewegung und die rechtspopulistische Pegida-Bewegung in Deutschland. Als besonderes theoretisch interessierendes Phänomen wird die Digitalisierung dieser Bewegungen in den Blick genommen, da sich hierin unseres Erachtens einer der wichtigsten Unterschiede im Vergleich zu älteren Sozialen Bewegungen erkennen lässt. Das Buch endet mit zwei theoretischen Herausforderungen: einem Vorschlag, wie sich die Anerkennungstheorie von Judith Butler analytisch für die Bewegungsforschung nutzbar machen lassen könnte, sowie einigen theoriegeleiteten Überlegungen zur systematischen Inklusion von Körper, Emotionen und Raum in die Bewegungsforschung.

Trotz einer langen, eigenständigen und multiperspektivischen Theorietradition bleibt das empirische Feld der Sozialen Bewegungen wie es scheint nicht zuletzt angesichts der aktuellen gesamtgesellschaftlichen Entwicklungen komplex genug, um die Theoriebildung immer wieder vor neue Herausforderungen zu stellen. Gleichzeitig sind die theoretischen Impulse, die aus den allgemeinen sozialwissenschaftlichen Theoriedebatten in jene der Bewegungsforschung ›herüberschwappen‹, inspirierend genug, immer wieder neue Aspekte des Phänomenbereichs Soziale Bewegungen aus neuen konzeptuellen Blickwinkeln zu betrachten.

2. Die Geburt der Bewegungsforschung aus dem Geist des Marxismus

Während die Geschichte Sozialer Bewegungen, in einem engeren Sinn des Konzepts, bis vor das 18. Jahrhundert zurückreicht (Tilly 2004), beginnt ihre theoretische Aufarbeitung erst mit dem Aufkommen der europäischen Arbeiterbewegung im 19. Jahrhundert. Die Arbeiterbewegung ist zwar weder die erste noch die einzige Soziale Bewegung jener Zeit. Initiativen gegen die Abschaffung der Sklaverei in Großbritannien und den USA oder für politische und soziale Rechte von Frauen formierten sich teilweise früher als die Arbeiterbewegung und ihre Organisationsformen fungierten mitunter sogar als Vorbild für letztere (ebd.). Keine dieser Bewegungen erreichte jedoch jenen gesamtgesellschaftlichen Einfluss, der in Karl Marx' und Friedrich Engels' berühmtem Satz aus dem *Kommunistischen Manifest* zum Ausdruck kommt: »Ein Gespenst geht um in Europa – das Gespenst des Kommunismus.« (Marx/Engels 1972 [1848]: 461)

Bei den ersten sozialwissenschaftlichen Erklärungen für die Entstehung und Durchsetzung Sozialer Bewegungen handelt es sich dementsprechend nicht um allgemeine wissenschaftliche Theorien, sondern um spezifische, politisch motivierte Untersuchungen zu den Erfolgsaussichten der Arbeiterbewegung. Sozialistische, anarchistische und kommunistische Theorien stritten darum, welche Strategien die Arbeiterklasse wählen und welches genaue Ziel sie anstreben sollte. Dieses ideengeschichtliche Konkurrenzverhältnis stellt den historischen Kontext der Schriften von Karl Marx dar, der rückblickend zusammen mit Gustave Le Bon (siehe Kapitel 3) als wichtigster Ideengeber der späteren Bewegungsforschung gelten kann.[3] Im Folgenden werden daher die für das Thema relevantesten Schriften Marx' kurz erläutert sowie drei der wichtigsten ›Multiplikatoren‹ des Marxismus vorgestellt: Wladimir Iljitsch Lenin, der den sowjetmarxistischen Diskurs über seinen Tod hinaus prägte, Georg Lukács, dessen Marx-Interpretation in *Geschichte und Klassenbewußtsein* einen der wesentlichen Anknüpfungspunkte für den westlichen Marxismus der Frankfurter Schule bildet, sowie das Konzept der kulturellen Hegemonie von Antonio Gramsci, das für die in den 1980er Jahren aufkommende und bis heute andauernde postmarxistische Diskussion bezüglich der Rolle der Zivilgesellschaft in Demokratien eine große Bedeutung besitzt. Beschäftigen wir uns aber zunächst mit den originären Gedanken von Marx.

2.1 Karl Marx' Theorie(n) sozialen Wandels

Die Marx'schen Überlegungen zu Klasse, Arbeiterbewegung und Revolution sind in ein umfassendes Modell sozialen Wandels eingebettet und müssen auch in diesem Zusammenhang nachvollzogen werden. Zunächst ist dabei zwischen Früh- und Spätwerk zu unterscheiden. Im Mittelpunkt des Frühwerks steht vor allem die Entwicklung einer ›materialistischen Geschichtsauffassung‹, die unter kritischer Bezugnahme auf Ludwig Feuerbach die idealistische Dialektik Georg Wilhelm Friedrich Hegels und der Linkshegelianer vom »Kopf […] auf die Füße« zu stellen gedachte, wie Friedrich Engels (1975 [1886]: 293) sich ausdrückte. Im Spätwerk löst sich Marx zunehmend von geschichtsphilosophisch-teleologischen Grundannahmen und formuliert stattdessen eine ›Kritik der politischen Ökonomie‹, in der die Grundparadoxien der kapitalistischen Moderne und daraus resultierende Krisentendenzen entfaltet werden.

---

3 Andreas Pettenkofer (2010) hat aus den Theoriebausteinen sozialwissenschaftlicher Klassiker wie Max Weber, Emile Durkheim, John Dewey und George Herbert Mead, die sich selbst *nicht* vordergründig mit Sozialen Bewegungen beschäftigt haben, eine eigene ›Soziologie des radikalen Protests‹ (re-)konstruiert, die als Ergänzung zum vorliegenden Kapitel zur Lektüre empfohlen wird.

2.1.1   Das Frühwerk

Das Frühwerk Marx' kann als eine Suchbewegung hin zur berühmten Erkenntnis des historischen Materialismus, dass es »nicht das Bewußtsein der Menschen [ist], das ihr Sein, sondern umgekehrt ihr gesellschaftliches Sein, das ihr Bewußtsein bestimmt« (Marx 1971 [1859]: 9), gelesen werden. Ludwig Feuerbach hatte in *Das Wesen des Christentums* zunächst gezeigt, dass es sich bei der Figur Christus' um eine Projektion menschlicher Eigenschaften auf das Reich der Religion handelt. Nachdem Marx 1843 mit dieser Waffe der Feuerbach'schen Religionskritik noch die Hegel'sche Rechtsphilosophie angegriffen hatte (Marx 1976 [1843]), distanzierte er sich zwei Jahre später mit seinen elf *Thesen über Feuerbach* (1969 [1845]) von dem einstigen Ideengeber. In der sechsten *Feuerbachthese* heißt es dazu prägnant: »Feuerbach löst das religiöse Wesen in das *menschliche* Wesen auf. Aber das menschliche Wesen ist kein dem einzelnen Individuum innewohnendes Abstraktum. In seiner Wirklichkeit ist es das Ensemble der gesellschaftlichen Verhältnisse.« (ebd.: 534)

Auf der Suche nach der genaueren Bestimmung dieser gesellschaftlichen Verhältnisse stieß der junge Marx auf die Nationalökonomie. Denn in den 1840er Jahren erkannte er, dass »die Anatomie der bürgerlichen Gesellschaft in der politischen Ökonomie zu suchen sei« (Marx 1971 [1859]: 8). Eine seiner ersten ökonomischen Schriften bilden die 1844 verfassten und Fragment gebliebenen *Ökonomisch-Philosophischen Manuskripte* (auch ›Pariser Manuskripte‹; Marx 1968 [1932]). Dort skizzierte Marx seine Überlegungen zu einer Theorie der Geschichte als Geschichte der Arbeit. Der Begriff der Arbeit hat dabei eine allgemeine, anthropologische und ontologische Bedeutung: Er bezeichnet den notwendigen Akt der instrumentellen Naturaneignung durch den Menschen. In diesem Sinne sei Arbeit eine ›Gattungstätigkeit‹: »Das produktive Leben ist [...] das Gattungsleben. Es ist das Leben erzeugende Leben. In der Art der Lebenstätigkeit liegt der ganze Charakter einer species, ihr Gattungscharakter, und die freie bewußte Tätigkeit ist der Gattungscharakter des Menschen.« (ebd.: 516)

Arbeit existiere in der auf Privateigentum basierenden modernen Ökonomie jedoch nur in ›entfremdeter‹ Form. Marx unterschied dabei zwischen vier miteinander verknüpften Aspekten: Der Arbeiter sei entfremdet von seinem Produkt, vom Akt der Produktion, von der Gattung und von seinen Mitmenschen (ebd.: 516ff.). Obwohl die Arbeit also prinzipiell den Menschen erst zu dem mache, was er ist – zum ›Gattungswesen‹ – und die verwandelnde Aneignung der Natur der Verwirklichung des Menschen dienen sollte, führe die Arbeit in ihrer historischen Form als kapitalistische Lohnarbeit gerade zum Gegenteil: zur zunehmenden Verelendung des Arbeiters.

Diese ›Verkehrung‹ kann Marx zufolge erst mit der Abschaffung des Privateigentums durch eine kommunistische Bewegung aufgehoben werden. Im Kommunismus werde die Arbeit aus ihrem entfremdeten (»bornierten«; ebd.: 542) Zustand befreit und damit schließlich »Gattungstätigkeit« (ebd.: 557). Die historische Entwicklung wird von Marx als Weg hin zu dieser Befreiung des Menschen aufgefasst. Ihre Voraussetzung ist die vollkommene Entfaltung des Privateigentums, die vollkommene Verkehrung. »Erst auf dem letzten Kulminationspunkt der Entwicklung des Privateigentums tritt dieses sein Geheimnis wieder hervor, nämlich einerseits, daß es das *Produkt* der entäußerten Arbeit, und zweitens, daß es das *Mittel* ist, durch welches sich die Arbeit entäußert, die *Realisation dieser Entäußerung.*« (ebd.: 520) Der Kapitalismus produziere demnach aus sich heraus die Bedingungen seiner eigenen Aufhebung.

In den zwei Jahren nach der Niederschrift der Pariser Manuskripte machte Marx eine fundamentale Wandlung durch, die ihre Gründe unter anderem in dem geschilderten Bruch mit der Feuerbach'schen Philosophie hatte. Dokument dieser Wandlung ist die zusammen mit Engels verfasste Schrift *Die Deutsche Ideologie*. Hier werden Begriffe wie Gattung und Entfremdung als »spekulativ-idealistisch« (Marx/Engels 1969 [1932]: 37) oder »philosophisch« (ebd.: 82) verspottet und durch eine historisch-materialistische Geschichtsauffassung ersetzt: »Diese Geschichtsauffassung beruht […] darauf, den wirklichen Produktionsprozeß, und zwar von der materiellen Produktion des unmittelbaren Lebens ausgehend, zu entwickeln […].« (ebd.: 37f.) Ausgangspunkt der Analyse ist also ebenfalls die Arbeit (bzw. der Produktionsprozess), aber nicht wie in den Pariser Manuskripten als anthropologische Konstante, sondern als historisch spezifische Tätigkeit. Unter diesen Vorzeichen entwarfen Marx und Engels die Geschichte der Arbeitsteilung, angefangen bei der ursprünglichen Trennung von Stadt und Land am Beginn der Zivilisation bis hin zur Industrialisierung und der Durchsetzung des Weltmarkts (ebd.: 60).

»Die große Industrie [...] erzeugte eine Masse von Produktivkräften, für die das Privat[eigentum] ebensosehr eine Fessel wurde wie die Zunft für die Manufaktur und der kleine, ländliche Betrieb für das sich ausbildende Handwerk. Diese Produktivkräfte erhalten unter dem Privateigentum eine nur einseitige Entwicklung, werden für die Mehrzahl zu Destruktivkräften, und eine Menge solcher Kräfte können im Privateigentum gar nicht zur Anwendung kommen. Sie erzeugte im Allgemeinen überall dieselben Verhältnisse zwischen den Klassen der Gesellschaft und vernichtete dadurch die Besonderheit der einzelnen Nationalitäten. Und endlich, während die Bourgeoisie jeder Nation noch aparte nationale Interessen behält, schuf die große Industrie eine Klasse, die bei allen Nationen dasselbe Interesse hat und bei der die Nationalität schon vernichtet ist, eine Klasse, die wirklich die ganze alte Welt los ist und zugleich ihr gegenübersteht. Sie macht dem Arbeiter nicht bloß das Verhältnis zum Kapitalisten, sondern die Arbeit selbst unerträglich.« (ebd.)

Selbst in Ländern, in denen die Industrialisierung noch nicht so weit fortgeschritten sei, entstünden Arbeitervereinigungen, da es sich einerseits um eine internationale Bewegung handle und andererseits oft in solchen Ländern die Arbeiter unter noch schlechteren Bedingungen leben müssten als in Ländern wie England, wo die ›große Industrie‹ sich längst durchgesetzt habe.

In dem Text *Das Elend der Philosophie* von 1847 heißt es dazu:

»Die ökonomischen Verhältnisse haben zuerst die Masse der Bevölkerung in Arbeiter verwandelt. Die Herrschaft des Kapitals hat für diese Masse eine gemeinsame Situation, gemeinsame Interessen geschaffen. So ist diese Masse bereits eine Klasse gegenüber dem Kapital, aber noch nicht für sich selbst. In dem Kampf [...] findet sich diese Masse zusammen, konstituiert sie sich als Klasse für sich selbst. Die Interessen, welche sie verteidigt, werden Klasseninteressen. Aber der Kampf von Klasse gegen Klasse ist ein politischer Kampf.« (Marx 1972 [1847]: 181)

Es ist diese Formulierung, die zur berühmten Unterscheidung von ›Klasse an sich‹ und ›Klasse für sich‹, also von analytischer Klassenlage und praktischem Klassenbewusstsein bzw. -handeln, geführt hat, obgleich Marx an dieser Stelle nicht explizit von einer ›Klasse an sich‹ spricht.[4]

Tatsächlich kann entgegen dem sozialwissenschaftlichen Common Sense nicht von einer ausgearbeiteten, separaten Marx'schen ›Klassentheorie‹ gesprochen werden. In noch schärferem Maße gilt dies für den Begriff des Kommunismus. Beide Aspekte wurden von Marx lediglich im Zusammenhang mit den konkreten Überlegungen zu den Grundlagen und Dynamiken sozialen Wandels (das heißt von Geschichte) behandelt. Dennoch finden sich, wie gezeigt, bereits im Frühwerk größere Fragmente die ideellen und materiellen Voraussetzungen für das Entstehen der Arbeiterbewegung betreffend.

2.1.1 Das Spätwerk

Das Spätwerk, welches zwar ebenfalls teilweise nur als Fragment vorliegt, von Marx aber von vornherein systematischer konzipiert wurde, beschäftigt sich kaum noch mit der Arbeiterbewegung als solcher. Entgegen der traditionsmarxistischen Interpretation, die basierend auf einer Ineinssetzung von Früh- und Spätwerk Marx zu jenem Klassenkampftheoretiker gemacht hat, als der er nach wie vor größtenteils wahrgenommen wird, tritt der Kommunismus als »*wirkliche* Bewegung« (Marx/Engels 1969 [1932]: 35) im Laufe der Jahre mehr und mehr in den Hintergrund der Analysen. Dies bedeutet jedoch nicht, dass Marx sich nicht mehr für das Schicksal der Arbeiterklasse interessiert hätte – im Gegenteil. Um jedoch die Folgen der Industrialisierung für deren Lebensbedingungen aufzeigen zu können, bedurfte es zunächst einer genaueren Analyse der in der sechsten *Feuerbachthese* Schlagwortartig erwähnten »gesellschaftlichen Verhältnisse« (Marx 1969 [1845]: 534).

Im über zwanzig Jahre nach der Niederschrift der *Feuerbachthesen* im Jahr 1867 erstmals erschienenen ersten Band von *Das Kapital* nannte Marx als Ziel des Spätwerks die Bestimmung von »Naturgesetzen der kapitalistischen Produktion« (Marx 1962 [1867]: 12). Der Begriff des

---

4 In der späteren Bewegungsforschung wird eine ähnliche Unterscheidung getroffen, die zwischen ›gleichen‹ und ›gemeinsamen‹ Interessen (siehe Kapitel 4).

Naturgesetzes besitzt hier eine ironische Doppelbedeutung, die Adorno mit dem folgenden Satz auf den Punkt gebracht hat: »Die Naturgesetzlichkeit der Gesellschaft ist Ideologie, soweit sie als unverbrüchliche Naturgegebenheit hypostasiert wird. Real aber ist die Naturgesetzlichkeit als Bewegungsgesetz der bewußtlosen Gesellschaft […].« (1997 [1966]: 349) Obwohl die ökonomischen Verhältnisse von Menschen hervorgebracht werden, erscheinen sie den Akteur*innen als unhintergehbare Naturgesetze. Gegen die lohnt es sich allerdings nicht zu protestieren. Wo sah der späte Marx also angesichts der ›Totalität der Verhältnisse‹ Potenzial für Soziale Bewegungen? Um diese Frage zu beantworten, müssen wir etwas tiefer in *Das Kapital* eintauchen und die von Marx dort erläuterte Dialektik von Statik und Dynamik explizieren.

Die Marx'sche Darstellung beginnt zunächst auf der Erscheinungsebene der Zirkulationssphäre (im Unterschied zur Produktionssphäre). Hier werden – unter Einhaltung des Gesetzes vom Äquivalententausch – Waren gekauft und verkauft. Das gilt auch für die ›Ware Arbeitskraft‹. Wie der Wert jeder anderen Ware ist auch jener der Arbeitskraft für Marx durch die zu ihrer Produktion »gesellschaftlich notwendige Arbeitszeit« (Marx 1962 [1867]: 53) – eine Art Durchschnittsarbeitszeit – bestimmt (ebd.: 184f.). Das bedeutet, ihr Wert entspricht der Wertsumme jener Waren, die zur Reproduktion der Arbeitskraft notwendig sind; sodass der Arbeitende also am nächsten Tag wieder gesund und ausgeruht am Arbeitsplatz erscheinen kann.

Beginnend mit dem dritten Abschnitt des ersten *Kapital*-Bands – *Die Produktion des absoluten Mehrwerts* (ebd.: 192ff.) – beschäftigte sich Marx nun mit dem Produktionsprozess und verließ das »Eden der angebornen Menschenrechte« (ebd.: 189) der Zirkulationssphäre, wo Arbeitskraftkäufer und Arbeitskraftbesitzer als zwei freie, gleichberechtigte Bürger erscheinen, die einen einfachen Tausch eingehen. Wenn jedoch nach der Beendigung des Tauschs der Arbeitskraftkäufer mehr Wert besitzt als der Arbeitskraftbesitzer, stellt sich die Frage, woraus sich dieses Inkrement speist. Marx zufolge ist die Antwort im Produktionsprozess zu suchen, denn der »Wert der Arbeitskraft und ihre *Verwertung* im Arbeitsprozeß sind […] zwei verschiedne Größen« (ebd.: 208; Hervorhebung H.B.). Der Wert, den ein Arbeiter in der Zeit seiner Anstellung produziert, sei unabhängig vom Wert seiner Arbeitskraft. Für gewöhnlich übersteige ersterer den jenes ›Warenkorbs‹, den der Arbeiter zu seiner Reproduktion benötigt – andernfalls würde sich das Geschäft für den Arbeitskraftkäufer auch nicht lohnen: Die Differenz dieser beiden Werte – die Zeit, die der Arbeitskraftbesitzer arbeitet, um die Mittel für seine Reproduktion zu verdienen, und die Zeit, die er insgesamt arbeitet, – bilde die Quelle des ›Mehrwerts‹.

Solange nun der Mehrwert vollkommen vom Arbeitskraftkäufer konsumiert wird, handle es sich um eine ›einfache Reproduktion‹ des Verwertungsprozesses (ebd.: 591ff.). Erst wenn der Mehrwert akkumuliert wird, könne von ›Kapital‹ die Rede sein. Um dieses zu vermehren müsse entweder der ›absolute Mehrwert‹ gesteigert werden, etwa durch Arbeitszeitverlängerung oder den Ankauf von mehr Arbeitskraft. Oder es müsse der ›relative Mehrwert‹ vergrößert werden, indem jener Teil des Arbeitstags, an dem der Arbeiter für seinen eigenen ›Warenkorb‹ arbeitet, verkürzt wird. Denn wenn der Wert der Waren, die zur Reproduktion der Arbeitskraft nötig sind, sinke, dann verringere sich auch der Wert der Arbeitskraft. Es verkürze sich somit die Zeit, die ein Arbeiter für seine Reproduktion arbeitet und der relative Anteil der Mehrarbeit für den Kapitalisten verlängere sich. Eine solche Wertsenkung des ›Warenkorbs‹ finde für gewöhnlich dann statt, wenn sich die allgemeine gesellschaftliche Produktivkraft erhöht, zum Beispiel durch technischen Fortschritt.

Aus diesen Überlegungen leitete Marx schließlich das ›allgemeine Gesetz der kapitalistischen Akkumulation‹ ab, das »den Einfluß, den das Wachstum des Kapitals auf das Geschick der Arbeiterklasse ausübt« (ebd.: 640), beschreiben soll. Obwohl zunächst durchaus die Nachfrage nach Arbeitskräften und damit auch die Löhne steigen können, werde die Arbeitskraft aufgrund von Produktivkraftsteigerungen zunehmend überflüssig. Durch die effizientere Organisation des Produktionsprozesses sowie technische Verbesserungen könnten in der gleichen Zeit mehr Waren hergestellt werden. Dies bedeute gleichzeitig, dass weniger Arbeiter*innen nötig sind, was zusätzlich den Wert bzw. den Preis der Produkte senkt. Neue Maschinen würden dementsprechend dann angeschafft, wenn die Einsparungen an zu zahlenden Löhnen größer sind als die Ausgaben für die neue Technologie. Dies führe zum Entstehen einer »industriellen Reservearmee« (ebd.: 657) von Arbeiter*innen. Arbeitslosigkeit stellt damit, so Marx, keine Ausnahme, sondern die Regel in Waren produzierenden Gesellschaften dar.

Im dritten Band von *Das Kapital*, der erst posthum im Jahr 1894, ediert von Friedrich Engels, erschien und sich schließlich mit dem *Gesamtprozeß der kapitalistischen Produktion* (so der Untertitel) beschäftigte, beschrieb Marx die Konsequenz dieser Zusammenhänge für die Profitraten der einzelnen Kapitale. Da der Profit sich bei Marx aus dem Verhältnis des Mehrwerts zum eingesetzten (›konstanten‹ und ›variablen‹) Kapital herleitet und der Mehrwert, wie gezeigt, aus der eingesetzten menschlichen Arbeitskraft, muss der abnehmende Einsatz von Arbeitskraft im Produktionsprozess langfristig auch zu einem Rückgang der Profitrate führen. Marx bezeichnet dieses Theorem als Gesetz des tendenziellen Falls der Profitrate (Marx 1983 [1894]: 221ff.).

Anders als es der Begriff des Gesetzes nahezulegen scheint, können aus diesen Überlegungen des Spätwerks keine deterministischen Folgen abgeleitet werden, weder für das Schicksal der Arbeiterklasse noch des Kapitalismus selbst. Aufgrund der immanenten Wachstumslogik des Kapitals entspringt hieraus nach Marx jedoch zumindest das *Potenzial* für soziale Konflikte und Unzufriedenheit. Dass dies nicht zwangsläufig in eine emanzipatorische Bewegung münden muss, sondern die Basis von Totalitarismus und Populismus bilden kann, hat das 20. Jahrhundert unter Beweis gestellt. Ein Umstand, aufgrund dessen die an Marx anknüpfende Kritische Theorie der Frankfurter Schule Sozialen Bewegungen eher skeptisch gegenüberstand und der den während des italienischen Faschismus inhaftierten Antonio Gramsci in Form der Frage beschäftigte, warum die kommunistische Revolution ausgeblieben sei. Bevor diese beiden späteren Varianten der Marx-Interpretation beleuchtet werden, wollen wir uns aber mit jener Form des Marxismus beschäftigen, die selbst in den Totalitarismus führen sollte: Lenins Parteikommunismus.

2.2 Marxismus

2.2.1 Lenin und der Sowjetmarxismus

Bestand zum Zeitpunkt der Veröffentlichung des *Kommunistischen Manifests* im Jahr 1848 noch Anlass zum Optimismus, schien doch die Stunde der europäischen Arbeiterklasse gekommen, ja die proletarische Revolution geradezu ›naturwüchsig‹ aus den gesellschaftlichen Verhältnissen zu entspringen, so sah man sich fünfzig Jahre später mit der enttäuschenden Situation konfrontiert, dass die Revolution noch immer auf sich warten ließ. Für den Fall des zaristischen Russland war dies eigentlich keine Überraschung, da die russische Gesellschaft zur Zeit der Jahrhundertwende noch wesentlich durch agrarwirtschaftliche Strukturen geprägt war. Dennoch, oder gerade deswegen, entstand just hier eine neue revolutionäre Strömung, die das 20. Jahrhundert wie kaum eine andere prägte.

Für die Sozialdemokratische Arbeiterpartei Russlands (SDAPR) stellte sich zum Ausgang des 19. Jahrhunderts, wie für fast alle europäischen Arbeiterparteien jener Zeit, die Frage: Reform oder Revolution? Sollte man darauf warten, dass die Massen ein Klassenbewusstsein entwickeln oder eigenmächtig voranschreiten? Wladimir Iljitsch Lenin unterstützte bekanntlich die letztere Position. In dem 1902 veröffentlichten kanonischen Text *Was tun?* (Что делать?) beschrieb er die Notwendigkeit der Formierung einer Art proletarischer Avantgarde, die für die Organisation der Arbeiterklasse sorgen sollte. In kritischer Auseinandersetzung mit reformistischen und gewerkschaftsnahen Fraktionen innerhalb der Sozialdemokratie, die insbesondere auf Überlegungen Eduard Bernsteins rekurrierten, entwarf Lenin das Konzept einer Partei neuen Typs.

Sowohl Arbeiterparteien als auch Gewerkschaften existierten zur Zeit der Niederschrift des Manuskripts von *Was tun?* durchaus zur Genüge und hatten die Lebensbedingungen der Arbeiterklasse auch einigermaßen verbessern können, vor allem was die Länge des Arbeitstags und die Höhe des Lohns anbetraf. Das grundlegende Ausbeutungsverhältnis, das Marx beschrieben hatte, konnten sie jedoch nicht beseitigen.

Nach Lenin kommt nun eine solche nur graduelle Verbesserung und der Verzicht auf radikalen Wandel gerade den Interessen der »westeuropäischen Bourgeois« entgegen, die »bemüht waren, den englischen Trade-Unionismus auf den heimatlichen Boden zu verpflanzen, wobei sie den Arbeitern einzureden suchten, daß der nur-gewerkschaftliche Kampf eben der Kampf für sie selbst und für ihre Kinder sei, und nicht ein Kampf für irgendwelche zukünftigen Generationen mit irgendeinem zukünftigen Sozialismus« (Lenin 1955 [1902]: 392). Kurzsichtiger und egoistischer Arbeitskampf, wie ihn die Gewerkschaften laut Lenin praktizierten, unterdrücke durch seine ›Spontanität‹ das ›bewusste Element‹, die »sozialistische Ideologie« (ebd.: 393f.). Der Ideologiebegriff wurde von Lenin in diesem Zusammenhang deskriptiv verwendet und nicht etwa im Sinne eines falschen Bewusstseins, wie noch bei Marx. Er unterschied im Wesentlichen zwei Ideologien – die bürgerliche und die sozialistische – und jede Bewegung, die sich nicht auf die sozialistische berufe, spiele der bürgerlichen in die Hände (ebd.: 396).

Lenins Schrift ist dementsprechend als Versuch einer Intervention gegen eine fundamental falsche, weil letztlich zu einer Marginalisierung der Arbeiterbewegung führende taktische Ausrichtung der Partei zu verstehen. Seiner Meinung nach habe sich der reformorientierte Teil der SDAPR zu sehr auf den Kampf der Arbeiter gegen Unternehmer konzentriert. Dieser Kampf sei zu spontan, praktisch und ökonomisch ausgerichtet gewesen. Zum einen bleibe er dadurch fragmentiert und episodenhaft, zum anderen könne er durch einfache Verhaftungen der Streikenden relativ leicht zerschlagen werden. Dem »»Ökonomismus‹« und der »Anbetung der Spontaneität« (ebd.: 398) stellt Lenin die »politische Agitation« (ebd.: 425) gegenüber. Sie zeichne sich durch »allseitige politische Enthüllungen« (ebd.) von Unrecht, Missständen und Nöten in allen gesellschaftlichen Schichten aus, um die Massen für die Arbeiterbewegung zu gewinnen. Denn das »Bewußtsein der Arbeitermassen kann kein wahrhaftes Klassenbewußtsein sein, wenn die Arbeiter es nicht an konkreten und dazu unbedingt an brennenden (aktuellen) politischen Tatsachen und Ereignissen lernen« (ebd.: 426).

Der Kern des Problems liege freilich nicht in dieser inhaltlichen Neuausrichtung, sondern in der ihr entsprechenden Organisationsform.

Denn laut Lenin widersprach die bisherige Struktur der Bewegung dieser Aufgabe. Der auf gewerkschaftlich organisierte Proteste und Streiks ausgerichteten »Handwerklerei« (ebd.: 455) fehle es an einer zentralen Koordinationsstelle, die jene »vom *ganzen Volk* ausgehende[n] Enthüllungen« (ebd.: 446) zu sammeln, veröffentlichen und kommentieren hätte. Diesen Ansatz sollte ein neuer Typus von Partei in Kombination mit einer landesweiten Zeitung verfolgen. Nur so könne dafür gesorgt werden, dass die einzelnen thematisierten Episoden und Phänomene im Sinne der revolutionären Sozialdemokratie und des Marxismus gerahmt würden (ebd.: 446f.).

Lenin nannte im Wesentlichen drei Punkte, die das neue Organisationsmodell von der ›Handwerklerei‹ des ›Ökonomismus‹ unterscheiden:

»Der politische Kampf der Sozialdemokratie ist viel umfassender und komplizierter als der ökonomische Kampf der Arbeiter gegen die Unternehmer und die Regierung. Genauso (und infolgedessen) muß die Organisation der revolutionären sozialdemokratischen Partei unvermeidlich *anderer Art* sein als die Organisation der Arbeiter für diesen Kampf. Die Organisation der Arbeiter muß erstens eine gewerkschaftliche sein; zweitens muß sie möglichst umfassend sein; drittens muß sie möglichst wenig konspirativ sein [...]. Die Organisation der Revolutionäre dagegen muß vor allem und hauptsächlich Leute erfassen, deren Beruf die revolutionäre Tätigkeit ist (darum spreche ich auch von der Organisation der *Revolutionäre* [...]). Hinter dieses allgemeine Merkmal der Mitglieder einer solchen Organisation *muß jeder Unterschied zwischen Arbeitern und Intellektuellen,* von den beruflichen Unterschieden der einen wie der anderen ganz zu schweigen, *völlig zurücktreten.* Diese Organisation muß notwendigerweise nicht sehr umfassend und möglichst konspirativ sein.« (ebd.: 468)

Anders als die bisherigen Massenparteien sollte die neue Organisation fast ausschließlich aus einer kleinen, sich aus allen gesellschaftlichen Schichten zusammensetzenden und konspirativ agierenden, Gruppe von ausgebildeten ›Berufsrevolutionären‹ bestehen und taktische Konzepte für die breite, zu mobilisierende Masse entwickeln. In diesem Zustand wäre die Partei bei illegalen Aktionen – und im zaristischen Russland betraf dies einen Großteil der Unternehmungen – kaum zu zerschlagen, da die Verantwortlichen unerkannt blieben. Je professioneller die im Umgang mit der Polizei geschulte Parteielite sei, desto größer werde der Anteil der Bevölkerung sein, der sich für die Bewegung aktivieren lasse (ebd.: 481). Prinzipiell gäbe es genügend Menschen, die unzufrieden seien, man müsse sie nur mobilisieren und führen (ebd.: 484f.).

Der Hauptvorwurf, mit dem sich Lenin verständlicherweise konfrontiert sah, war jener des Mangels an demokratischer Transparenz. Insbesondere von ausländischen Sozialdemokrat*innen wurde dieser Punkt mit Nachdruck vorgebracht. Lenin reagierte darauf mit den folgenden Argumenten: Zum einen sei der Vorwurf des »Antidemokratismus« heuchlerisch, da keine ernstzunehmende revolutionäre Bewegung vollkommen demokratisch sein könne und dies auch nie gewesen sei (ebd.: 496f.). Zum anderen seien »strengste Konspiration, strengste Auslese der Mitglieder, Heranbildung von Berufsrevolutionären« am Ende weitaus wichtiger als demokratische Strukturen, denn: »Sind diese Eigenschaften gegeben, so ist noch etwas Größeres gesichert als der ›Demokratismus‹, nämlich: das volle kameradschaftliche Vertrauen der Revolutionäre zueinander.« (ebd.: 498)

Im historischen Rückblick muss solch eine Versicherung natürlich zynisch erscheinen: Die auf gegenseitigem Verrat basierenden stalinistischen Säuberungen gehörten zum Unmenschlichsten und Antiemanzipatorischsten, was im Namen des Kommunismus seit seiner Entstehung verübt wurde. Eines der vielen berühmten Opfer dieser Verfolgungen war der Autor, der im folgenden Absatz im Mittelpunkt stehen soll: Georg Lukács.

2.2.2 Georg Lukács und die Kritische Theorie

Bereits Lukács' Biografie spiegelt auf eindrückliche Art und Weise die Wehen der Arbeiterbewegung des 20. Jahrhunderts wider. 1885 in Budapest als Sohn einer wohlhabenden jüdischen Familie geboren, studierte er 1909/10 unter anderem bei Georg Simmel an der Friedrich-Wilhelms-Universität Berlin sowie 1913/14 bei Max Weber in Heidelberg. 1918 trat Lukács der Kommunistischen Partei Ungarns bei, deren Versuch der Errichtung einer Räterepublik 1919 scheiterte. Im daraufhin erzwungenen österreichischen Exil entstanden die wichtigsten Schriften des Frühwerks – unter anderem die in dem Sammelband *Geschichte und*

Abb. 3: Die Ungarische Revolution von 1956 gegen die Sowjetbesatzung

(Quelle: Gabor B. Racz)

Klassenbewußtsein 1923 gemeinsam veröffentlichten Arbeiten *Die Verdinglichung und das Bewußtsein des Proletariats* sowie *Was ist orthodoxer Marxismus* –, Werke, die Lukács teilweise während seiner anschließenden Zeit in Moskau revidieren musste.

Aufgrund seines ›Demokratismus‹ geriet Lukács immer wieder in Konflikt mit dem sowjetischen Parteiapparat und saß 1941 sogar kurzzeitig im Gefängnis. Nach Kriegsende kehrte er nach Budapest zurück, wo er 1948 Professor für Ästhetik und Kulturphilosophie wurde. Seit 1946 auch Mitglied des Parlaments, übernahm er zudem 1956 während des Ungarischen Aufstands gegen die Sowjets den Posten des Kulturministers. Mit der Niederschlagung der Erhebung wurde Lukács verhaftet und seiner Ämter enthoben. Seine Schriften wurden im Einflussgebiet der Sowjetunion weitgehend verboten (Arato 1972). Umso größere Wirkung hatte Lukács jedoch für den westlichen Marxismus der Frankfurter Schule. Insbesondere seine Begriffe der Verdinglichung und Totalität sollten zu den wichtigsten Säulen der Kritischen Theorie werden.

Der Begriff der Verdinglichung taucht in den Schriften Marx' zwar, abgehsehen von einigen kursorischen Nennungen, nicht explizit auf, dennoch schlossen Lukács' Überlegungen in *Die Verdinglichung und das Bewußtsein des Proletariats* (1970a [1923]) unmittelbar an zentrale Kategorien der Marx'schen Theorie, vor allem der Werttheorie, an. Nach Lukács habe sich die von Marx analysierte Warenform nach ihrer mit der Auflösung des Feudalismus verbundenen allgemeinen Durchsetzung nun auch jenseits des ökonomischen Bereichs als Grundprinzip gesellschaftlicher Vermittlung etabliert (ebd.: 170f.). Denn mit dem Entstehen des freien Lohnarbeiters erweitere sich auch der Wirkungsbereich der Ökonomie, indem aus der kapitalistischen Arbeitsteilung eine spezifische Form der ›Objektivierung‹ entspringt: Erstens würden Waren die Eigenschaften von Naturobjekten annehmen, sodass der Eindruck einer quasi-natürlichen Ordnung entsteht. Diese Mystifizierung des Sozialen basiere, zweitens, darauf, dass die menschliche Tätigkeit selbst zur Ware werde, sowohl für andere als auch für den Arbeiter (ebd.: 175). Die analytische Trennung der Ware Arbeitskraft vom Träger dieser Ware führe zur Selbst-Objektivierung des Arbeiters: Jene körperlichen und psychologischen Eigenschaften, die für den Arbeitsprozess notwendig sind, werden abgespalten »um in rationelle Spezialsysteme eingefügt und hier auf den kalkulatorischen Begriff gebracht werden zu können« (ebd.: 177). Die arbeitsteilige Spezialisierung im Produktionsprozess führe zu einer Fragmentierung des Bewusstseins, dessen Integration nur noch rein quantitativ, »rein kalkulatorisch« (ebd.: 178) vonstattengehe.

Hier fällt auf, dass Lukács das Früh- und Spätwerk Marx' – Entfremdungsbegriff und Werttheorie – recht eklektisch miteinander kombiniert. Nicht in der Arbeitsteilung an sich lag für den späten Marx die Quelle der Objektivierung gesellschaftlicher Verhältnisse, sondern in der für den Kapitalismus spezifischen Form der privaten Produktion gesellschaftlichen Reichtums. Lukács setzte stattdessen, ähnlich wie der frühe Marx, eine »unmittelbar-organisch[e]« Form der Arbeit voraus, wie der folgende Satz verdeutlicht: »[D]ie mechanisierende Zerlegung des Produktionsprozesses [zerreißt] auch jene Bande, die die einzelnen Subjekte bei ›organischer‹ Produktion zu einer Gemeinschaft verbunden haben.« (ebd.: 180) Dieses ›restaurative‹ Moment gestand Lukács später im

1967 erschienenen Vorwort zu *Geschichte und Klassenbewußtsein* (Lukács 1970b: 23) auch selbstkritisch ein.

Eng verknüpft mit dem Begriff der Verdinglichung ist jener der Totalität. Letzterer basiert für Lukács jedoch weit weniger stark auf ontologischen Voraussetzungen als ersterer, weil er nicht notwendigerweise einen ursprünglichen Zustand der Authentizität voraussetze, sondern einer ›dialektischen Methode‹ entspringt: In *Was ist orthodoxer Marxismus?* beschreibt Lukács (1970c [1923]) diese Methode als einzige, die das Wesen der kapitalistischen Gesellschaft aufzuzeigen im Stande sei, weil sie die Trennung von ›Wesen‹ und ›Erscheinung‹ beachte, indem sie von den Erscheinungsformen zum Wesen fortschreite (ebd.: 65). Das Marx'sche Vorgehen in *Das Kapital* zeige in diesem Sinne, wie die Widersprüche der Erscheinungsformen (etwa von Gebrauchswert und Tauschwert) zur Erkenntnis der ökonomischen Basiskategorien (Ware und Geld) führen. Die Bewegung von Ware über Geld zu Kapital (usw.) offenbare sich als in der Logik der Gesellschaft angelegt (ebd.: 68f.). Die unabhängig voneinander erscheinenden Phänomene würden durch diese Bewegung aufeinander bezogen und ihre innere Verbindung aufgezeigt. Das, was als Natur erscheine, Ware und Arbeit, sei Teil dieser gesellschaftlichen Totalität. Mit der Darstellung des Kapitalismus als System bei Marx werde das Sein als Ganzes nicht nur erkannt, sondern auch gezeigt, wie es als Ganzes das Besondere – die Phänomene des Alltags – konstituiere. »Erst in diesem Zusammenhang, der die einzelnen Tatsachen des gesellschaftlichen Lebens als Momente der geschichtlichen Entwicklung in eine *Totalität* einfügt, wird eine Erkenntnis der Tatsachen, als Erkenntnis der *Wirklichkeit* möglich.« (ebd.: 69)

In der Kritischen Theorie der Frankfurter Schule, vor allem bei Adorno, ist es dieser ›negative‹ »Begriff von Gesellschaft als einer Totalität« (Adorno 2003: 60), des ›Ganzen‹, welches das »Unwahre« (Adorno 2007 [1969]: 55) sei, der von Lukács übernommen wird. Er führt zu einer skeptischen Grundposition, die davon ausgeht, Kritik könne nicht von einem äußeren Standpunkt aus, sondern immer nur ›immanent‹ erfolgen (Adorno 1997 [1966]).

Bei Lukács selbst findet sich jedoch ein zweiter, affirmativer Totalitätsbegriff, der gerade den umgekehrten praktischen Schluss aus der Erkenntnis der objektiven Strukturen des Kapitalismus zieht: Den Ausgangspunkt von Lukács' Argumentation diesbezüglich bildet eine Kritik an der idealistischen Philosophie Immanuel Kants.

Kant zufolge könne über das ›Ding an sich‹ keine Aussage getroffen werden, da alle Erkenntnis menschliche Erkenntnis und damit immer schon vermittelt sei. Daran scheitere, so Lukács (1970a [1923]: 209ff.), konsequenterweise die Darstellung der Totalität. Dies liege letztlich darin begründet, dass die Kant'sche Philosophie das Problem nur als rein gedankliches verstehe. Die Lösung könne jedoch keine rein erkenntnistheoretische sein. Vielmehr müssten hier zwei Aspekte unterschieden werden: Erstens betrifft Totalität die gesamte geschichtliche Entwicklung, deren Endziel, zweitens, die Setzung einer neuen Totalität ist. Dies wurde von Hegel idealistisch als ›absoluter Geist‹ konzipiert und ist bei Lukács zum konkreten Subjekt-Objekt ›materialisiert‹ (Lukács 1970b [1923]: 25). In beiden Fällen muss gezeigt werden, dass der Mensch selbst – bis zur Realisierung der ›positiven Totalität‹ unbewusst und fremdbestimmt, danach im bewussten Prozess – die Welt um sich herum produziert.

»Denn nur wenn die Möglichkeit einer derartigen Subjektivität im Bewußtsein und die eines Formprinzips, auf das die Gleichgültigkeit dem Inhalt gegenüber mit allen daraus entstammenden Problemen des Dinges an sich, der ›intelligiblen Zufälligkeit‹ usw. nicht mehr zutrifft, in der Wirklichkeit nachgewiesen werden kann, ist die methodische Möglichkeit gegeben, über den formalen Rationalismus konkret hinauszukommen und durch eine logische Lösung des Irrationalitätsproblems (der Beziehung der Form zum Inhalt) die gedachte Welt als vollendetes, konkretes, sinnvolles, von uns ›erzeugtes‹, in uns zum Selbstbewußtsein gelangtes System zu setzen.« (Lukács 1970a [1923]: 250f.)

Es gilt also, das Subjekt zu finden, welches die Wirklichkeit ›erzeugt‹. Das Rätsel ist freilich bereits gelöst, hatte Marx doch gezeigt, wie die Produkte der Arbeiter ihnen als Dinge gegenübertreten, die eigenen Gesetzen gehorchen und ihre gesellschaftliche Herstellung verbergen. Die Arbeiter müssten sich dessen also nur besinnen und ihr Handeln zu einem bewussten Akt transformieren. Nicht weniger als die Selbstbestimmung des Menschen, und damit erst seine Menschwerdung, steht für Lukács auf dem Spiel: »Die Verfolgung der Klassenziele des Proletariats bedeutet zugleich die bewußte Verwirklichung der – objektiven – Entwicklungsziele der Gesellschaft, die aber ohne sein bewußtes Hinzutun abstrakte Möglichkeiten, objektive Schranken bleiben müssen.« (ebd.: 267f.)

Doch wie kommt Lukács zu diesem optimistischen Schluss? Er ergibt sich aus der beschriebenen Besonderheit der Ware Arbeitskraft. In der Formierung des Selbstbewusstseins des Proletariats offenbare sich gleichsam die objektive Verfasstheit der Gesellschaft. Indem der Arbeiter sich seines Warendaseins bewusst werde, entlarve er gleichermaßen den Schein der Warenzirkulation (ebd.: 295ff.). Die von Marx in *Das Kapital* geschilderte Totalität des Systems lässt sich für Lukács ohne größere Schwierigkeiten unmittelbar aus der Ware Arbeitskraft ableiten. Die Arbeiterklasse werde so zum »Subjekt-Objekt« (Lukács 1970b [1923]: 24) der Geschichte. Ihre Selbsterkenntnis ermögliche nicht nur die eigene Emanzipation, sondern jene der gesamten Menschheit.

In dieser Hypostasierung der Arbeiterbewegung erkennen wir ein letztes Aufflammen der Hoffnung des 19. Jahrhunderts, die proletarische Revolution könne die bürgerliche vollenden, indem die ökonomischen ›Fesseln‹, nachdem sie die politischen ersetzt hatten, endgültig gesprengt werden. Doch Stalinismus und Faschismus begruben diese Hoffnung, zumindest für die Tradition der Kritischen Theorie, die in Lukács' Fußstapfen trat. Weniger pessimistisch, obwohl unmittelbares Opfer der faschistischen Diktatur in Italien, war ein anderer epochaler Marxist des 20. Jahrhunderts: Antonio Gramsci.

2.2.3 Antonio Gramsci und der Postmarxismus

Gramsci gehörte zu den wichtigsten Vertretern des italienischen Kommunismus seiner Zeit und war Gründungsmitglied der Kommunistischen Partei Italiens (PCI), für die er von 1924 bis zu seiner Verhaftung durch die Faschisten im Herbst 1926 als Abgeordneter im italienischen Parlament tätig war. Bis zu seinem Tod im April 1937 verfasste Gramsci im Gefängnis unter strengster Geheimhaltung zahlreiche Fragment gebliebene politische Schriften, die sich im Wesentlichen mit der Frage beschäftigen, wie eine erfolgreiche kommunistische Machtübernahme bewerkstelligt werden könne. Die später posthum zwischen 1948 und 1951 als *Gefängnishefte* veröffentlichten 32 Bände mit insgesamt 2.848 Seiten stellen den mit Abstand bedeutendsten Teil des Schaffens Gramscis dar und beeinflussten zahlreiche Intellektuelle des 20. Jahrhunderts wie Louis Althusser, Michel Foucault, Judith Butler sowie Ernesto Laclau und Chantal Mouffe (siehe auch Kapitel 7). Bei letzteren dürfte es sich um die bedeutendsten Multiplikatoren von Gramscis Ideen und die Hauptverantwortlichen für deren rasante Karriere in den letzten dreißig Jahren handeln (Laclau/Mouffe 1985).

Am wichtigsten für Gramscis weitreichende Rezeption und Aktualität war das Konzept der Hegemonie, dessen Konnotationen der machttheoretischen Grundintention vieler poststrukturalistischer wie auch demokratietheoretischer Überlegungen postmarxistischer Denker*innen entsprachen. Gramscis Kritik am ›Ökonomismus‹ und der Fokus auf den Staat und das Politische lassen bereits den späteren Paradigmenwandel, den die neuen Generationen kritischer Theorien französischer (Foucault), respektive deutscher (Habermas) Provenienz vollziehen sollten, anklingen.

Der Begriff der Hegemonie ist bei Gramsci eingebettet in eine allgemeine Philosophie der Praxis. Darunter verstand er eine an Marx orientierte Kritik des Alltagsverstands, die den Menschen aufzeigt, dass es »vorzuziehen [ist], die eigene Weltauffassung bewußt und kritisch auszuarbeiten und folglich, im Zusammenhang mit dieser Anstrengung des eigenen Gehirns, die eigene Tätigkeitssphäre zu wählen, an der Hervorbringung der Weltgeschichte aktiv teilzunehmen, Führer seiner selbst zu sein und sich nicht einfach passiv und hinterrücks der eigenen Persönlichkeit von außen den Stempel aufdrücken zu lassen« (Gramsci 2012a [1975]: 1375). In diesem ›pädagogischen‹ Sinne könnten alle Menschen zu Philosophen und die Philosophie zur Praxis gemacht werden.

Die wesentliche Aufgabe des praktischen, materialistischen Philosophen sei es somit, in einen Kampf der Ideen, oder, wie Gramsci schreibt, ›Kampf der politischen Hegemonien‹ einzutreten. Dieser Kampf finde auf dem ›Schlachtfeld‹ der ›Zivilgesellschaft‹ statt. Gramsci unterschied analytisch bzw. ›methodisch‹, wie er es nennt, zwischen eben jenem Bereich der Zivilgesellschaft und dem der politischen Gesellschaft und brachte das Verhältnis der beiden Dimensionen auf die Formel »Staat = politische Gesellschaft + Zivilgesellschaft« (Gramsci 2012b [1975]: 783). In den Bereich der politischen Gesellschaft fallen die Zwangsapparate des Staats, vor allem Justiz und Polizei, aber auch die Regierung. Deren Funktion sei die ›direkte Herrschaft‹. Unter den Begriff Zivilgesellschaft fasste Gramsci hingegen die »Ensembles der gemeinhin ›privat‹ genannten Organismen« inklusive ökonomischer Institutionen (Gramsci 2012c [1975]: 1502).

Als »Schützengräben [...] der herrschenden Klasse« (Gramsci 2012d [1975]: 374) habe die zivilgesellschaftliche Hegemonieproduktion die Funktion, die Herrschaft des Staats ideologisch abzusichern. Beide Dimensionen − Zivilgesellschaft und Staat − sind Momente dessen, was Gramsci in Marx'scher Terminologie ›Superstruktur‹ nennt, und sind empirisch sowohl miteinander als auch mit dem, was als ›Struktur‹ bezeichnet wird, verwoben:

»Die Struktur und die Superstrukturen bilden einen ›geschichtlichen Block‹, das heißt, das komplexe und nichtübereinstimmende Ensemble der Superstrukturen ist der Reflex des Ensembles der gesellschaftlichen Produktionsverhältnisse. Dem läßt sich entnehmen: daß nur ein Gesamtsystem von Ideologien rational den Widerspruch der Struktur widerspiegelt und die Existenz der objektiven Bedingungen für die Umwälzung der Praxis repräsentiert.« (Gramsci 2012e [1975]: 1045).

Für die ›Umwälzung der Praxis‹ sei es dementsprechend notwendig, sich intensiv mit der bestehenden »ideologische[n] Struktur« (Gramsci 2012d [1975]: 373) auseinanderzusetzen und die eigene Ideologie zu lancieren (auch bei Gramsci, wie schon bei Lenin, hat der Ideologiebegriff eine deskriptive Konnotation). Bereits vor der Regierungsübernahme müsse die ›politische Hegemonie‹ errungen werden (Gramsci 2012f [1975]: 101f.). Eine besondere Rolle bei der Verbreitung der eigenen Positionen komme dabei den Intellektuellen zu.

Gramsci unterschied dabei zwischen einer »organischen« und einer »traditionellen« (ebd.: 102) Bedeutung des Begriffs des Intellektuellen. Erstere Bedeutung verweist auf das Phänomen, dass jede gesellschaftliche Gruppe ihre eigenen Intellektuellen hervorbringt, letztere auf den

Umstand, dass die Intellektuellen selbst eine soziale Schicht mit einer spezifischen »Solidarität aller Intellektuellen mit Bindungen psychologischer (Eitelkeit, usw.) und häufig kastenmäßiger (technisch-rechtlicher, korporativer) Art« (ebd.) bilden. Sie hätten dadurch eine Art Mittlerfunktion: Es sei ihnen möglich, die Intellektuellen einer gesellschaftlichen Gruppe für die Interessen einer anderen zu gewinnen.

Sowohl bei der Ausbildung der eigenen Intellektuellen als auch für das Gewinnen der Intellektuellen der anderen Gruppen komme der zivilgesellschaftlichen Organisationsform der Partei eine herausgehobene Bedeutung zu:

> »1. [F]ür einige gesellschaftliche Gruppen ist die politische Partei nichts anderes als ihre Art und Weise, die eigene Kategorie von organischen Intellektuellen auszuformen, die sich auf diese Weise direkt auf dem politischen und philosophischen Gebiet bilden […]; 2. für alle Gruppen ist die politische Partei genau der Mechanismus, der in der Zivilgesellschaft dieselbe Funktion erfüllt, die der Staat in größerem Umfang und synthetischer in der politischen Gesellschaft erfüllt, das heißt, sie sorgt für das Zusammenwachsen von organischen Intellektuellen einer bestimmten Gruppe – der herrschenden – mit traditionellen Intellektuellen, und diese Funktion erfüllt die Partei eben in Abhängigkeit von ihrer Grundfunktion […]. [E]in Intellektueller, der sich der politischen Partei einer bestimmten gesellschaftlichen Gruppe anschließt, verschmilzt mit den organischen Intellektuellen derselben Gruppe, verbindet sich eng mit der Gruppe, was durch die Beteiligung am staatlichen Leben nur in bescheidenem Maß und manchmal überhaupt nicht geschieht. Es kommt sogar vor, daß viele Intellektuelle meinen, sie seien der Staat […].« (Gramsci 2012c [1975]: 1505)

Für Gramsci war die Partei also ein Teil der Zivilgesellschaft, nicht des Staats. Im Unterschied zu Lenin sah Gramsci in dieser Organisationsform nicht allein das Instrument einer Führungsclique mit dem Ziel, die Arbeiterbewegung in die richtigen strategischen Bahnen zu lenken. Vielmehr könne die Partei ein Forum sein, auch Intellektuelle anderer Gruppen zu überzeugen und für die eigene Sache zu gewinnen. Bei dieser konzeptuellen Verschiebung handelt es sich um einen Unterschied ums Ganze. Denn Gramsci lässt damit ein quasi-deduktionistisches Verständnis von Ideologie hinter sich und gesteht dem Politischen im Allgemeinen und der Zivilgesellschaft im Besonderen ein gewisses Eigenleben zu. Es ist diese mit dem Begriff der Hegemonie verbundene

Modifikation, die ihn für postmarxistische Demokratietheorien anschlussfähig gemacht hat (Laclau/Mouffe 1985: 65ff.).

Nicht nur für akademische und linke Theoriedebatten, sondern – ironischerweise – auch und in besonderem Maßen für jene innerhalb der Bewegung der Neuen Rechten sind Gramscis Schriften von großem Einfluss gewesen (vgl. für Deutschland Gessenharter/Pfeiffer 2004; Woods 2007). Vermittelt über die Schriften des französischen Vordenkers der *Nouvelle Droite* Alain de Benoist und der 1968 in Nizza gegründeten Groupement de recherche et d'études pour la civilisation européenne (GRECE) wurde das Konzept der kulturellen Hegemonie zum wichtigen Kampfbegriff der Neuen Rechten. Es dient dazu, eine *Kulturrevolution von rechts* – so der Titel von de Benoists 1985 erschienenem Bestseller – zu begründen und wurde inzwischen international exportiert, so auch in die amerikanische *Alt-Right*-Bewegung, die wesentlichen Anteil am Erfolg der Wahlkampagne von Donald Trump im Jahr 2016 reklamierte.

Innerhalb der akademischen Diskussion bleibt Gramsci trotz dieser Instrumentalisierung durch die Neue Rechte dennoch von enormer Bedeutung – vor allem aufgrund seines Ansatzes von Zivilgesellschaft, der das Politische als genuin konflikthaft beschreibt und damit einen wichtigen Gegenpol zu harmonisierenden Tendenzen innerhalb der Demokratietheorien bildet.

2.3 Anknüpfungspunkte für die Bewegungsforschung

Wenngleich insbesondere der Postmarxismus für eine der wichtigsten späteren konzeptuellen Innovationen innerhalb der Bewegungsforschung verantwortlich zeichnet und mit dem Begriff der ›kollektiven Identität‹ die Diskussion der letzten 30 Jahre maßgeblich beeinflusst hat (siehe Kapitel 6), so kam Marx und dem Marxismus innerhalb der jungen Bewegungsforschung zunächst vor allem die Funktion eines Abstoßungspunktes zu. Der Strukturalismus und Ökonomismus Marx' sollte gerade überwunden werden. Im Prinzip wurden die wesentlichen Koordinaten des Feldes der Theorien Sozialer Bewegungen jedoch spätestens mit Gramscis staatstheoretischer Erweiterung bereits vom Marxismus abgesteckt. Die Denker des letzteren wurden politisch mit Problemen konfrontiert, die dann auch die akademische Bewegungsforschung umtreiben sollten:

1. Welche gesellschaftlichen Bedingungen bringen Unzufriedenheit hervor?
2. Wie mobilisiert man Unzufriedene?
3. Welche Bedeutung haben Organisationen für den Erfolg einer Bewegung?
4. Wie stärkt man kollektive Solidarität?
5. Wie können Außenstehende für die eigene Sache gewonnen werden?

Die in diesem Kapitel behandelten Autoren gaben sehr konkrete Antworten auf diese Fragen. Da sie sich mehrheitlich auf die Arbeiterbewegung fokussierten und zudem oft Protagonisten derselben waren, erscheinen ihre Antworten *zu* konkret für eine allgemeine Theorie Sozialer Bewegungen. Nicht allein die ökonomischen, sondern auch die politischen und kulturellen Verhältnisse, nicht allein die soziale Frage, sondern auch die nach der eigenen Kultur treibt Menschen heute auf die Straße (siehe Kapitel 5 und 6). Neben Parteien haben sich andere, nichtstaatliche Organisationsformen durchgesetzt und Soziale Bewegungen zum Erfolg geführt (siehe Kapitel 4). Das Konzept der Klasse als Quelle solidarischen Handelns hat an Bedeutung verloren. An seine Stelle traten eine Vielzahl kollektiver Identitäten, die nicht (allein) auf ökonomischen Deprivationserfahrungen beruhten, sondern auf angeeigneten Fremdzuschreibungen der Mehrheitsgesellschaft (siehe Kapitel 6 und 7).

Das bedeutet nun keineswegs, dass die strukturellen Ursachen, die Marx vor allem im Spätwerk näher bestimmt hat, für das Verstehen und Erklären der Sozialen Bewegungen des 20. und 21. Jahrhunderts unwichtig geworden wären. Der Kapitalismus produziert rasanter als jemals zuvor die Voraussetzung seiner eigenen Überwindung: Menschliche Arbeitskraft wird angesichts des Fortschritts der Produktivkräfte immer entbehrlicher. Gleichzeitig bleiben Arbeit und Kapital (inklusive Eigentum an Immobilien) die einzigen zwei gesellschaftlich legitimierten Erwerbseinkünfte. Der sich daraus entfaltende Widerspruch führt zwar in den Industrieländern heute nicht mehr zur Verelendung, wohl aber zu jenen berüchtigten ›Ängsten‹, die den aktuellen Aufstieg rechtspopulistischer und -extremistischer Bewegungen möglich gemacht haben. Ökonomische Deprivation kann dementsprechend nach wie vor als bedeutender Faktor der Mobilisierung gelten. Ihre Wirkung wird gleichwohl durch kulturelle, politische und schließlich psychologische Prozesse vermittelt. Die nun folgenden Kapitel werden genau jene Prozesse näher beleuchten.

3.   Die Rebellion der Unzufriedenen

Eine der ersten sozialwissenschaftlichen Auseinandersetzungen mit Sozialen Bewegungen im Anschluss an den Marxismus erfolgte aus der Perspektive der Psychologie des ausgehenden 19. Jahrhunderts. Während das 19. Jahrhundert als ›Geburtsstunde der Sozialen Bewegungen‹ gelten kann – hier entstanden sowohl die Frauen- als auch die Arbeiterbewegung –, musste sich ein wissenschaftlicher Zugang, der die Massenbewegungen zu untersuchen in der Lage war, erst schrittweise entwickeln. Dies übernahm zunächst vor allem die europäische Sozial- oder Massenpsychologie. Besonders prominent sind hier die Arbeiten von Gustave Le Bon. Die Soziologie, die sich zu diesem Zeitpunkt selbst noch in ihrer Gründungsphase befand, griff das Phänomen der Sozialen Bewegungen erst im Verlauf der 1930er Jahre auf. Hier waren es vor allem US-amerikanische Wissenschaftler*innen, die sich des Themas annahmen. Auch sie sahen, wie schon vor ihnen Le Bon, in Sozialen Bewegungen in erster Linie (irrationales) Massenverhalten als Reaktion auf beschleunigt ablaufenden gesellschaftlichen Wandel. Erst mit dem Aufkommen der interaktionistischen Ansätze der *Chicago School*, den Theorien zur individuellen Deprivation in der Sozialpsychologie und schließlich des Ressourcenmobilisierungsansatzes im Zuge der Verbreitung utilitaristischer Theorien in der Soziologie, rückte das Individuum als zentraler und rational handelnder Player in den Fokus des sozialwissenschaftlichen Interesses an den Entstehungsgründen und Entwicklungsdynamiken Sozialer Bewegungen. Ihre wissenschaftliche Untersuchung geht dabei Hand in Hand mit der historischen und ideengeschichtlichen Entwicklung des Fachs und spiegelt sich in seiner Theorieentwicklung.

3.1 Massenpsychologie – Die Macht der Masse

Als erste sozialwissenschaftliche Auseinandersetzung im engeren Sinne mit Sozialen Bewegungen lassen sich die um die Wende vom 19. zum 20. Jahrhundert verfassten Schriften des französischen Militärarztes und (Massen-)Psychologen Gustave Le Bon lesen. Sein Hauptwerk *Psychologie der Massen* war 1895 erschienen. Le Bon bezog systematisch Ergebnisse und Erkenntnisse der sich damals gerade etablierenden modernen Psychologie in seine Überlegungen ein (2001 [1895]: 11f.). Er verstand Soziale Bewegungen nicht als eigenständiges Phänomen, wie neuere Theorien dies tun, sondern kategorisierte sie als ›Massen‹. Diese Massen, so Le Bons These, würden in der Moderne als neues Element des Politischen immer bestimmender werden und die Eliten aus ihrer Machtposition verdrängen. Er unterschied *ungleichartige* Massen (Straßenansammlungen als namenlose und Parlamente als nicht-namenlose Massen) von *gleichartigen* Massen wie Sekten oder soziale Klassen. Massen sind nach Le Bon dadurch gekennzeichnet, dass sie impulsiv seien, leicht beeinflussbar, intolerant, diktatorisch und anfällig für Ideologien. Sie würden weniger der Vernunft als vielmehr Bildern, Suggestionen und emotionalen Beeinflussungen folgen und sich dadurch zu Überschwang, Irrationalität und Gewalt hinreißen lassen.[5] Das Verhalten des Einzelnen sei demnach vom Verhalten als Mitglied einer Masse zu unterscheiden, da die Dynamiken der Masse zunächst das Unbewusste ansprächen und Menschen dazu veranlassten, rationale Erwägungen und Kritikfähigkeit zurückzustellen. Le Bon sah die Vermassung der Gesellschaft als Charakteristikum und Folge der negativen Konsequenzen der Moderne: »When the structure of a civilization is rotten, it is always the masses that bring about its downfall.« (ebd.: 10) Er entwarf damit ein Argumentationsmodell, nach dem Individuen in größeren Kollektiven von diesen und ihrer Dynamik quasi mitgerissen würden: Kollektive entwickeln also gleichsam eine Eigenlogik, die der individuellen Inten-

---

5 Le Bon assoziierte diese Eigenschaften mit weiblichen Merkmalen: »Crowds are everywhere distinguished by feminine characteristics.« (2001 [1895]: 23) Zur semantischen Gleichsetzung von Masse und Weiblichkeit vgl. zum Beispiel Helmut König (1992).

tionalität und den Gesetzen der Rationalität zuwiderlaufen und gegen die das Individuum machtlos ist. Sie lassen sich in Le Bons Lesart als Körper verstehen, deren Eigenschaften sich von denen der menschlichen Körper, aus denen sie geformt sind, unterscheiden und die wiederum auf diese Körper zurückwirken und sie verändern.

Le Bon kann als wichtigster Begründer der modernen Massenpsychologie angesehen werden, der das Bild Sozialer Bewegungen zu Beginn des 20. Jahrhunderts, als zumeist irrationaler Menschenansammlungen mit eigener Logik, entscheidend mitprägte. Als empirische Grundlage dienten ihm unter anderem Beobachtungen der Französischen Revolution und der *Commune de Paris*, eines während des Deutsch-Französischen-Kriegs 1870/71 gebildeten Stadtrats. Dessen Ziel war es, eine sozialistische Verwaltung und Regierung in Paris zu etablieren. Le Bon artikulierte in seinen Schriften einen in der damaligen politischen Elite Frankreichs weit verbreiteten Argwohn gegen Massenbewegungen und ihre politischen Zielsetzungen, die oft im sozialistischen Spektrum verortet wurden. Dieser Argwohn richtete sich sowohl gegen ihren sozialistischen Impetus als auch gegen ihr Ziel, die Aristokratie und die wirtschaftliche Elite zu entmachten, um andere, alternative Regierungsformen durchzusetzen. Auch wenn aus Le Bons Analysen Sozialer Bewegungen als Masse ein bestimmtes, dem Zeitgeist geschuldetes Verständnis von politischer Partizipation spricht, so lässt sich die Auffassung, Soziale Bewegungen seien das Ergebnis von Krisen der Moderne auch noch in aktuellen Beschreibungen und Untersuchungen finden.[6] Le Bon brachte darüber hinaus zwei wichtige Ideen in die Bewegungsforschung ein, die erst sehr viel später wiederentdeckt wurden: Zum einen betonte er die Körperlichkeit Sozialer Bewegungen, indem er die Relation des ›Bewegungskörpers‹ zum Individualkörper untersuchte. Spätere Ansätze nahmen dies wieder auf, um zu analysieren, wie Rausch und Leidenschaft, Freude, Ekstase, Erregung und hemmungslose Wut, Aggression und Zerstörungswille in Menschenmassen evoziert werden und von Teilnehmer zu Teilnehmerin überspringen können (zum Beispiel Lofland 1982; Borch 2009; Leistner/Schmidt-Lux 2012; siehe auch Kapi-

---

6 Eine solche Perspektive nimmt beispielsweise Thomas Kern (2008) ein.

tel 7). Zum anderen implizieren seine Überlegungen, dass Akteur*innen als Teil einer politisierten Masse Veränderungen erfahren, die sowohl ihre aktuellen Intentionen als auch Bestandteile ihrer übersituativen Identität zu verändern vermögen (Borch 2009: 277). Dies stellt die Idee einer stabilen, unverbrüchlichen Identität infrage und rückt die (massen-bewegten) Kontexte der Identitätsformation ins Blickfeld.

3.2 *Collective Behavior* – Die Masse wird zum soziologischen Phänomen

Bis zu Le Bons Wiederentdeckung stand jedoch zunächst die zunehmende Kritik am massen-psychologischen Verständnis Sozialer Bewegungen und damit an der ›Entmündigung‹ des Individuums in der Masse im Vordergrund.

Während Europa zunehmend in kriegerischen Auseinandersetzungen zerfiel und mit den Folgen des Ersten und später des Zweiten Weltkriegs kämpfte, entwickelte sich in den USA eine Theorie-Richtung, die Soziale Bewegungen als ›Kollektivverhalten‹ (*collective behavior*) analysierte. *Collective-Behavior*-Ansätze nahmen eine große Bandbreite sozialer Phänomene in den Blick. Vier Formen standen dabei im Vordergrund: (i) die Menschenmenge (*crowd*), welche von einer gemeinsamen Emotion getrieben werde; (ii) das Publikum (*public*), das sich in Bezug auf ein bestimmtes Thema bilde; (iii) die Menschenmasse (*mass*), die am selben Ort zusammenkommen müsse, um adressierbar zu sein; und (iv) die Soziale Bewegung (*social movement*) als komplexeste Form von *collective behavior* (Turner/Killian 1987 [1957]).

Ähnlich wie Le Bon verstanden auch die verschiedenen Vertreter der *Collective-Behavior*-Ansätze diese Phänomene als etwas, das nach anderen Regeln funktioniere als individuelles Verhalten.[7] Trotz aller Unterschiede wiesen die *Collective-Behavior*-Ansätze einige wesentliche Gemein-

---

7 So stellt Kai-Uwe Hellmann (1999: 95) fest: »Für den amerikanischen Strang der Bewegungsforschung war vor allem der *Collective Behavior*-Ansatz (CB) konstitutiv, der kollektivem Protest zumeist irrationales Verhalten unterstellte […].«

samkeiten auf (Cohen 1985): Sie kontrastierten zwei Arten von Handlungen: kollektive Handlungen im Rahmen von Institutionen (wie zum Beispiel Parlamenten) und außer-institutionelle kollektive Handlungen. Letztere würden sich vermehrt im norm-freien gesellschaftlichen Raum finden und auf die Nicht-Definierbarkeit von Situationen antworten.[8] Solche Situationen entstünden als *breakdowns* aufgrund rapider sozialer Veränderungen. Die mit ihnen einhergehenden Herausforderungen würden Menschen dazu bringen, sich zusammenzuschließen. Solchermaßen entstandene kollektive Handlungen folgten dann bestimm- und beobachtbaren Dynamiken und Zyklen. Mechanismen der Diffusion, der Ansteckung, des Hörensagens, der Kommunikation von Gerüchten oder zirkulärer Reaktionen bedingten das Wachstum derartiger Kollektiv-Mobilisierungen.

Trotz ihrer Ähnlichkeiten in der Bestimmung von Entstehungsgründen unterschieden sich *Collective-Behavior*-Ansätze von der Massenpsychologie vor allem darin, dass sie Massen nicht allein als irrationale Reaktion einer in ihrer Zusammenballung unberechenbaren Menschenansammlung wahrnahmen, sondern als Interaktionssysteme, die entlang neu entstehender Normen Gesellschaften verändern und zur Aushandlung alternativer Normgefüge führen: »The study of collective behavior thus concentrates on the transformation of institutional behaviors through the action of emergent normative definitions.« (Della Porta/Diani 2006: 12) Für die Bewegungsforschung gelten insbesondere fünf Ansätze als besonders relevant: Sie finden sich in den Arbeiten von Robert E. Park und Ernest W. Burgess (1921), Herbert Blumer (1939; 1995 [1951]) sowie Ralph H. Turner und Lewis M Killian (1987 [1957]) und Neil J. Smelser (1962). Während Park, Burgess, Blumer sowie Turner und Killian der *Chicago School* zugerechnet werden, war Smelser Mit-

---

8 Eine ähnliche Argumentation findet sich bereits bei Émile Durkheim, auf den die Autoren jedoch nicht Bezug nehmen. Seine Thesen zu den sozialen Ursachen des Selbstmords fußten unter anderem auf der Überlegung, dass der Grad an Anomie und damit der Anteil devianten Verhaltens in Gesellschaften ansteigen würde, wenn fehlende oder einander wiedersprechende Normsysteme den Menschen keine Orientierung mehr gäben. Folglich würden sich egoistischer und anomischer Selbstmord – als Formen solchermaßen abweichenden Verhaltens – häufen (Durkheim 1973 [1897]).

begründer und wichtiger Protagonist des Strukturfunktionalismus. Die einzelnen Ansätze werden im Folgenden in ihren Gemeinsamkeiten und Unterschieden kurz vorgestellt.

Die Autoren der *Chicago School of Sociology* integrierten ihre Überlegungen zu *collective behavior* explizit in den theoretischen und methodischen Kanon der interaktionistischen Theoriebildung: Ihr wohl größter Beitrag kann neben vielen einflussreichen empirischen Studien (zum Beispiel jene zur *street corner society* von William F. Whyte aus dem Jahr 1943) in der Etablierung prozessanalytisch-rekonstruktiver Methoden zwischen Sozialphänomenologie und Hypothesenprüfung sowie in einer pragmatischen, auf Interaktionen als Baustein von Gesellschaft fokussierenden Theorie (›Symbolischer Interaktionismus‹) gesehen werden (Schubert 2007: 120). Zentrale Bezugspunkte der theoretischen und empirischen Untersuchungen waren weniger die in der europäischen Soziologie als bedeutsam verhandelten Konzepte der Integration/ Desintegration und der Rationalisierung/Bürokratisierung als vielmehr das permanente, interaktive und kommunikative Aushandeln von Ordnungen, Regeln, Symbolen und Institutionalisierungen.

Das Chicago der 1920er und 1930er Jahre mit seinen durch Industrialisierung, Urbanisierung und Masseneinwanderung gekennzeichneten ökonomischen und politischen Umbrüchen bot dafür eine schier unermessliche Fülle empirischen Materials. Hier entstanden in kürzester Zeit innerstädtische Slums, Einwanderer- und Armenviertel, eine eigene Arbeiterkultur, Zeitungen (für *public opinion*) und Kinos (für die *human interest stories*), neue Lebensstile und Milieus. Zudem war die Stadt lange Jahre geprägt durch die ständige Entstehung und Zerschlagung krimineller Syndikate. Über die Einbindung in das stadt-soziologische Forschungsprogramm der *Chicago School*[9] hinaus fanden in den Werken der *Collective-Behavior*-Ansätze auch historisches Material – zum Beispiel zur Amerikanischen oder Französischen Revolution – Verwendung. Manning (1973: 180) bemerkt hierzu, dass diese Diversität des Datenmaterials einer der großen Vorzüge der *Collective-Behavior*-Ansät-

---

9 Wichtige Publikationen, die im Rahmen dieses Forschungsprogramms entstanden, stammen – neben der berühmten Studie von Whyte (1943) – von Frederic M. Thrasher und George W. Knox (1927) sowie Paul G. Cressey (1932).

ze sei, stünden diese doch damit auf einer ausgesprochen vielfältigen und umfassenden empirischen Basis.

Als erste Vertreter der *Collective-Behavior*-Ansätze verhandeln auch Robert E. Park und Ernest W. Burgess Soziale Bewegungen nicht als eigenständige Sozialform. Hierin folgten sie den Überlegungen von Le Bon. Für Park und Burgess beruhte jede Form von *collective behavior* auf sozialer Unruhe (*social unrest*). Sie übertrage Unzufriedenheit zwischen Individuen und bereite auf neue Formen gemeinsamer Aktionen vor. Revolutionen seien die extremste Form solchen Massenverhaltens, sie könnten als »a radical attempt to reform an existing order« (Park/Burgess 2008 [1921]: 469) begriffen werden. Die Autoren vermuteten, dass alle Formen von *collective behavior* nach ähnlichen Mechanismen ablaufen: In der Masse fühlen sich Menschen unbesiegbar; Unzufriedenheit, Stimmungen und Affekte werden von einem zum anderen übertragen und die Akteur*innen befinden sich in einem kognitiven Zustand »which much resembles the state of fascination in which the hypnotized individual finds himself in the hands of the hypnotizer« (ebd.: 475).

Park und Burgess nahmen – in Anlehnung an die europäische Perspektive der Massenpsychologie – ebenfalls an, die Masse würde das Individuum davon abhalten, auf der Basis von Rationalitätserwägungen oder Vernunftgründen zu entscheiden und es damit seiner Individualität berauben: »The conclusion to be drawn from what precedes is that the crowd is always intellectually inferior to the isolated individual.« (ebd.: 476) Und auch sie begriffen kollektives Verhalten als Folge und Begleiterscheinung eines zu schnellen sozialen Wandels und gesellschaftlicher Anomie (Neidhardt/Rucht 1991: 422). Im Unterschied zu Le Bon folgten Park und Burgess jedoch dem Paradigma der *Chicago School* und verstanden *collective behavior* als Instrument der Neuaushandlung alternativer Normsysteme und neuer Solidaritäten (Della Porta/Diani 2006: 12).

Eine Abkehr von Erklärungen Sozialer Bewegungen auf der Basis der Massenpsychologie erfolgte in den Schriften von Herbert Blumer (1939; 1995 [1951]). Er kann ebenfalls als wichtiger Vertreter der *Chicago School* gelten und war einer der Gründungsväter des ›Symbolischen Interaktionismus‹. Auch Blumer untersuchte Soziale Bewegungen aus der Perspektive der *collective behavior studies* als eine besondere Form der Volksmenge. Obwohl sie spontan emergieren, hielt Blumer sie für stabile und auf Organisation beruhende Phänomene (Gusfield 1968: 448; Neidhardt/ Rucht 1991: 423). Von ihm stammt zudem einer der ersten Definitionsversuche Sozialer Bewegungen: »Social movements can be viewed as collective enterprises to establish a new order of life. They have their inception in a condition of unrest, and derive their motive power on one hand from dissatisfaction with the current form of life, and on the other hand, from wishes and hopes for a new scheme or system of living.« (Blumer 1995 [1951]: 60)

Für Blumer waren also nicht nur Unzufriedenheiten, sondern vor allem Hoffnungen und Wünsche wichtige Triebfedern Sozialer Bewegungen. Diese Unzufriedenheiten, Hoffnungen und Wünsche seien meist Ergebnis einer »cultural drift«, nach der »people have come to form new conceptions of themselves that do not conform to the actual position they occupy in their life« (ebd.: 61). Es seien also weniger die materiellen Ungleichverteilungen als vielmehr soziale Sinnformungs- und Aushandlungsprozesse, die Soziale Bewegungen vorantreiben. Blumer unterschied allgemeine Soziale Bewegungen, die nur eine vage Richtung haben und die Gesellschaft als Ganze verändern wollen (zum Beispiel die Frauenbewegung), spezifische Soziale Bewegungen, die einen speziellen Aspekt von Unzufriedenheit mobilisierten und meist gut definierte Ziele verfolgen, sowie expressive Soziale Bewegungen, die besondere Identitäten ausdrücken und damit Gesellschaft verändern (etwa religiöse Bewegungen und Moden).

Blumer (ebd.: 64ff.) entwickelte ein ›Lebenslaufschema‹ Sozialer Bewegungen, nach dem sich vier idealtypische Stadien der Bewegungsentwicklung identifizieren lassen: (i) soziale Spannungen; (ii) Konsolidierung; (iii) Bürokratisierung; und (iv) Institutionalisierung oder Auflösung. (i) Soziale Spannungen können demzufolge als Reaktion auf (meist symbolisch vermittelte) Unzufriedenheit auftreten; die Bewegung befindet sich noch in der Latenz und Einzelakteur*innen oder Bewegungsorganisationen wirken als Agitator*innen. (ii) Nicht jede Bewegung erreicht tatsächlich das Stadium der Konsolidierung. Voraussetzung ist, dass potenzielle Bewegungsaktivist*innen einander wahrnehmen und Interessen gemeinsam artikulieren. Gelegenheitsstrukturen wie öffentliche Treffpunkte spielen hier eine ebenso große Rolle wie die Rollendifferenzierung in Führungspersönlichkeiten, Aktivist*innen und Sympathisant*innen. (iii) In der Phase der Bürokratisierung oder Formalisierung treten Soziale Bewegungen den Weg in die politischen Institutionen an. In diesem Stadium müssen strategische Kompromisse eingegangen werden. Flügelkämpfe und Abspaltungen zeichnen diese Phase aus. (iv) Nach diesem Stadium lösen sich Bewegungen entweder auf oder werden Teil des etablierten politischen Entscheidungssystems.

Während der besondere Beitrag von Park und Burgess zur Analyse Sozialer Bewegungen vor allem darin bestand, diese als interaktive Räume zu verstehen und ihre Fähigkeit zur Normsetzung anzuerkennen, steuerte Blumer einen ersten Definitionsversuch des Phänomens, der es von anderen Formen des *collective behavior* unterscheidet und als relativ stabile Form sozialer Verbundenheit anerkennt, sowie ein Phasenmodell des (idealtypischen) Entwicklungsverlaufs zur Bewegungsforschung bei.

Ebenfalls in der Tradition der *Chicago School* und der *Collective-Behavior*-Ansätze standen Ralph H. Turner und Lewis M. Killian (1987 [1957]): Wie Blumer verstanden auch sie Soziale Bewegungen als eine relativ stabile Form von Kollektiven, die auf das Normgefüge der Gesellschaft, in dem sie aufgrund von sozialen Umbrüchen und Verschiebungen entstanden sind, zurückwirken: »When existing systems of meaning do not constitute a sufficient basis for social action, new norms emerge, defining the existing situation as unjust and providing a justification for action.« (Turner/Killian 1987 [1957]: 259) Die Schriften von Turner und Killian sind vor allem deswegen für die Bewegungsforschung von Bedeutung, weil sie verschiedene Mechanismen diskutieren, mit denen die Dynamiken von *collective behavior* verstanden werden können. Sie unterschieden (i) kognitive Ansteckung, bei der Stimmungen, Einstellungen und Verhalten quasi von einem zum anderen überspringen und schnell und unkritisch übernommen werden; (ii) Konvergenz, bei der Menschen, die gleiche Neigungen, Prädispositionen und Beschäftigungen haben, zur selben Zeit am gleichen Ort sind; (iii) kollektiv-orientierte Normen, die in bestimmten Situationen entstehen und nach denen sich Menschen kollektiv richten (vgl. ausführlich Turner 1964: 384ff.).

Für die *Collective-Behavior*-Ansätze der Chicago School sind Soziale Bewegungen noch keine eigenständigen Sozialformen und unterliegen, wie andere Formen des Massenverhaltens auch, eigenen Handlungslogiken, denen jene von (rationalen) Individuen unterworfen würden. Neu ist jedoch, dass Soziale Bewegungen nicht allein als Reflex sozialer Umbrüche und Veränderungen verstanden werden, sondern als eigenständige normsetzende Kraft. Dabei interagieren Individuen als Mitglieder der Bewegung untereinander und mit Nichtmitgliedern und handeln so neue Normgefüge aus. Für die Vertreter des *Collective-Behavior*-Ansatzes bildete – ebenso wie für Le Bon – ihr spontanes Emergieren und ihre Unplanbarkeit das wichtigste Merkmal Sozialer Bewegungen, auch wenn Killian in einem späteren Artikel argumentierte, dass sie sehr wohl auf bereits existierenden Strukturen, Unzufriedenheiten, gesellschaftlichen Spannungen aufbauen: »While never relying on it, planners must be prepared for the unexpected […].« (Killian 1984: 782)

Die *Collective-Behavior*-Studien der *Chicago School* blieben lange sehr einflussreich – insbesondere für das Verständnis der sogenannten *race riots* in den Vereinigten Staaten der späten 1960er Jahre. Noch 15 Jahre nach Erscheinen des klassischen Texts von Turner und Killian (1987 [1957]) konstatierte Manning (1973: 179) in einer Besprechung der zweiten Auflage:

>»Most important of all were the civil disturbances […] that produces such great interest in ›collective violence‹, ›mass rebellion‹ and the like, that it appeared as if half the social scientists in the country were either entering collective behavior or trying to produce research and theoretical structures to replace it. Now the dust has settled and the results are clear: collective behavior is alive and thriving as never before.«

3.3 *Social Strain* – Soziale Bewegungen zum Abbau gesellschaftlicher Spannungen

In seinem Buch *Theory of Collective Behavior* näherte sich Neil J. Smelser (1962) aus einer etwas anderen theoretischen Sicht dem Phänomen

des *collective behavior*. Er gilt als wichtiger Mitbegründer des Strukturfunktionalismus in der Soziologie. Im dessen Rahmen wurde untersucht, welche Funktionen die Struktur eines sozialen Systems – zum
Beispiel des Medizin-Systems, der Familie oder der Gesellschaft als Ganzes – hat und welche Erfordernisse zur Aufrechterhaltung dieser Struktur entscheidend sind. Nach Smelser würden Soziale Bewegungen jene
Spannungen (*strains*) in einem System aus relativ stabilen Subsystemen
sichtbar machen (zum Beispiel in Gesellschaften), die bereits existierende Mechanismen zum Ausgleich oder Ausbalancieren von Interessen
(zum Beispiel Umverteilung) kurzfristig nicht absorbieren könnten.[10]
Soziale Bewegungen lassen sich mit Smelser in norm-orientierte, sozial-
reformerische und werte-orientierte, religiöse oder politische Bewegungen unterteilen (1962: 9); sie entstünden als besondere Form des *collective behavior*[11] in Zeiten rapiden Wandels und reflektierten einerseits das
institutionelle Versagen anderer Mechanismen zur Herstellung sozialer
Kohäsion, andererseits ein kollektiv geteiltes Verständnis der Welt, das
die Basis für eine neue soziale Ordnung zur Verfügung stellen könnte.
Ganz im Rahmen des Strukturfunktionalismus[12] integrierte Smelser in
seine Überlegungen zu *collective behavior* eine Theorie des sozialen Handelns, nach der soziale Handlungen vier Komponenten umfassen: Werte, Normen, die Aktivierung sozialer Rollen sowie situative Gegeben-
heiten. Aus dem Auseinanderfallen dieser Komponenten ergäben sich
unterschiedliche Arten von Spannungen, an denen sich Soziale Bewegungen entzündeten. Soziale Strukturen, die einem zu schnellen Wandel

---

10 Ähnlich identifizierte auch Joseph Gusfield (1968) Bedingungen auf der sozialen
　　Ebene, die der Hervorbringung von *collective behavior* dienen.
11 Smelser (1962: 3) unterteilt *collective behavior* in *collective outbursts* und *collective
　　movements*, wobei letztere die kollektive Bemühung umfassen, bestehende Normen
　　und Werte (meist langfristig) zu verändern.
12 Obwohl Smelser Talcott Parsons – den Begründer des soziologischen Struktur-
　　funktionalismus – nicht explizit zitierte, erinnern seine Formulierungen an die
　　handlungstheoretischen Überlegungen von Parsons (1937). Auch dieser verbindet
　　seine strukturfunktionalistische Gesellschaftstheorie mit dem *unit act* (in dem Ak-
　　teur*in, Ziel(e), Situationen – also: die situationenspezifischen Bedingungen und
　　Mittel – mit Normen und Werten zusammen kommen müssen, damit von einem
　　Handlungsakt gesprochen werden kann). Dies ist wenig verwunderlich, bedenkt
　　man, dass Smelser einer der wichtigsten Parsons-Schüler war.

unterlägen, würden so zu Spaltungen führen, die bei jenen, die von ihnen am meisten betroffen seien, in sozialen und psychischen Spannungen resultieren. Diese Spannungen wiederum führten zu einer höheren Bereitschaft, radikalen Bewegungen beizutreten. Ganz im Sinne dieser Erklärungslogik sah Smelser etwa die Gründe für die Radikalisierung der englischen Arbeiterbewegung während der industriellen Revolution im England des ausgehenden 18. Jahrhunderts in der mangelnden Eingliederung der Arbeiterfamilien in die bestehende Sozialstruktur (Smelser 1959).

Smelser (1962: 14ff. und 313ff.) entwickelte ein Erklärungsmodell (*value-added model*),[13] das sechs unterschiedliche Faktoren umfasst, die zusammenkommen müssen, damit *collective behavior* möglich wird: (i) *structural conduciveness*, wonach bestimmte Formen der gesellschaftlichen Veränderung spezifische Formen kollektiven Verhaltens erleichtern oder verhindern; (ii) *structural strains*, wonach zumindest bestimmte gesellschaftliche Faktoren bei einem Kollektiv als Quelle von Unbehagen, Unzufriedenheit oder Spannungen und Problemen empfunden werden – dabei unterschied Smelser werte-bezogene, norm-bezogene und mobilisierende Spannungen sowie solche, die sich durch das Auseinanderfallen von Wissen und Fähigkeiten ergeben (1962: 47ff.);[14] (iii) *growth and spread of generalized belief*, wonach bestimmte soziale Akteur*innen, wie Medien oder besondere politische Führer*innen, zur Verbreitung dieser Interpretation beitragen – kollektives Verhalten setze solche *generalized beliefs* und ihre Verbreitung notwendig voraus; (iv) *precipitating factors*, also Schlüsselereignisse, die Menschen dazu veranlassen, in Aktion zu treten; (v) *mobilization*, also Netzwerke und kollektive Akteur*innen, die Aktionspotenziale realisieren und in tatsächliche Aktionen überführen; und (vi) *operation of social control*, wonach neue und alternative Normsysteme in Anschlag gebracht würden, die Sympathisant*innen kontrollieren und für die ›richtige‹ Interpretation der Ereig-

---

13 Dieses Modell impliziert, dass für die Entstehung Sozialer Bewegungen bestimmte Voraussetzungen in Kombination vorliegen müssen: »The key element [...] is that the earlier stages must combine *according to a certain pattern* before the next stage can contribute its particular value to the finished product.« (Smelser 1962: 14)

14 Dabei gelte: »Any kind of strain may be a determinant of any kind of collective behavior.« (Smelser 1962: 49)

nisse sorgen.[15] Im Gegensatz zu Blumers Modell der *Dynamik* Sozialer Bewegungen ist dies ein Modell der *Entstehung* Sozialer Bewegungen, nach dem bestimmte Faktoren notwendig zusammenkommen müssen, damit Soziale Bewegungen entstehen können. Smelser verstand Soziale Bewegungen als adaptive Antwort auf Anomie und soziale Ungleichgewichte. Für ihn haben sie anpassenden und systemerhaltenden Charakter. Dabei resultieren sie in sehr unterschiedlichen Ergebnissen.

Folgt man Jack M. Weller und Enrico L. Quarantelli (1973: 672), so bietet Smelser mit seiner Perspektive auf *collective behavior* die konsistenteste soziologische Analyse sozialer Bedingungen, die zu untersuchen sind, um Kollektivverhalten zu erklären. Donatella Della Porta und Mario Diani (2006: 8) konstatieren:»Despite its problems, his was a major attempt to connect in an integrated model different processes that would have later been treated disparately, and to firmly locate social movement analysis in the framework of general sociology.« Smelsers Perspektive stieß mit zunehmender Kritik am Strukturfunktionalismus an ihre Grenzen. Der Strukturfunktionalismus habe dort konzeptionelle Schwächen, wo die Grenze der Identität eines gesellschaftlichen Systems zu bestimmen ist. Während etwa der ›Tod‹ eines biologischen Systems verhältnismäßig einfach zu konstatieren sei, könnten die Übergänge sozialer Systeme von einem Zustand in einen anderen nur schwer bestimmt werden. Kritisiert wurde insbesondere die Überbetonung der funktionalen Integrationsleistungen von Werten, die zu Lasten individueller Interessen und ihrer Organisation gehe, sodass die Wandlungsfähigkeit von Gesellschaften eher unterschätzt werde.[16]

Trotz ihrer unbestrittenen Stärken als analytische Theorien nahm die vielfältige Kritik an *Collective-Behavior*-Ansätzen (Gurr 1973; Weller/ Quarantelli 1973; McCarthy/Zald 1977; Cohen 1985; Hellmann 1999) insbesondere die starke Psychologisierung der Teilnehmermotivationen und ihren Nimbus der Irrationalität ins Visier:

---

15 Vgl. zusammenfassend Nick Crossley (2010: 124ff.).

16 Eine umfangreiche Kritik strukturfunktionalistischer Ansätze findet sich unter anderem bei C. Wright Mills (1959), Lewis A. Coser (1957) und Viktor Vanberg (1975).

»Consequences of collective behavior are carefully depicted by Turner and Killian (1972), as well as by Killian's (1964) discussion of social movements' contribution to social change. But, the social nature of collective behavior itself has not been adequately conceptualized. This behavior is still described in terms of psychological states of participants or atypical forms of interaction among them.« (Weller/Quarantelli 1973: 668)

Jean L. Cohen (1985: 673f.) kritisierte vor allem, dass die Ansätze – insbesondere von Blumer und Smelser – zwar in der Lage seien, zu erklären, warum Menschen im Rahmen institutionalisierter Verhaltensweisen Normen befolgen – nämlich durch Sozialisation, Antizipation von Sanktionen oder den Austausch begehrter *commodities* –, nicht aber, warum sie in Situationen des Normverfalls in Form von *collective behavior* handeln sollten. Hier fehle der verbindende Erklärungsmechanismus zwischen Struktur und individueller Handlung.[17]

3.4 Deprivation – Die Masse wird verabschiedet

Erst in den 1960er Jahren entstanden Theorien, die Soziale Bewegungen zumindest in ihrer revolutionären Ausformung als eigenständige Sozialform verstanden und Aktivist*innen und Sympathisant*innen als Akteur*innen mit guten Gründen ernster nahmen: *Deprivations- oder Frustrationstheorien*, wie sie von den Politikwissenschaftler*innen James C. Davies (1962), Ivo K. und Rosalind L. Feierabend und Betty Nesvold (1969) sowie Ted Robert Gurr (1972) vertreten wurden, postulierten einen Zusammenhang zwischen der sozialen oder wirtschaftlichen Belastung und der Wahrscheinlichkeit öffentlicher Proteste. Diese Ansätze respektierten die Eigenrationalität von Menschen und ihren Willen, entsprechend ihrer Unzufriedenheit absichtsvoll die soziale Umwelt zu verbessern. Im Zentrum stand dabei ebenfalls die Frage nach dem Zusammenhang zwischen sozialem Wandel und Sozialen Bewegungen.

---

17 Cohen (1985: 673) verweist allerdings auch darauf, dass der Ansatz der emergenten Normen von Turner und Killian hier eine vielversprechende Lösung anbietet und schlägt vor, die sozialen Dimensionen von Normen und Beziehungen besser zu nutzen, um außer-institutionelles Verhalten zu erklären.

Abb. 4: Marsch der Unzufriedenen vom 5. September 1964 in Chile für Salvador Allende

(Quelle: U.S. News & World Report Magazine Photograph Collection, Library of Congress, Call number USN&WR COLL – Job no. 12524, frame 15)

Als wichtigster Vermittler galt hier allerdings die individuelle Unzufriedenheit mit den gegebenen Zuständen, wobei diese nicht einfach als Resultat einer bestimmten Verteilung ökonomischer Ressourcen oder politischer Rechte angesehen, sondern in der Dynamik, also dem (meist nicht-linearen) Ablauf, dieser Veränderung verortet wurden.

Ausgangspunkt dieser Theorien war die empirische Beobachtung, dass Rebellionen oft einer Phase ökonomischer, sozialer oder politischer Verbesserungen folgen. Proteste seien demnach nicht unbedingt dann am wahrscheinlichsten, wenn es Menschen am schlechtesten geht oder sie die Mittel dazu haben, eine Rebellion zu beginnen, sondern erst, wenn bereits eine Periode der Verbesserung verstrichen sei, die aber nicht linear weiter verläuft.

Trotz wichtiger argumentativer Unterschiede teilen die Vertreter*innen des Ansatzes diese Beobachtung und auch die These, dass ein wichtiger Grund für Rebellionen darin zu sehen sei, dass Menschen in Phasen der gesellschaftlichen Progression Erwartungen entwickeln würden, die

Gefahr liefen, enttäuscht zu werden, wenn die Progression nicht anhält: »The actual state of socio-economic development is less significant than the expectation that past progress, now blocked, can and must continue in the future.« (Davies 1962: 6) Stabilität und Instabilität eines Staats oder politischen Systems seien also weniger von der Verteilung von Gütern oder Produktionsmitteln abhängig als vielmehr vom »dissatisfied state of mind« (ebd.). Die Autor*innen unterschieden sich jedoch darin, was sie als Ursprung der individuellen Erwartungen sahen, die sich von der objektiven Realität abheben und somit eine Kluft erzeugen.

Davies (1962) illustrierte den Zusammenhang zwischen Erwartungs-enttäuschung und Revolution oder Rebellion mit dem mittlerweile berühmt gewordenen Modell der J-Kurve. Demnach würden Rebellionen oder Revolutionen dann wahrscheinlicher, wenn nach einer Phase ökonomischer oder politischer Verbesserung eine kurze Phase der Stagnation und anschließend eine rückläufige Entwicklung eintritt.

Empirisch diskutierte Davies dieses J-Muster anhand der *Dorr's revolution* von 1842, einem Arbeiteraufstand in der Textilindustrie von Rhode Island, der Russischen Revolution während der Rezession von 1917 im Anschluss an den Ersten Weltkrieg und der Ägyptischen Revolution von

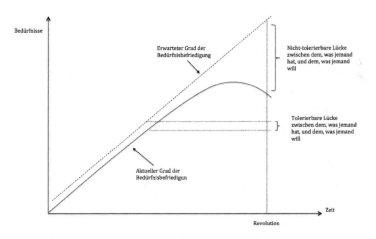

Abb. 5: Die J-Kurve in Davies' Modell der Revolution

(Quelle: Davies 1962: 2)

1952, in der Großbritannien gezwungen werden sollte, sich aus dem Nahen Osten zurückzuziehen, die Exporte aber nicht schnell genug Wohlstand für viele brachten und die kriegerischen Auseinandersetzungen mit dem neugegründeten Staat Israel erfolglos verliefen.

Diese Revolutionen galten Davies als ›progressive Revolutionen‹, in denen für mehr Gleichheit gekämpft wurde. Sie seien organisiert worden, nachdem auf eine Phase der ökonomischen und politischen Progression harte Rückschläge folgten, die mit individuellen Erwartungsenttäuschungen einhergingen. Er folgerte aus seinen Beobachtungen: »The notion that revolutions need both a period of rising expectations and a succeeding period in which they are frustrated qualifies substantially the main Marxian notion that revolutions occur after progressive degradation and the de Tocqueville notion that they occur when conditions are improving.« (Davies 1962: 17)

Gurr (1972) schloss an die Forschungen von Davies an und nahm die J-Kurve zum Ausgangspunkt seiner Überlegungen *Why men rebel* (so der Titel seines Buchs). Er nahm dabei ebenfalls auf Smelsers Determinanten kollektiven Verhaltens Bezug (Gurr 1973: 362): Hier interessierten ihn sowohl die analytische Konzeption sozialen Wandels als auch Smelsers Überlegungen zur individuellen Perzeption sozialer Probleme (*structural strain*).[18] Jedoch erweiterte er beide Ansätze um sozialpsychologische Elemente zum Zusammenhang zwischen Frustration und Aggression und zwei weitere Szenarien der Erwartungsenttäuschung. Gurr sah in der Kopplung von Frustration und Aggression den zentralen Mechanismus, der Rebellionen hervorbringe und die »primary source of the human capacity for violence« (1972: 36): Je intensiver das Gefühl von Frustration sei und je länger es anhalte, desto wahrscheinlicher würden Revolten, Rebellion und Gewalt.[19]

---

18 Gurr (1973: 368) konstatiert: »Smelser's *Theory of Collective Behavior* incorporates a general conceptual analysis of social change. It is principally concerned with showing how various kinds of structural strain produce ›collective behavior‹ […].«

19 Auch Gurr analysierte nicht im eigentlichen Sinne Soziale Bewegungen. Streng genommen war er wesentlich an Gewalt und an der Störung der öffentlichen Ordnung interessiert, und so definierte er: »›[V]iolence‹ is used theoretically as a shorthand term for, or defining property of, events variously labeled riots, rebellions, internal wars, turmoil, revolutions, and so on.« (1973: 361)

Frustration könne entstehen, wenn Menschen Erwartungen hegen würden, deren Erfüllung ausbleibe, wenn sie mit anderen um begrenzte Ressourcen konkurrieren müssten und damit im Konflikt mit ihnen stünden, oder wenn Normen miteinander kollidieren würden (Anomie). Erwartungen hätten ihren Ursprung in Vergleichen – mit vergangenen Bedingungen, abstrakten Idealen, Vorbildern oder Referenzgruppen. Relative Deprivation wiederum sei die Spannung zwischen dem, was Menschen vermeintlich zustünde, und dem, was sie aktuell erlangen könnten (ebd.: 25). Gurr unterschied drei Arten relativer Deprivation (1973: 365): die durch die J-Kurve bereits beschriebene Dynamik konstant steigender Erwartungen bei rückläufigen Möglichkeiten, diese realisieren zu können (*progressive deprivation*), exponentiell steigende Erwartungen bei konstant bleibenden Realisierungsmöglichkeiten (*aspirational deprivation*) und stabile Erwartungen bei sich reduzierenden Realisierungsmöglichkeiten (*decremental deprivation*). Deprivation, Frustration und im Anschluss daran Aggression bildeten für Gurr zwar individuelle Ursachen kollektiver Gewalt und Rebellion, aber er verstand sie nicht notwendig als rationale Gründe. Zwar räumte er ein, Gewalt sei dann eher zu erwarten, wenn »they believe that they stand a chance of relieving some of their discontent through violence« (1972: 210), jedoch ist diese Überzeugungskomponente für ihn nicht unbedingt Bestandteil rationaler Erwägungen.

Während Davies davon ausging, dass Erwartungen ansteigen, weil sozialer Wandel mit der Entstehung von neuen Bedürfnissen und Wünschen einhergehe, und Gurr Deprivation als Ergebnis eines Vergleichs über Zeit und mit relevanten Gruppen verstand, sahen Ivo K. Feierabend, Rosalind L. Feierabend und Betty Nesvold (1969) wesentliche Gründe für die Entstehung von Deprivation darin, dass Modernisierung dazu führe, dass neue ›Modernisierungsgewinner‹ eine Herausforderung oder sogar positionelle Gefahr für bisherige Eliten und die bestehende soziale Ordnung darstellen. Auch sie identifizierten also Frustration als wesentliches Bindeglied zwischen sozialem Wandel einerseits sowie Rebellion und Revolution andererseits und definierten: »[F]rustration is defined as any blockage or interference with goals […].« (Feierabend u. a. 1973: 404) Im Unterschied zu individueller Frustration bestehe systemische darin, dass soziale Ziele, Aspirationen oder Werte nicht realisiert werden, Frustration von einer größeren Gruppe von Personen empfunden wird und ein Resultat systeminterner (Modernisierungs-)Prozesse ist.

In ihrem komparativ angelegten Aufsatz von 1973 untersuchten sie Rebellionen und Revolutionen weltweit und kamen auf der Basis einer beeindruckenden Auswahl von Daten aus den Jahren 1955 bis 1960 zu Attentaten, politischer Stabilität und Instabilität, eingesetzter staatlicher Zwangsmittel und externer Aggression zu folgenden Ergebnissen (ebd.: 409ff.): Die sozioökonomische Entwicklung ist hier kurvilinear mit staatlicher Stabilität verbunden – moderne, reichere Staaten sind politisch stabil, ebenso wie unterentwickelte, arme Staaten –, ein Argument, das sich in ähnlicher Weise auch in den Überlegungen zu *political opportunity structures,* wie sie im folgenden Kapitel entfaltet werden, wiederfindet. Transitionsstaaten tendieren jedoch zu politischer Instabilität. Sehr schneller sozialer Wandel produziert Instabilitäten, während externe Konflikte und solche zwischen Minoritäten und Majoritäten mit systemischer Frustration wenig zu tun haben. Selbstmordraten sind positiv mit interner Stabilität, Tötungsdelikte mit interner Instabilität korreliert.

Die Theorien relativer Deprivation gehören wohl zu den bekannteren Theorien der Bewegungsforschung. Sie schließen weder an die Massenpsychologie der vorigen Jahrhundertwende noch an interaktionistische Theorien des *collective behavior* an (und vergessen dabei die soziale und symbolische Komponente der Ausdeutung von Welt). Im Gegenteil: Sowohl der Untersuchungsgegenstand (Rebellionen und Revolutionen statt Massenverhalten) als auch die theoretische Basis (nicht Unzufriedenheiten und Wünsche, Aushandlungen und Interpretationen, sondern Frustrationen) sind distinkt. Jedoch werden auch hier Prozesse des sozialen Wandels als ursächlich für Soziale Bewegungen angesehen. Mit den Theorien relativer Deprivation begann die Bewegungsforschung einen eigenen theoretischen und empirischen Weg einzuschlagen – und natürlich hat auch dieser Kritik erfahren. Die Idee, individuell perzipierte Unzufriedenheit und Frustration seien wesentliche Triebfedern für Soziale Bewegungen, wird in der Bewegungsforschung nicht bestritten. Dies liegt jedoch nicht zuletzt daran, dass der Begriff der Frustration so vage formuliert ist, dass eine große Bandbreite an Phänomenen, von diffusem, individuell-subjektivem Unbehagen bis hin zu Gruppenvergleichen auf der Basis objektiver Kriterien, unter ihn gefasst werden kann (Gurney/Tierney 1982: 35). Unklar bleibt dabei, wie das Verhältnis zwischen objektiven Veränderungen und subjektiv empfunden Frustration verstanden werden soll und welcher Zusammenhang zwischen individuellen Einstellungen und Handlungen bestehen muss: Nicht alle Einstellungen führen zu Handlungen, und nicht alle Zustände der Frustration müssen in eine revolutionäre Handlung münden. Wenn die Kosten der Demonstration von Unzufriedenheit exorbitant hoch sind (zum Beispiel aufgrund staatlicher Repression) oder sich keine Mitstreiter finden lassen, dann ist zu vermuten, dass sich Frustration eher einen anderen Weg bahnt als in Revolte oder Rebellion zu münden. Dies ist zumindest einer der stärksten Einwände, die James S. Coleman (1990: 479ff.) auf der Basis vertragstheoretischer und an die Theorie der rationalen Handlungswahl angelehnter Überlegungen gegen die Deprivationstheorien formulierte. Ebenso, und dies wird uns noch beschäftigen, wenn wir uns näher mit Organisationen und Opportunitätsstrukturen befassen, scheint sich frustrationsinduziertes Handeln nicht ›einfach so‹ zu aggregieren: Es bedarf einer gewissen Organisation und Abstimmung, damit eine Rebellion zustande kommt (McCarthy/Zald 1977). Und ähnlich wie für alle anderen *Collective-Behavior*-Ansätze gilt auch für die Theorien relativer Deprivation, dass sie mehr an den Ausformungen der Bewegungen interessiert sind, als daran, zu erklären, wie Menschen mobilisiert werden (Walder 2009: 4).

Trotz der harschen Kritik, die immer wieder an Theorien der relativen Deprivation und ihrem unterspezifizierten Erklärungsmodell, den unklaren Begriffen und dem ›Mischmasch‹ empirischer Daten geübt wird, ist dies eine Theorie-Richtung, der das Verdienst zukommt, Soziale Bewegungen erstmals als Phänomen eigener Relevanz und ihre Mitglieder und Aktivist*innen als rationale Akteur*innen ernst genommen und ihr Recht auf öffentlichen Protest anerkannt zu haben: »RD theorists suggest movement participants are fully socialized individuals who are rightly concerned with getting their share of valued good.« (Gurney/Tierney 1982: 44)

4. Wie mobilisiert man rationale Akteur*innen?

Im Gegensatz zu den *Collective-Behavior*-Ansätzen hatten die Deprivationstheorien den Sympathisant*innen, Mitgliedern und Organisator*innen Sozialer Bewegungen bereits eine größere Rolle zugestanden. Diese Perspektive wurde vom Ressourcenmobilisierungsansatz (RMA) aufgenommen und zu einer systematischen Theorie der Zusammenlegung und Organisation von Ressourcen als wichtiger Voraussetzung für die Entstehung Sozialer Bewegungen erweitert. Wichtigste Vertreter dieser Theorie-Richtung sind Charles Tilly (1973) sowie John D. McCarthy und Mayer N. Zald (1977). In der Auseinandersetzung mit den progressiven Neuen Sozialen Bewegungen, die sich in den USA während der 1960er und 1970er Jahre etablierten, fokussierten sie auf Akteur*innen als rationale Entscheider*innen und ihre Mobilisierung von Ressourcen in Form von Bewegungsorganisationen. Die entsprechenden Arbeiten griffen einerseits strukturalistische Theorien wie Parsons' Strukturfunktionalismus auf, andererseits wurden hier Erklärungselemente utilitaristischer Theorietraditionen aufgenommen und weiterentwickelt, die sich in den 1960er Jahren in der US-amerikanischen (und mit einiger Verzögerung auch in der europäischen) Soziologie durchzusetzen begannen (Walder 2009).[20] Empirischer Ausgangspunkt waren die sozialen Protestbewegungen der 1960er Jahre, zu denen unter anderem das *anti war movement* gegen den Vietnamkrieg, die wiedererstarkende Frauen-

---

20 Diese Ansätze waren inspiriert von ökonomischen Theorien und versuchten, das Paradigma der rationalen Handlungsentscheidung auf soziale Phänomene wie Zeitallokation (Becker 1965), Fertilität (Becker/Lewis 1974), Abstimmungsregeln und Demokratie (Downs 1959; Buchanan/Tullock 1962) zu übertragen.

bewegung, die Umweltbewegung oder die Studentenproteste gegen den Kalten Krieg und den Antikommunismus der McCarthy-Ära gehörten. Diese Bewegungen wurden überwiegend von jungen Menschen getragen, die im Anschluss an eine Periode der gesellschaftlichen Konsolidierung nach dem Zweiten Weltkrieg gesellschaftliche Veränderungen zu forcieren versuchten. Sie hatten zwar ein europäisches Pendant; [21] in den USA entwickelte sich in der Auseinandersetzung mit ihnen jedoch durch das spezielle Zusammenspiel von sozialen und sozialwissenschaftlichen Dynamiken eine ganz eigene Richtung der Bewegungsforschung. Zu dieser zählt etwa der *Collective-Action*-Ansatz, der sich, ausgehend vom Problem der Kollektivgüterherstellung (Olson 1985 [1965]), die Erklärung Sozialer Bewegungen auf der Basis rationaler Entscheidungen zum Ziel setzte, sich von der Entwicklung anderer Ansätze weitestgehend abkoppelte und eine ganz eigene Strahlkraft entfaltete (wichtige Autor*innen sind in diesem Zusammenhang: Oliver 1980; Heckathorn 1988; 1989; 1993; Hechter 1987, 1990; Marwell/Oliver 1993).

4.1 Zur Organisation Sozialer Bewegungen – Die Ressourcenmobilisierungstheorie

Der Ressourcenmobilisierungsansatz (*resource mobilization approach*; RMA) entwickelte sich als Reaktion auf einen der zentralen Kritikpunkte an den vergleichsweise erfolgreichen Deprivationstheorien. Die Kritik hatte sich wesentlich an zwei Fragen entzündet: Zum einen jener, ob und inwiefern Modernisierung und rapider sozialer Wandel wirklich für die Entstehung von Sozialen Bewegungen, Revolutionen und gesellschaftlichen Gewaltausbrüchen verantwortlich gemacht werden könnten. Zum anderen stellte sich die Frage nach den zusätzlichen Faktoren, die für die Entstehung Sozialer Bewegungen erforderlich sind, da ›Unzufriedenheit‹ wegen ihres ubiquitären Charakters zwar eine notwendi-

---

21 Vgl. hierzu den Sammelband von Ingrid Gilcher-Holtey (2008).

ge, aber keine hinreichende Bedingung für die Herausbildung von Protesten zu sein schien.

In seinem Artikel von 1973 befasste sich Charles Tilly mit der ersten der beiden Fragen: Theorien, die Modernisierungsprozesse als Voraussetzung für die Entstehung und Entwicklung Sozialer Bewegungen begreifen, lassen sich seiner Ansicht nach in zwei Varianten unterteilen (1973: 428): Die erste rekurriert auf zu schnellen Wandel und in dessen Folge auf individuelle Desorientierung, wachsende Ansprüche, relative Deprivation und die Verbreitung neuer Ideologien.[22] Die zweite stellt die zu langsame Anpassung gouvernementaler Institutionen an die Folgen sozialen Wandels in den Vordergrund der Ursachenanalyse.[23] Beiden Erklärungswegen wirft Tilly vor, sozialen Wandel (und damit Modernisierung) nicht genau genug zu fassen und die Verbindung zwischen Modernisierung und Mobilisierung deshalb nicht erklären zu können. Er schlägt daher vor, folgende Faktoren in die Erklärung der Entstehung Sozialer Bewegungen einzubeziehen (1973: 441): (i) die Stärke, Koalitionsbildung und expansive Tendenz der Herausforderer etablierter gouvernementaler Strukturen; (ii) die Bereitschaft eines größeren Bevölkerungsanteils, diesen Herausforderern und ihren Forderungen zu folgen; (iii) die Möglichkeiten der Regierung und ihrer Exekutive, die Herausforderer zu schwächen oder zu unterdrücken; und (iv) die Möglichkeiten, den Konflikt über Verhandlungen zu befrieden. Auf diese Weise gelangten die Gegner der etablierten Regierungen als zweite, Souveränität beanspruchende Macht in den Mittelpunkt der Analyse Sozialer Bewegungen. Empirisch wies Tilly (1976 [1964]) nach, dass die These, bestimmte sozialdemografische Ausgangslagen würden systematisch zu ähnlicher Unzufriedenheit und damit zu gleichem Mobilisierungspoten-

---

22 Hierzu gehören die im letzten Kapitel behandelten Deprivationsansätze von Davies (1962), Feierabend u. a. (1969), Gurr (1972) und – auch wenn sie bei Tilly nicht explizit genannt werden – viele der ebenfalls im vorangehenden Kapitel besprochenen *Collective-Behavior*-Ansätze.

23 Tilly zitiert hier hauptsächlich Huntingtons (1968) These, dass der Prozess schnellen sozialen Wandels und die darauf folgende rasante Mobilisierung neuer Interessengruppen zusammen mit der zu langsamen Anpassung institutioneller Strukturen für die meisten Sozialen Bewegungen, Aufstände und Revolten der 1950er und 1960er Jahre verantwortlich seien.

zial führen, historisch nicht haltbar ist. Am Beispiel der Konterrevolu-
tion, die der Französischen Revolution 1793 folgte, und den damit einhergehenden lokalen Konflikten in der Vendée konnte Tilly zeigen, dass
für die Kontrahenten in diesem Konflikt keine einheitliche Gruppen-
zugehörigkeit nachweisbar ist. Vielmehr lasse sich eine vertikale Teilung
beobachten, die weder Klassengrenzen noch der Unterscheidung in Modernisierungsgewinner und -verlierer folgte.

Diese Kritik an Theorien, die Soziale Bewegungen unmittelbar
mit Modernisierungsprozessen in Verbindung bringen, nahmen John
D. McCarthy und Mayer N. Zald in ihrem einflussreichen Artikel *Resource Mobilization and Social Movements: A Partial Theory* zur Organisation von Mobilisierungsressourcen auf. Auch sie bezweifelten, dass
individuelle Unzufriedenheit zur Erklärung der Entstehung Sozialer Bewegungen hinreiche: »Because resources are necessary for engagement in
social conflict, they must be aggregated for collective purposes. Second,
resource aggregation requires some minimal form of organization […].«
(McCarthy/Zald 1977: 1216) Soziale Bewegungen könnten sich also erst
dann entwickeln, wenn es den Mitgliedern gelänge, die individuellen
Ressourcen der potenziellen Bewegungsteilnehmer zeit- und kosten-
effektiv zusammenzuführen und die Unzufriedenheit zu organisieren.[24]

McCarthy und Zald definieren für ihre Analysen Soziale Bewegungen als »set of opinions and beliefs in a population which represents
preferences for changing some elements of the social structure and/or
reward distribution of a society« (1977: 1217) und unterscheiden diese
von Bewegungsorganisationen (SMO) und von der Bewegungsindustrie (SMI). Während erstere formale Organisationen bezeichnen sollen,
die die Bewegungsziele definieren, bezeichnet letztere das organisationale Analogon zu den unorganisierten Elementen Sozialer Bewegungen.
Diese können also eine Vielzahl von Bewegungsorganisationen umfassen, die wiederum eine ganze Bewegungsindustrie bilden. Diese analytische Unterscheidung ermögliche es zu untersuchen, wie hoch der

---

24 Aber nicht nur die Deprivationstheorien standen in der Kritik der Vertreter*innen
des Ressourcenmobilisierungsansatzes: Hellmann (1999: 95) sieht in seiner Entstehung einen so wichtigen Bruch zu den *Structural-Strains*-Ansätzen, dass er sogar
von einem »Paradigmenwechsel« spricht.

Mobilisierungsgrad von Sozialen Bewegungen auch in Zeiten der Latenz ist, welches ihre organisationalen und damit stabilen Bestandteile sind, wie diese zueinander in Verbindung stehen und wie sich die Bewegungsindustrie in ihrer Gesamtheit entwickelt (ebd.: 1219). Die Unterschiede zu bisherigen Ansätzen lassen sich wie in Abbildung 6 beschrieben zusammenfassen.

Dimensionen	Deprivationsansätze	Ressourcenmobilisierungsansatz
Unterstützung	Unzufriedenes Kollektiv, dessen Ressourcen und Arbeit notwendig sind. Externe Unterstützung kann, muss aber nicht notwendigerweise vorliegen.	Unzufriedenheit muss Vorliegen. Externe Unterstützer*innen können wichtige Ressourcen zur Verfügung stellen, müssen aber nicht unbedingt die Werte der Bewegung teilen.
Strategien und Taktiken	Die Führer Sozialer Bewegungen nutzen Verhandlungen, Überzeugungsstrategien oder Gewalt, um Autoritäten zum Wandel zu bewegen. Die Wahl der Mittel ist pfadabhängig und durch die bisherige Bewegungsgeschichte und ihre Ideologien bestimmt. Die Taktiken sind durch die Bewegungsoligarchie und Institutionalisierung bestimmt.	Bewegungsorganisationen haben weiterreichende Aufgaben: Sie mobilisieren Sympathisant*innen, transformieren und neutralisieren Eliten sowie das Publikum und erreichen die Verschiebung gesellschaftlicher Ziele. Taktiken hängen von Konkurrenz und Kooperation zwischen den Bewegungsorganisationen ab.
Bewegungsumwelt	Die Bewegungsumwelt spielt eine Rolle, wenn Bewegungen ihre Ziele ändern. Der Effekt von gesellschaftsweiter Unterstützung oder Ablehnung auf den Bewegungserfolg wurde jenseits rein beschreibender Kontextualisierung nicht untersucht.	Die Gesellschaft stellt die Infrastruktur für die Bewegungsindustrie zur Verfügung. Hierzu gehören u. a. Massenmedien, die gesellschaftliche Verteilung des Wohlstands, Zugangsmöglichkeiten zu institutionellen Zentren und Netzwerken sowie gesellschaftliche Beschäftigungsstrukturen.

Abb. 6: Deprivationsansätze und Ressourcenmobilisierungsansatz im Vergleich

(Quelle: nach McCarthy/Zald 1977: 1216f.)

Die wichtigste Erklärungsleistung des RMA besteht vermutlich darin, Organisationen und Bewegungsunternehmer*innen als diejenigen Faktoren stark zu machen, die individuelle Unzufriedenheit in Bewegungsengagement transformieren. Trotz theoretischer Differenzen innerhalb des Ansatzes lassen sich die zentralen Argumente wie folgt zusammenfassen (Jenkins 1983: 528): Der RMA nimmt an, dass Soziale Bewegungen sowohl durch individuelle als auch organisationale (also: korporative) Akteur*innen strukturiert würden, deren Handeln als rational gelten muss: Bewegungsaktivist*innen, -unternehmer*innen und -organisationen orientieren sich demnach an Kosten und Nutzen ihrer Handlungen. Die Bewegungsziele würden entlang gesellschaftlicher Interessenkonflikte definiert. Da Unzufriedenheit gesellschaftlich ubiquitär sei, hängt die Entstehung und Mobilisierung Sozialer Bewegungen eher von den Ressourcen der Mitglieder, dem Organisierungsgrad und den gesellschaftlich-strukturellen Möglichkeiten für Protestaktionen ab. McCarthy und Zald (1977: 1221) argumentierten, es müsse Bewegungsunternehmer*innen oder Bewegungseliten geben, um die Ressourcen zu bündeln und Organisationen innerhalb der Bewegung zu gründen. Unter Ressourcen fassten sie sowohl materielle Bestände als auch die Organisations-, Diskussions- oder Ausdrucksfähigkeiten der Bewegungsunternehmer*innen und -sympathisant*innen. Je entwickelter eine Gesellschaft, desto größer sei ihr Vorrat an Bewegungsressourcen und desto eher würde ein Konkurrenzkampf zwischen den Bewegungsorganisationen einer Bewegung sowie zwischen verschiedenen Sozialen Bewegungen um diese Ressourcen stattfinden. Der Erfolg Sozialer Bewegungen wiederum sei abhängig von den Strategien der Bewegungsorganisationen und der politischen Umgebung: »The type and nature of the resources available explain the tactical choices made by movements and the consequences of collective action on the social and political system.« (Della Porta/Diani 2006: 15) Je erfolgreicher Bewegungen im Wettbewerb um diese Ressourcen seien, desto erfolgreicher könnten sie sich bei der Interessendurchsetzung behaupten. Je erfolgreicher sie sich ihren potenziellen Mitgliedern präsentierten, desto besser könnte deren Rekrutierung erfolgen. Zentralisierte, formal organisierte Bewegungen seien eher typisch für moderne Gesellschaften. Sie würden größere Erfolge in der Mitgliederwerbung und der

Durchsetzung ihrer Ziele verzeichnen als dezentrale, informell struktu-rierte Bewegungen. Das Gelingen hinge größtenteils von strategischen Faktoren ab – zum Beispiel der Stärke und Glaubwürdigkeit der Bewe-gung, aber auch ihrer Gegner –, und der politischen Arena, in der die Interessenkonflikte ausgetragen werden.

Der RMA schließt in gewisser Hinsicht an die Erkenntnisse und Diskurse des wachsenden und sich ausdifferenzierenden Felds der Or-ganisationssoziologie an: Mit ihrer Fokussierung auf die organisatio-nalen Strukturen, Ressourcen und Organisationseliten spiegelt sie die soziologische Perspektive auf moderne Gesellschaften als Organisations-gesellschaften (vgl. etwa Etzioni 1975: xvii), und damit auf die Organi-sationsförmigkeit sozialer Ordnung und der organisationalen Instanzen ihrer Veränderung wider. Auch das Interesse des RMA an den Entste-hungs- und Entwicklungsbedingungen von Bewegungsorganisationen und -industrien weist starke Konvergenzen zu der in der Organisations-soziologie der 1960/70er Jahre dominant verhandelten Suche nach den Determinanten organisationaler Strukturen auf.[25] Gleichzeitig findet sich das Argument des RMA, auch Organisationen orientierten sich an den sozialen Erwartungen an rationale Entscheidungsfinder, nicht zu-letzt, um ihre Legitimität zu erhöhen, in den neo-institutionalistischen Ansätzen der 1990er Jahre (DiMaggio/Powell 1988; Meyer u.a. 1997). Konsequenterweise werden später RMA und neo-institutionalistische Argumente zur Analyse von organisationalen Zusammenhängen syste-matisch zusammengeführt (Schneiberg/Lounsbury 2008).

Der RMA ist einer der erfolgreichsten Ansätze zur Erklärung So-zialer Bewegungen. Er prägt nach wie vor die aktuellen Debatten über die Faktoren ihrer Entstehung, Dynamik und Erfolge. Er verschob die entscheidende Frage der Bewegungsforschung von der inhaltlichen oder ideologischen Ausrichtung Sozialer Bewegungen hin zu jener nach den Möglichkeiten und Grenzen erfolgreicher Mobilisierung (Walder 2009: 398ff.).

---

25 Diese Suche kommentiert zum Beispiel W. Richard Scott (2004: 4) folgender-maßen: »During the formative period beginning in the 1950s and continuing into the 1980s, sociologists pursued a variety of topics, but their most distinctive and consistent focus was on the determinants of organization structure.«

Entsprechend knüpft eine Vielzahl qualitativer und quantitativer empirischer Studien an den Ressourcenmobilisierungsansatz an. Aktuelle theoretische Erweiterungen nehmen unter anderem die Dynamiken zwischen Bewegungsorganisationen und innerhalb der Bewegungspopulationen verstärkt in den Blick: Untersucht werden zum Beispiel die Einflussstärke von Zeit, Geld und persönlichen Fähigkeiten – wie Organisations- und Kommunikationsfähigkeiten – auf das individuelle Engagement (Brady u. a. 1995), die emotionsbetonte Rhetorik als Ressource, die Interaktionsbeziehungen zwischen Individuen und Bewegungsorganisationen – mithilfe von Netzwerkstudien (Diani/McAdam 2003), die Rolle von Sozialkapital (Diani 1997) oder die zunehmende transnationale Vernetzung von Bewegungsorganisationen (Caniglia 2001).

Da der RMA eine besondere Prominenz erreichen konnte, ist er in mehrfacher Hinsicht in die Kritik geraten: So moniert beispielsweise Jenkins (1983: 530), dass der Übergang von individueller Unzufriedenheit zu individuellem Engagement nicht systematisch erklärt werden könne; allein das Vorhandensein von Ressourcen (also die Möglichkeit zur Mobilisierung) sei hier nicht hinreichend. Darüber hinaus erscheint die Annahme kritikwürdig, es gebe im Vorfeld der Bewegungsgenese ein konstantes Ausmaß an Unzufriedenheit innerhalb einer Gesellschaft. Damit würden einerseits die »Differenzen zwischen den sozialen Lagen und ihr Einfluß auf die Befindlichkeiten der Menschen« unterbewertet (Pollack 2000: 44), andererseits Prozesse der gemeinschaftlichen Konstruktion eben dieser Interessen innerhalb einer Sozialen Bewegung ausgeblendet (Jenkins 1983: 549; Klandermans/Tarrow 1988: 9; Hellmann 1999: 96). Da der RMA die gesellschaftlichen Rahmenbedingungen Sozialer Bewegungen nicht systematisch in den Blick nehme, sondern sich die meisten Vertreter*innen »häufig auf die Akquisition und Allokation von Ressourcen innerhalb der Bewegungsindustrie« beschränken, wie Hellmann (1999: 96) feststellt, werde auch nicht berücksichtigt, wie welche Ressourcen gesellschaftlich verteilt und damit mobilisierungsfähig seien. Dies sei nicht zuletzt vom politischen und gesellschaftlichen System abhängig. Darüber hinaus, so Jenkins (1983: 532) bleibe der Funktionszusammenhang zwischen zusätzlichen Ressourcen und den Mobilisierungschancen – also der Relation zwischen dem Vorhandensein von Bewegungsressourcen und der Menge sozialer Bewegungen – unterspezifiziert.

Frances F. Piven und Richard Cloward (1977) kritisierten, der RMA übersehe, dass Bewegungsorganisationen dazu tendieren, die politische Schlagkraft von Bewegungen zu unterminieren, da sie Personen von der Straße in Versammlungshallen ziehen und mehr daran interessiert wären, mit den politischen Eliten Kompromisse auszuhandeln. Für ihre Argumentation rekurrieren sie auf Robert Michels' *Ehernes Gesetz der Oligarchie* (1911), nach dem Organisationseliten dazu tendieren, langfristig die eigenen Interessen über die Organisationsziele zu stellen und individuelle Vorteile auf Kosten der Organisation zu realisieren. Dies gelte auch für die Eliten von Bewegungsorganisationen. Ein weiteres Problem sahen sie darin, dass der RMA durch seine Fokussierung auf Bewegungsunternehmer*innen das Selbstorganisationspotenzial vieler Bewegungsereignisse übersehe (Piven/Cloward 1992). Zudem kritisieren sie die fehlende Beachtung der Emotionalität als wichtige Bewegungsressource und die Vernachlässigung des Potenzials Sozialer Begegnungen, Emotionsarbeit zu leisten, indem sie Frustration oder Trauer in Wut transformieren.[26] Damit wird dem RMA vorgeworfen, im Grunde genommen genau jene Faktoren zu übersehen und vernachlässigen, die bei den *Collective-Behavior*-Ansätzen in die Kritik geraten waren.[27]

4.2   Die Rationalität des Status quo – (Nicht-)Beteiligung als *Rational Choice*

Mit der Diskussion um das sogenannte Kollektivgutproblem eröffnete sich seit den 1970er Jahren eine völlig andere Perspektive auf die Fra-

---

26 Für die Frauenbewegung haben unter anderem Verta Taylor und Nancy E. Whittier (1995) und Cheryl Hercus (1999) zeigen können, wie wichtig diese Emotionsarbeit für eine erfolgreiche Mobilisierung ist.

27 Das folgende Kapitel ist eine für dieses Buch modifizierte Fassung des 4. Kapitels aus dem Band *Die Rationalität der Emotionen* (Schnabel 2003: 85–157).

ge nach den Ursachen und Dynamiken Sozialer Bewegungen. Bereits
seit den Studien von Gary S. Becker (z. B. 1982 [1976]) zu Human-
kapital und den Möglichkeiten, Bildungsbeteiligung oder Familien-
gründung und Fertilität als rationale Wahl im ökonomischen Sinne zu
rekonstruieren, hatte sich vornehmlich in der US-amerikanischen Soziologie eine Perspektive auf soziale Ordnung als manchmal intendiertes,
oft aber nicht-intendiertes Ergebnis individueller rationaler Handlungswahl zu etablieren begonnen. Dieser Theorieschule, die zunächst als Uti-
litarismus, später als Theorie rationaler Handlungswahl (Rational-Choi-
ce-Theorie; RC) bekannt wurde, ging es darum, zunächst ökonomische,
dann soziologisch erweiterte[28] Entscheidungsmodelle zu nutzen, um soziale Phänomene zu erklären. Diese Ansätze fokussierten auf die ›guten
Gründe‹ individueller Handlungsentscheidungen: Es wird angenommen, dass Menschen auf Grund von Entscheidungen handeln (oder dies
unterlassen) und ›das Beste‹ wählen, was sie sich in der konkreten Ent-
scheidungssituation leisten können. Die Entscheidungssituationen wiederum umfassen Bedingungen, die den individuellen Entscheidungs-
möglichkeiten Grenzen setzen oder sie fördern. Die RC-Theorien teilen
also mit dem RMA die Idee, Menschen würden auch in Massen nicht zu
willenlosen, einer kollektiven Logik folgenden Aktant*innen, sondern
hätten für die Teilnahme an Protesten gute, rational nachvollziehbare –
und damit theoretisch modellierbare – Gründe. Diese Gründe würden
sich aus einem Abwägen der Nutzen aus der Teilnahme und ihren Kosten ergeben.

Im Rahmen ökonomischer Theorieansätze hatte Mancur Olson bereits 1965 die Beobachtung gemacht, gleiche Interessen würden zur Erklärung für ihre Realisierung nicht hinreichen. Erklärungen, die auf den
von vielen geteilten Wunsch zur Veränderung einer Situation als mobilisierende Kraft setzen (also sowohl Deprivationsansätze als auch die
RMA), müssten unbefriedigend bleiben. Sie würden nämlich übersehen,
dass Kollektive gerade daran scheitern, dass sie rationalen Personen An-

---

28 Sozialwissenschaftliche RC-Ansätze erweitern die an die Ökonomie angelehnten
   Erklärungen explizit um Motivation durch Wertorientierungen, Überzeugungen,
   ›innere Sanktionen‹ oder Altruismus.

reize bieten abzuwarten, ob sich nicht andere in ihrem Interesse engagieren und die gesamten Kosten für die Interessendurchsetzung tragen.

Dieses als Kollektivgutproblem oder Dilemma des *freeriding* bekannte Phänomen wurde jedoch erst Anfang der 1980er Jahre in die Bewegungsforschung integriert und gilt hier eher als Seitenlinie der Erklärungen Sozialer Bewegungen (vgl. etwa Hardin 1982; Heckathorn 1989; Marwell/Oliver 1988).[29] Sie war der Ausgangspunkt dafür, dass sich die Perspektive zumindest eines Teils der Bewegungsforschung gänzlich auf individuelle Entscheidungen, deren Motive und die behindernden und fördernden Rahmenbedingen dieser Entscheidungen verschob. Damit rückte ›der Akteur als rationaler Entscheider‹ mit guten (also: kognitiv rekonstruierbaren) Gründen in den Vordergrund des wissenschaftlichen Interesses. Um die Entstehung Sozialer Bewegungen und das entsprechende individuelle Engagement erklären zu können, müssten demnach systematische, theoretische Aussagen über die individuelle Wahrnehmung gesellschaftlicher Entwicklungen und über die Transformation *gleicher* Interessen in *gemeinsame* Interessen getroffen werden. Mit dem RC-Ansatz[30] werden Überlegungen angeboten, wie sich die Verbindung gesellschaftlicher Rahmenbedingungen und individueller Anreizstrukturen so denken lässt, dass Bewegungsbeteiligung als erfolgreiche Überwindung des Kollektivgutproblems erklärt werden kann. Im Folgenden werden zunächst die Problemkonstellation und dann verschiedene theoretische Lösungsansätze vorgestellt.

---

29 Viele Überblicksbände und -artikel zu Theorien Sozialer Bewegungen berücksichtigen diesen Ansatz gar nicht (zum Beispiel Kern 2008; Walder 2009; Buechler 2016), andere rechnen ihn (fälschlicherweise) dem Ressourcenmobilisierungsansatz zu (etwa Della Porta/Diani 2006). Karl-Dieter Opp (2009) hingegen stellt den RC-Ansatz in den Mittelpunkt seiner Einführung in Protesttheorien, was jedoch wiederum dazu führt, dass alle anderen Ansätze in den Schatten des ersteren treten.

30 In der Bewegungsforschung wird er auch unter dem Stichwort *Collective-Action*-Ansatz diskutiert.

4.2.1 Das Kollektivgutproblem

Der soziologische Stellenwert des Kollektivgutproblems liegt darin, dass es eine Dilemmasituation beschreibt, in der individuell nutzenmaximierende Strategien zu kollektiv irrationalen Ergebnissen führen. Das Engagement für die Ziele einer Sozialen Bewegung ist ein Anwendungsfall solcher Dilemmata.[31] Für die Bewegungsforschung ist diese Konstellation deshalb interessant, weil sie das Erklärungsproblem Sozialer Bewegungen quasi auf den Kopf stellt: Es ist nicht länger die Frage, warum sich Personen trotz gleicher Interessen und ähnlicher Unzufriedenheiten nicht mobilisieren lassen (und welche Faktoren ein Bewegungsengagement fördern könnten), sondern vielmehr, warum Menschen sich überhaupt engagieren sollten.[32]

Die Virulenz dieser Frage liegt nicht in den Eigenschaften, Interessen, Fähigkeiten oder Fertigkeiten der Aktivist*innen begründet, sondern in den Eigenschaften der Situation, beziehungsweise der Bewegungsziele selbst. Kollektivgutprobleme entstehen nämlich dann, wenn diejenigen, die Nutzen aus erreichten Bewegungszielen ziehen, nicht identisch sind mit denjenigen, die die Kosten für ihre Erstellung tragen. Die Ziele Sozialer Bewegungen gehören zu einer Klasse von ›Gütern‹[33]

---

31 Weitere Beispiele bestehen in der Tragödie der Allmende, also der Ausbeutung begrenzter, aber allen zugänglichen Ressourcen (etwa die Überfischung der Weltmeere; vgl. zum Beispiel Hardin 1968), oder der Beseitigung negativer externer Effekte, wenn die Verursacher*innen nur schwer identifiziert werden können, (zum Beispiel bei Lärmbelästigung durch Autobahnen oder Flugverkehr, die oft Anlass für *Not-in-my-Backyard*-Proteste sind; vgl. etwa Musgrave u. a. 1990 [1966]).

32 Ähnlich kritisierten bereits Piven und Cloward (1977), dass Theorien Sozialer Bewegungen diese oft normalisierten, in dem sie sie als Verlängerung herkömmlicher Politik mit anderen Mitteln verstünden, und nicht mehr zwischen erlaubten und nicht-erlaubten taktischen Mitteln unterschieden würden. Sie behandelten damit Bewegungsorganisationen wie Lobbys oder Interessengruppen. Ihrer Ansicht nach sind Soziale Bewegungen jedoch eher die Ausnahme als die Regel.

33 In Anlehnung an die in der Ökonomie und der RC-Theorie gebräuchliche Diktion werden im Folgenden die Begriffe Interessen, Bewegungsziele und Güter synonym verwendet.

mit Eigenschaften, die ein systematisches Auseinanderfallen von Nutz-
nießern und Kostenträgern begünstigen (sogenannte *Kollektivgüter*).[34]

Diese Eigenschaften lassen sich am Beispiel von Rechtsnormen verdeutlichen. Solche Rechtsnormen können zum Beispiel in Gleichstel-
lungs*ge*- und Diskriminierungs*ver*boten oder staatlichen Verpflichtungen zur aktiven Förderung benachteiligter Gruppen (*affirmative action*)
bestehen, wie sie das Grundgesetz, Abs. 3 umfasst. Dazu gehören aber
auch konkrete Rechte wie das allgemeine Wahlrecht, das Recht auf gleichen Lohn für gleiche Arbeit, das Recht am eigenen Körper oder Sozi-
alrechte, die vor bestimmten Gefährdungslagen schützen. Zu den Eigenschaften solcher Rechtsnormen gehören, (i) dass sie nicht ›weniger‹
werden, wenn sie von mehreren Personen in Anspruch genommen werden (*Nichttrivialität im Konsum*). Wenn beispielsweise für die Straffreiheit
der Abtreibung (und damit für die Selbstbestimmung von Frauen über
ihren Körper) gestritten wird, wie dies die deutsche Frauenbewegung seit
den 1970er Jahren tat, dann wird dieses Recht, so es erfolgreich erstritten
wird, nicht dadurch reduziert, dass es immer mehr Frauen in Anspruch
nehmen.[35] Zu den besonderen Eigenschaften von Rechtsnormen gehört
auch, (ii) dass Akteur*innen nicht zu vertretbaren Kosten von ihrer In-
anspruchnahme ausgeschlossen werden können (*Nichtanwendbarkeit des
Ausschlussprinzips*). Ist zum Beispiel das allgemeine Wahlrecht erst einmal etabliert, ist es mit großem Kontrollaufwand verbunden, bestimmte Personen oder Personengruppen davon auszuschließen – vor allem
aber muss dies aufwändig legitimiert werden.[36] (iii) Sind Kollektivgüter

---

34 Diese Eigenschaften wurden ausführlich von Paul A. Samuelson (1954) und Mancur Olson (1985 [1965]: 11) hergeleitet.

35 Ab 1976 gab es eine sogenannte Fristenlösung, nach der ein Schwangerschaftsabbruch nicht strafrechtlich verfolgt wurde, sofern eine ärztliche Indikation vorliegt.
Erst seit 1995 gibt es mit dem Schwangeren- und Familiengesetz eine grundrechts-
konforme Regelung, nach der ein Schwangerschaftsabbruch in den ersten 22 Wochen straffrei bleibt.

36 Der Ausschluss von Nutzer*innen ist zwar in den meisten Fällen prinzipiell möglich, jedoch oft zu teuer, als dass er sich ökonomisch lohnen würde. In anderen
Fällen hängt er von der aktuell verfügbaren Technologie ab. Das bedeutet, dass
Kollektivgüter nach technischen Innovationen zu privaten Gütern werden können. Weiterhin kann der Ausschluss von Nutzer*innen politisch unerwünscht sein,
wenn dieser mit geltendem Recht oder allgemeinen Gerechtigkeitsvorstellungen
kollidiert.

einmal erstellt, so stehen sie den Interessent*innen meist in einer bestimmten, von ihnen individuell nicht wählbaren Menge zur Verfügung (*Unteilbarkeit*). Beispielsweise sind Rechtsnormen in Art, Umfang und Ausgestaltung nicht individuell anpassbar. Würden sie je nach individueller Präferenz variiert, wäre der Sinn einer Rechtsordnung als ein für alle Bürger verbindliches Regelwerk hinfällig. Darüber hinaus gilt für die meisten Ziele Sozialer Bewegungen, (iv) dass ihre Herstellung so aufwendig ist, dass sie nur durch Zusammenlegung von Ressourcen produziert werden können (*gemeinsame Produktion*). So lassen sich Rechte nicht im individuellen Alleingang initiieren; ihre Verabschiedung erfordert einen langen Prozess von der Mobilisierung für eine Gesetzesinitiative bis hin zum Gesetzentwurf. Hieran sind viele unterschiedliche Personen beteiligt.

Theorien rationaler Handlungswahl nehmen nun an, dass die hier aufgelisteten Eigenschaften von Kollektivgütern von den Akteur*innen als Bedingungen ihrer Handlungen wahrgenommen, interpretiert und in individuellen Entscheidungen berücksichtigt werden. Damit seien sie Teil der Randbedingungen individuellen Handelns und beeinflussen die Handlungsentscheidungen in einer Art und Weise, die es nicht rational erscheinen lässt, sich für eine Bewegung mobilisieren zu lassen.

Die genaue Argumentation hierfür sieht wie folgt aus: *Nichttrivialität im Konsum* und *Nichtausschließbarkeit* erschweren einerseits die Festsetzung und Kontrolle des eigenen individuellen Beitrags (weil es keinen Anreiz gibt, das eigene Interesse zu enthüllen) und andererseits besteht immer das Risiko, dass nicht genügend Beiträge gesammelt werden, um das Kollektivgut erstellen zu können. Betrachtet man die Beitragsleistung als Teil einer sozialen Kooperation zwischen Akteur*innen, so könnte man sagen: Der positive Anreiz zur Kooperation fehlt hier, weil eigener Beitrag und Wahrscheinlichkeit der Kollektivguterstellung nur lose gekoppelt sind. Gleichzeitig wird nicht-kooperatives Verhalten belohnt, wenn das Gut erst einmal produziert ist. Es existiert ein individueller Anreiz, abzuwarten, ob nicht jemand anderes den Kampf aufnimmt, um dann, wenn er erfolgreich war, ohne eigenes Engagement (und damit auch ohne Risiko, bestraft zu werden) zu profitieren, mithin also ›Trittbrett zu fahren‹.

Wenn diese – idealtypische – individuelle Kosten-Nutzen-Abwägung unabhängig von den Entscheidungen anderer stattfindet, entsteht eine Konstellation, die sich mit dem sogenannten *Gefangenendilemma* aus der Spieltheorie beschreiben lässt (siehe Abbildung 4 und Infobox 1).[37]

		Berta	
		Beitrag zum Kollektivgut	Kein Beitrag zum Kollektivgut
Anna	Beitrag zum Kollektivgut	2/2	-3/0
	Kein Beitrag zum Kollektivgut	0/-3	0/0

Abb. 7: Das Gefangenendilemma der Produktion von Kollektivgütern

(Quelle: eigene Darstellung)

Infobox 1: Das Gefangenendilemma

Die Funktionslogik des Gefangenendilemmas lässt sich in Form des folgenden Gedankenexperiments beschreiben: Angenommen, der individuelle Nutzen aus der Verwirklichung des gemeinsamen Interesses betrage 5 Nutzeneinheiten, die Kosten hingegen ließen sich mit -3 Nutzeneinheiten für alle Akteur*innen (hier Anna und Berta genannt)[38] beziffern. Das Kollektivgut in diesem Beispiel ließe sich nur dann erstellen, wenn Anna und Berta in voller Höhe beitragen (*Unteilbarkeit* und *gemeinsame Produktion*). Es wird entweder in voller Höhe produziert, dann entspräche der Nettonutzen für jede Akteurin 2 Nutzeneinheiten (5–3), oder es wird wegen mangelnder Beiträge gar nicht produziert; dann haben Anna

---

37 Die Verwendung des Gefangenendilemmas zur Erklärung der ungenügenden Bereitstellung von Kollektivgütern wurde verschiedentlich beschrieben (Hardin 1968; 1982: 25; Vanberg 1978; Raub/Voss 1986; Heckathorn 1988; 1996).

38 Diese Zwei-Personen-Konstellation lässt sich auf größere Gruppen übertragen, wenn man annimmt, alle durch Berta angezeigten Personen würden über dieselben Interessen und Ressourcen verfügen. Dann stellen alle anderen für Akteurin Anna einen einzigen (idealtypischen) anderen Akteur dar. Unterstellt man, dass Anna keine weiteren Informationen über ihre potenziellen Mitspieler*innen hat, so erscheint diese Annahme durchaus plausibel (Hardin 1982: 26).

und Berta keinen Nutzen (oder einen Nutzen von 0 Einheiten). Nun sind folgende vier Ausgänge dieser Konstellation möglich: Berta und Anna können gleichermaßen zum Kollektivgut beitragen, dann wird das Kollektivgut erstellt und beide realisieren einen Nutzengewinn von 2 Einheiten. Entscheidet sich Anna jedoch gegen einen Beitrag und Berta trägt allein bei, so wird das Kollektivgut nicht erstellt, Anna hat weder Kosten noch Nutzen, Berta hingegen wendet 3 Einheiten auf, ohne einen Nutzen realisieren zu können (sie hat also *sunk costs* in Höhe von 3 Einheiten). Genau umgekehrt verhält es sich, wenn Anna beiträgt, Berta aber nicht. Da Anna und Berta diesen für sie ungünstigen Ausgang gern vermeiden wollen, tragen beide nicht zur Produktion bei und realisieren damit das für beide ungünstige Ergebnis, bei dem das Kollektivgut nicht zustande kommt (rechtes unteres Feld in Abbildung 7). Auch wenn sich für alle potenziellen Interessent*innen der Status quo verbessern ließe, wenn also alle ihr ›Scherflein‹ beitragen würden, so steht dem das individuelle Kalkül entgegen, sich einerseits nicht einseitig ausbeuten lassen zu wollen und gleichzeitig in den Genuss der Gemeinschaftsanstrengungen kommen zu können, ohne die Kosten hierfür tragen zu müssen. Abwarten ist in diesem Fall also die beste individuelle Strategie, auch wenn sie im Aggregat – hier bei zwei Personen – zu einem kollektiv irrationalen Ergebnis führt. Die Rationalität dieser Individualstrategie führt dazu, dass diese Situation relativ stabil sein wird, wenn sich in den Randbedingungen nicht fundamentale Modifikationen ereignen.

Mancur Olson (1985 [1965]) argumentiert, dass man Konstellationen, in denen individuelle Nutzenmaximierung mit sozial unerwünschten Folgen einhergeht, insbesondere in großen Gruppen vorfindet. Dort sei der Einfluss eines einzelnen Beitrags auf die Bereitstellung fast nicht spürbar; hier werde »durch den Verlust eines Beitragszahlers die Belastung für irgendeinen anderen Beitragszahler nicht merklich steigen« (Olson 1985 [1965]: 11). Somit wäre das Ausbleiben von Beiträgen in großen Gruppen besonders schwer zu sanktionieren. Wenn jedoch eine wechselseitige Verhaltenskontrolle kaum möglich sei, werde der Erfolg der Bereitstellung des Guts unsicher und der eigene Beitrag laufe Gefahr verloren zu gehen, falls das gemeinsame Projekt scheitert.[39]

Auf der Basis der hier vorgestellten Überlegungen lässt sich insbesondere erklären, warum gleiche Interessen nicht unbedingt gemeinsam verfolgt und warum geteilte Ziele selten gemeinsam umgesetzt werden. Die hier vorgenommene Formulierung des Kollektivgutproblems exponiert zunächst das Erklärungsdefizit anderer Ansätze (Schnabel 2003: 96): Das Engagement von Akteur*innen in Sozialen Bewegungen lässt sich eben nicht ohne weiteres aus ihrer Frustration erklären, ebenso wenig wie aus der Verfügbarkeit von Ressourcen und ihrer Mobilisierung. Selbst dann, wenn die Organisation einer Sozialen Bewegung als Handlungsoption naheliegt, weil andere Institutionen das eigene Interesse nicht nachdrücklich durchzusetzen vermögen und wenn genügend Ressourcen zur Verfügung stehen, wirken immer noch starke individuelle Anreize zum ›Trittbrettfahren‹ einem Engagement entgegen.

Jedoch bieten die bisherigen Überlegungen keine Erklärung dafür, welche Gründe eine Teilnahme an einer Bewegung motivieren könnten; denn in einer Welt rationaler Akteur*innen dürfte sich kaum jemand in einer Sozialen Bewegung engagieren. Die Empirie spricht eine andere Sprache: Wie lässt sich also erklären, dass trotz des Auseinanderfallens von individueller und kollektiver Rationalität immer wieder rationale Akteur*innen im Sinne des Kollektivs handeln und sich in Sozialen Bewegungen engagieren?

4.2.2 Lösungsvorschläge des Kollektivgutproblems

Eine einfache, aber unbefriedigende Lösung des skizzierten Problems bestünde darin, alle Bewegungsteilnehmer*innen zu irrationalen ›Spinnern‹ zu erklären, die entweder unter Verblendung, nämlich der Fehlinterpretation der Situation, leiden oder aus ihren Handlungsalter-

---

39 In kleinen Gruppen beeinflusst andererseits der Beitrag des Einzelnen die Erfolgswahrscheinlichkeit des gemeinsamen Projekts merklich und kann durch Sanktionen sichergestellt werden (Olson 1985 [1965]: 8ff.).

nativen nicht die ›richtigen‹ Schlüsse im Sinne nutzenmaximierender Entscheidungen zu ziehen verstehen. Eine solche Lösung würde nicht nur nicht anerkennen, dass auch Bewegungsaktivist*innen ›gute Gründe‹ für ihr Handeln haben, sondern sie bliebe darüber hinaus hinter den Erklärungsmöglichkeiten der – hier nur kurz angerissenen – RC-Theorien zurück und würde nicht zum Verständnis des Phänomens beitragen. Die Theorie selbst und ihre mittlerweile umfängliche Anwendung im Feld der Sozialen Bewegungen bietet einige interessante Überlegungen, welche zusätzlichen Bedingungen vorliegen müssen, damit auch rationale Akteur*innen einen Anreiz haben, sich in einer Bewegung zu engagieren und eben nicht Trittbrett zu fahren.

Im Folgenden sollen die prominentesten theorieimmanenten Lösungsvorschläge präsentiert werden.[40] Für die Analyse der zusätzlichen Bedingungen wird im Folgenden davon ausgegangen, ein Kollektivgutproblem würde jedweder Art von Bewegungsengagement zugrunde liegen. Die Teilnahme an einer Unterschriftenaktion genauso wie ihre viel aufwendigere Organisation stellen Akteur*innen gleichermaßen vor die Entscheidung, die Arbeit anderen zu überlassen und trotzdem am Ergebnis zu partizipieren oder eben nicht. In dieser Hinsicht unterscheiden sich *Low-* und *High-Cost*-Entscheidungen des Bewegungsengagements nicht prinzipiell.

Die seit den 1970er Jahren in den Sozialwissenschaften und der Ökonomie diskutierten Lösungsansätze lassen sich grob in drei Blöcke unterteilen: (i) situationsbezogene Bedingungen, die die individuelle Kosten-Nutzen-Kalkulation verändern (hier unter dem Stichwort Iteration diskutiert); (ii) die Wirkung zusätzlicher Anreize auf die Kollektivguterstellung (Stichwort: selektive Anreize); und (iii) Ansätze, welche die Dynamik der Betragsbereitstellung bei unterschiedlichen Produktionsverläufen berücksichtigen (Stichwort: *critical mass*).[41] Diese Lösungsansätze

---

40 Theorieimmanent bedeutet, dass die Existenz einer externen Zentralgewalt oder internalisierter Normen wie Fairness- oder Reziprozitätsnormen nicht vorausgesetzt wird. Zur Kritik an der Unvollständigkeit von Erklärungen, die dies voraussetzen, siehe etwa Vanberg (1978).

41 Empirisch werden diese zusätzlichen Bedingungen seit den 1990er Jahren zunehmend mittels sozialpsychologischer Experimente und Computersimulationen getestet (Raub/Weesie 1990; Heckathorn 1993; 1996; Kollock 1994). Die umfang-

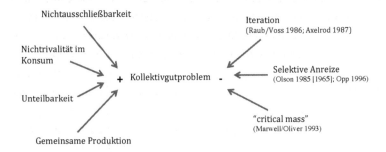

Abb. 8: Positive und negative Determinanten des Kollektivgutproblems

(Quelle: eigene Darstellung)

konkretisieren die Bedingungen, die Ausgestaltung und Kombination der Komponenten individueller Entscheidungen so verändern, dass die Produktion eines Kollektivguts nicht unbedingt zu einem Kollektivgutproblem führen muss. Es kann – unter diesen zusätzlichen Bedingungen – also für rationale Akteure durchaus individuell lohnend sein, sich in einer Sozialen Bewegung zu engagieren.

(i) Iteration. Schon die Annahme, Menschen würden sich nicht nur einmal, sondern vielleicht mehrmals im Leben begegnen, kann zu einer Veränderung der Anreize zum Trittbrettfahren führen (vgl. etwa Vanberg 1978; Hardin 1982; Kliemt 1986; Raub/Voss 1986; Axelrod 1987). Kooperation auf der Basis von Iteration kann zur Entstehung von Konventionen wie Reziprozitätsnormen, Reputation oder Vertrauen führen. Auf diese Weise werden wiederum höhergradige und längerfristige Kooperationsbeziehungen mit hohem Ressourcenaufwand und Selbstbindungen ermöglicht, wie es für die Beitragsleistungen in Sozialen Bewegungen typisch ist. Denn durch potenzielle Iteration der Situation werden Akteur*innen gezwungen, sich mit den Folgen der eigenen Entscheidung für zukünftige Spielrunden zu befassen. Die Beteiligten müssen damit rechnen, dass die Interaktionspartner*innen zu weiterer

---

reiche Literatur zum Thema wird im Rahmen der verschiedenen RC-Theorien veröffentlicht, namentlich der Spieltheorie, der *Social-Choice*-Theorie, der *Public-Choice*-Theorie und der Konflikt-Theorie in Ökonomie, Politikwissenschaft und Psychologie.

Zusammenarbeit nicht mehr bereit sein werden, wenn sie beim ersten Zusammentreffen ›ausgebeutet‹ wurden. Entscheidungsbestimmend ist nun nicht mehr allein der Nutzen, der sich in der aktuellen Interaktion erreichen lässt, sondern auch jener, der in nachfolgenden Zusammen-künften erreichbar wäre. Dies verändert die Logik der individuellen Ent-scheidung; Kooperation kann jetzt zu einer gewinnmaximierenden Stra-tegie werden.

Iteration ist die am wenigsten voraussetzungsvolle Lösung zur Über-windung der Anreizstrukturen des Gefangenendilemmas.[42] Voraus-gesetzt wird nur, dass die Akteur*innen sich aneinander und an das Er-gebnis der letzten Zusammenkunft erinnern und dass sie nicht wissen, wann sie zum letzten Mal aufeinander treffen werden: Dann kann der drohende Verlust zukünftig gewinnversprechender Kooperation wie eine Sanktion wirken. »Die wiederholte Interaktion zwischen iden-tischen Individuen bietet Sanktionsmöglichkeiten, die aus dem Inter-aktionsprozeß selbst hervorgehen.« (Kliemt 1986: 69) Die gegenwärti-ge Kooperation kann die Zuschreibung einer individuellen *Reputation* als verlässliche/r Kooperationspartner*in begründen, wobei von der ver-gangenen erfolgreichen Kooperation auf eine ebensolche zukünftige ge-schlossen wird (Raub/Weesie 1991; Kollock 1994: 319).

In großen Gruppen vermindert Iteration die von Olson beschriebe-nen Anreize zum Trittbrettfahren jedoch nur bedingt: Denn je größer die Gruppe, desto geringer ist die Wahrscheinlichkeit, wieder auf die-jenige Person zu treffen, die man zuvor durch einseitige Nicht-Koope-ration geschädigt hat. Auf der Basis der Iteration von Gefangenendi-lemmasituationen kann Kooperation unter Fremden erklärt werden: Übersteigen die prognostizierten zukünftigen Gewinne aus Kooperation die aktuellen Gewinne aus einer einmaligen Trittbrettfahrt, so erscheint diese individuell rational.

Allein über Iteration sind Soziale Bewegungen jedoch nicht zu er-klären. Personen engagieren sich beispielsweise nicht nur deshalb für die Abschaffung des ›Abtreibungsparagraphen‹ (§ 218 StGB), weil sie

---

42 Sie ist eine rein endogene Lösung und kommt ohne die Unterstellung eines Zwangsapparats, ohne Normen und darüber hinaus auch ohne exogene Anreize aus (Vanberg 1978: 675; Raub/Voss 1986: 311).

ihre Mitstreiter*innen irgendwann einmal wiedersehen könnten (und es dann unangenehm wäre, erklären zu müssen, warum sie sich nicht engagiert haben). Die Iteration der Konstellation des Gefangenendilemmas und die damit verbundenen Veränderungen der individuellen Anreizstrukturen benennt jedoch die zentrale Voraussetzung für Kooperation, nämlich die sequenzielle und konditionale (also an die durch die vorhergehende Handlung gesetzte Bedingung geknüpfte) individuelle Entscheidungsfindung: Ein sozial günstiger Ausgang ist möglich, wenn Anna und Berta nacheinander (*Sequenzialität*) und jeweils in Abhängigkeit der Handlungswahl der anderen (*Konditionalität*) entscheiden können. Sequenzialität und Konditionalität setzen wiederum voraus, dass Menschen ihre Interaktionspartner*innen identifizieren können und über ein ›Gedächtnis‹ zumindest für deren letzte Entscheidung verfügen. Iteration ermöglicht damit den Aufbau positiver Reputation als vertrauenswürdige Interaktionspartner*innen, die in einem Netzwerk miteinander verflochtener Akteur*innen wiederum zur Selbstbindung beiträgt: schließlich hat man einen Ruf zu verlieren. Strukturelle Faktoren oder *political opportunity structures* (siehe Kapitel 5) können Iterationen wahrscheinlicher machen: Gemeinsame Treffpunkte und koordinierte, regelmäßig stattfindende Zusammenkünfte, aber auch vermeintlich übereinstimmende Perspektiven auf die Welt und gemeinsam erlebte hoch emotionale Ereignisse[43] machen ein erneutes Zusammentreffen und damit die Überwindung der individuell rationalen Anreize zum Trittbrettfahren wahrscheinlicher.

(ii) Selektive Anreize. Diese Lösung zur Überwindung des Kollektivgutproblems beruht auf der Wirkung von Anreizen, die nicht direkt mit dem Kollektivgut verbunden sind. Bereits Mancur Olson (1985 [1965]: 50) hatte darauf hingewiesen, dass Anreize in Form von zusätzlichen Nutzen oder Strafen zur Überwindung des Kollektivgutproblems beitragen können. Diese zusätzlichen Anreize müssen, um ihre Wirkung

---

43 Bereits Émile Durkheims Überlegungen zur Religion und ihren regelmäßigen, emotionsgeladenen Ritualen lassen sich in dieser Form lesen: Religion schafft hier durch Wiederkehr von Ereignissen, durch die klare Fokussierung, Bedeutung und das Evozieren geteilter Emotionen eine Gemeinschaftlichkeit, die es ermöglicht, egoistische Interessen zugunsten des Gemeinwohls zu überwinden (2007 [1912]: 315ff.).

entfalten zu können, direkt vom individuellen Beitrag zur Produktion des Kollektivguts abhängen und andere sollten von ihrer Nutzung ausgeschlossen werden können. »Diese ›selektiven Anreize‹ können negativer oder auch positiver Art sein, indem sie entweder dadurch Zwang ausüben, daß sie jene bestrafen, die einen ihnen zugewiesenen Anteil der Lasten der Gruppentätigkeit nicht tragen, oder sie können positive Anreize sein, die denen geboten werden, die im Interesse der Gruppe handeln.« (ebd.)[44]

Ein Beispiel für positive selektive Anreize sind die freiwilligen Arbeitslosenversicherungen, die schwedische und dänische Gewerkschaften anbieten. Sie erhöhen auf diese Weise ihren Organisationsgrad (und damit ihre politische Schlagkraft) und sichern kontinuierliche Mitgliedsbeiträge (Clasen/Viebrock 2008: 433f.). Die solchermaßen akquirierten Bewegungsressourcen können dann zur Interessendurchsetzung und für Lobbyismus eingesetzt werden. Soziale Bewegungen greifen jedoch eher selten auf materielle Anreize zurück. Ihr Angebot selektiver Anreize hat meist folgende Formen (Opp 1996: 357): (i) *Moralische* Anreize sind in dem Ausmaß vorhanden, in dem man sich einer politischen Sache verpflichtet fühlt, während (ii) *soziale* Anreize in den erwarteten Belohnungen oder Bestrafungen für politisches Engagement durch die Umwelt bestehen. Solche positiven sozialen Anreize bestehen zum Beispiel im Spaß, den die Durchführung einer gemeinsamen Aktion macht, im Gemeinschaftsgefühl, das entsteht, wenn eine politische Unternehmung erfolgreich war oder man nur mit knapper Not den Wasserwerfern der Polizei entkommen ist, oder im Gefühl der Selbstwirksamkeit, wenn eine Straßenumbenennungsaktion erfolgreich war. Entsprechend schmerzhaft wirken beispielsweise ›schlechte Witze‹ gegenüber Mitgliedern benachteiligter Gruppen, Verhöhnung oder Ausgrenzungen aufgrund politischen Engagements.

Negative selektive Anreize sind in Gruppen, in denen nur wenige nicht beitragen wollen, am effektivsten: Sie halten alle Beteiligten »auf

---

44 Mancur Olson (1985 [1965]: 65ff.) selbst illustriert dies am Beispiel der sogenannten *closed shops* – Unternehmen, in denen nur Gewerkschaftsmitglieder arbeiten dürfen und die derart den Zugang zu diesem Teil des Arbeitsmarkts für Nichtgewerkschaftsmitglieder verhindern.

Linie« (Oliver 1980: 1367). So werden negative Sanktionen insbesondere in separatistischen Bewegungen mit besonderer Härte verhängt, um Zweifler*innen, die bei ihrem Ausstieg Insiderwissen preisgeben könnten, in der Bewegung zu halten. Sie haben jedoch manchmal den unerwünschten Nebeneffekt, dass die so Sanktionierten sich nicht mehr an der Bereitstellung des Kollektivguts beteiligen wollen und meutern.

Die Herstellung des eigentlichen Kollektivguts wird nun dadurch befördert, dass die Mitglieder des Interessenkollektivs durch die selektiven Anreize zur Beitragszahlung, Teilnahme an Aktionen oder zu Sympathiebekundungen motiviert werden. Selektive Anreize machen die individuelle Teilnahme an der Realisierung von Gemeinschaftsinteressen zur individuellen Mischkalkulation zwischen privatem Nutzen aus den selektiven Anreizen und dem Nutzen aus dem Kollektivgut (Riker/Ordeshook 1968: 27).[45]

Das Angebot positiver oder negativer selektiver Anreize ist jedoch voraussetzungsvoll: Der gemeinsame Kooperationszusammenhang der beteiligten Akteur*innen muss längerfristig angelegt sein und sie müssen die Entscheidung ihrer Interaktionspartner*innen erinnern können (es muss also eine iterierte Kooperationssituation im oben beschriebenen Sinne vorliegen), damit Nicht-Kooperation überhaupt durch den Entzug positiver oder die Androhung negativer selektiver Anreize sanktioniert werden kann. Darüber hinaus erfordert die Bereitstellung selektiver Anreize Ressourcen, die selbst wieder akquiriert werden müssen. Damit Gewerkschaften Versicherungsleistungen für ihre Mitglieder anbieten können, müssen sie zumindest als Solidargemeinschaft, in die bereits jemand einzahlt, wenn nicht als Zwangsapparat, bestehen. Dies gilt nicht nur für materielle, sondern auch für moralische oder soziale selektive Anreize: Auch für sie muss so etwas wie eine soziale Ordnung, oder besser: bereits eine Organisation, vorhanden sein, die moralische Verpflichtungen oder Sanktionen ermöglicht und aufrechterhält. Daraus er-

---

45 Während es für die Motivation der *Empfänger*innen* keinen Unterschied macht, ob sie durch positive oder negative selektive Anreize motiviert werden, unterscheiden sich positive und negative selektive Anreize in ihrer Wirkung für die *Anbieter*innen*. Große Gruppen durch selektive Anreize motivieren zu wollen, kann für sie sehr kostspielig werden (Oliver 1980: 1365).

gibt sich das Problem, »daß selektive Anreize *Ergebnis, nicht jedoch Ursache* der Organisationsentwicklung sind« (Keller 1988: 392).

Es stellt sich mithin die Frage, warum rational handelnde Akteur*innen in die Entstehung von Organisationen oder Zwangsapparaten zur Bereitstellung selektiver Anreize, die wiederum zur Produktion von Kollektivgütern anderer Art genutzt werden, investieren sollten. Weede (1992: 121) sieht deshalb hier »nur eine Verschiebung des Erklärungsproblems«, da die Chance der Produktion von Kollektivgütern die Existenz anderer Kollektivgüter, nämlich eines Apparats, der selektive Anreize einsetzen kann, voraussetzt. Die Entstehung einer Organisation, die zur Bereitstellung selektiver Anreize benötigt wird, stellt damit ein ›Kollektivgutproblem zweiter Ordnung‹ dar. Wie aber lässt es sich lösen? Liegt hinter dem Kollektivgutproblem zweiter Ordnung eines der dritten Ordnung und so weiter? Ist die Produktion eines Kollektivguts damit letztlich eine einzige, nicht enden wollende Kette der Lösung immer neuer Kollektivgutprobleme?

(iii) Privilegierte Gruppen. Standen bisher Faktoren im Vordergrund, die entweder auf den Interaktionsstrukturen (und deren prinzipieller Wiederholbarkeit) oder auf der Wirkung von Anreizen beruhten, die nicht direkt aus dem Kollektivgut selbst erwachsen, so fokussieren die folgenden Überlegungen auf den Produktionsprozess des Kollektivguts. Sie stellen die bislang komplexeste und differenzierteste Diskussion von Erklärungsfaktoren für die Teilnahme an Sozialen Bewegungen aus der Perspektive einer sozialwissenschaftlich angereicherten RC-Theorie zur Verfügung. Sie beruhen auf Gedankenexperimenten, wurden aber auch mittels Computersimulation getestet (unter anderem Marwell u. a. 1991). Diese Ansätze basieren auf der Idee, dass sowohl der Verlauf der Produktionsfunktion[46] des gemeinsam zu erstellenden Guts als auch die Eigenschaften des Produzentenkollektivs letztendlich über den Erfolg der gemeinsamen Unternehmung bestimmen.

---

46 Produktionsfunktionen bezeichnen den funktionalen Zusammenhang zwischen der Menge der Inputfaktoren und dem Output an Gütern. Für die folgenden Ausführungen wird es jedoch nicht um die *Menge* des Outputs an Kollektivgütern gehen, sondern um die *Wahrscheinlichkeit des Zustandekommens* in Abhängigkeit von jedem zusätzlichen Beitrag. Diese Wahrscheinlichkeit lässt sich dann verstehen als Bedingung für individuelle Investitionen.

Mancur Olson hatte in seinem Werk zur Logik kollektiven Handelns einen negativen Zusammenhang zwischen Gruppengröße und Kollektivguterstellung konstatiert (1985 [1965]: 48). Bereits in den 1970er Jahren hatten Norman Frohlich und Joe A. Oppenheimer Zweifel an dieser These angemeldet und argumentiert, dass weniger die Gruppengröße als vielmehr die Kostenstruktur des Guts sowie die subjektiven Vermutungen über die Aggregationseffekte der individuellen Beiträge ausschlaggebend seien: »For by making a larger donation the individual increases the probabilities that he will receive the good for any given set of probabilities he attaches to the behavior of others, in the case of a lumpy good. In the case of a nonlumpy good, larger donations merely bring larger amounts of the good.« (1970: 117) Gerald Marwell, Pamela Oliver und Kollegen nahmen dieses Argument in mehreren Artikeln auf (Marwell u. a.1985; 1988; 1991; Marwell/Oliver 1988; 1991; 1993; 2001). Auch sie konstatierten, dass die Art des Guts einen wesentlichen Einfluss auf dessen Beitragsentscheidung hat: »There really is a dilemma of collective action for public goods, but the dilemma adheres to the high cost of providing them, not to the number who share in them.« (Marwell/Oliver 1988: 3; im Original kursiv)

Die simpelste Konstellation, die Olsons Postulat von der Benachteiligung großer Gruppen bei der Erstellung von Kollektivgütern infrage stelle, besteht für Marwell und Oliver dann, wenn die Kosten des Kollektivguts sich unabhängig von der Größe des Nutzer*innenkollektivs bestimmen und vollständige Nichtausschließbarkeit gilt. Dann würde allein das Verhältnis zwischen *individuellem* Nutzen und *individuellen* Kosten über die Erstellung bestimmen: Ein typisches Beispiel für solche Bedingungen seien Leuchttürme: Wenn ein Reeder es für sich als nützlich erachte, seine Schiffe durch einen Leuchtturm an einer gefährlichen Klippe vor Seenot zu bewahren, wird er den Bau eines Leuchtturms finanzieren, unabhängig davon, wie viele Schiffe anderer Reedereien er damit vor Seenot retten kann. In diesem Fall wären große Gruppen allein aus stochastischen Gründen überlegen, weil sich in ihnen mit höherer Wahrscheinlichkeit *irgendjemand* findet, dessen individueller Nutzen die individuellen Kosten übersteigt.[47]

Allerdings lassen sich für Soziale Bewegungen fast keine Ziele bestimmen, deren Produktion eine solche Konstellation begründet, da zur Umsetzung von Bewegungszielen fast immer die Zusammenlegung von Ressourcen – wie Zeit, Geld, Anstrengung, Ideen, Sprachgewandtheit – notwendig ist und das Engagement eines Einzelnen nicht hinreicht: Während bei Stromausfall in einem Stadtteil der Anruf einer einzigen Person beim örtlichen Stromanbieter den Fernsehabend vieler rettet (Marwell/Oliver 1988: 3), reicht eine einzige Demonstrantin nicht, um die Abschaffung des § 218 StGB durchzusetzen.

Im Zusammenhang mit der Gruppengröße entsteht die Tragödie des Kollektivgutproblems erst dann, wenn die Kosten des Guts mit der Anzahl der Nutzenden steigt:[48] »If the cost of a nonexcludable good increases proportionately (or more) with the number who enjoy it, larger groups are much less likely to be provided with a good than smaller groups.« (ebd.) Eine solche Situation liegt insbesondere dann vor, wenn viele Personen für eine gemeinsame Aktion koordiniert werden müssen oder wenn es notwendig wird, Informationen über die Partizipationsbereitschaft vieler einzuholen. Dann nämlich steigen unabhängig von den Kosten des eigentlichen Kollektivguts vor allem die Koordinations- und Informationskosten mit der Gruppengröße.

Immer dann, wenn die Kosten der Kollektivguterstellung mit der Anzahl der potenziellen Nutznießer*innen ansteigen, so argumentieren Marwell und Oliver, spielt die Produktionsfunktion der Güter oder Ziele eine besondere Rolle. Dabei lassen sich drei (idealtypische) Arten von Produktionsfunktionen unterscheiden (Marwell u. a. 1985). Allerdings müssen für gemeinsame Aktionen nicht immer alle Nutznießer*innen

---

47 Homogenität der Gruppe der potenziell Beitragenden scheint eine wesentliche Bedingung für die Produktion des Kollektivguts zu sein: Eine Gruppe gilt dann in Bezug auf ihre Interessen und Ressourcen als homogen, wenn die individuelle Interessenintensität und Ressourcenverfügung nahe dem Mittelwert aller liegt. In heterogenen Gruppen hingegen streuen Interessenintensität und Ressourcenverfügung weit um den Mittelwert.

48 Dies lässt sich als Anteil flexibler Kosten bezeichnen – im Gegensatz zu Fixkosten, die mit der Anzahl der Nutznießer*innen nicht steigen.

A. Funktion mit konstanten Skalenerträgen

B. Funktion mit steigenden Skalenerträgen

C. Funktion mit abnehmenden Skalenerträgen

D. Produktionsfunktion 3. Ordnung

Abb. 9: Produktionsfunktionen mit unterschiedlichen Verläufen, abhängig vom Einfluss des jeweilig nächsten Beitrags

(Quelle: Schnabel 2003: 105–115)

des Kollektivguts auch zu diesem beitragen. In Abhängigkeit von der Input-Output-Relation reicht oft der Einsatz einer kleinen Gruppe aus, damit das Gut produziert wird, sofern sie in hohem Maße ein Interesse an diesem hegt und über hinreichende Ressourcen zu seiner Herstellung verfügt (oder diejenigen, die über diese Ressourcen verfügen, zur Investition motivieren kann). Eine solche Gruppe wird von Marwell und Kolleg*innen (1985: 522) als *critical mass* bezeichnet. Die Existenz einer solchen *critical mass* transformiere selbst größere Gruppen in privilegierte Gruppen, die in der Lage sind, gleiche Interessen in gemeinsame Interessen zu transformieren und ein Kollektivgut zu erstellen. Eine *critical mass* könne dann die Produktion initiieren, wenn Entscheidungen sequenziell getroffen werden und das durchschnittliche Interesse oder die durchschnittlich zur Verfügung stehenden Ressourcen nicht ausreichen, die Schwelle zu überschreiten, jenseits der das Kollektivgut mit hinreichender Wahrscheinlichkeit produziert werden wird.[49] Was ist damit genau gemeint? Zur Erläuterung sollen im Folgenden die drei von Marwell und Kolleg*innen identifizierten idealtypischen Produktionsverläufe von Kollektivgütern etwas ausführlicher vorgestellt werden (siehe Abbildungen 5 A–D).

(i) Lineare Produktionsfunktionen. Dieser Verlauf impliziert, dass jeder zusätzliche Beitrag genau die gleiche Wahrscheinlichkeit hat, die Herstellung des Kollektivguts zu ermöglichen (siehe Abbildung 5A).[50] Diese Produktionsfunktionen haben weder Startkosten noch Sättigungseffekte, weshalb Interessen- und Ressourcenheterogenität keinen nennenswerten Einfluss haben. Empirisch spielen Güter mit reiner linearer Produktionsfunktion für Soziale Bewegungen fast keine Rolle, jedoch weisen manche Kollektivgüter, die in Sozialen Bewegungen produziert werden, in ihren Produktionsfunktionen Abschnitte diesen Typs auf. Die Beteiligung in dieser Phase steigt und fällt dann mit der individuellen Kosten-Nutzen-Abwägung (Heckathorn 1996: 274).

(ii) Exponentielle Produktionsfunktion. Bei dieser Verlaufsform erhöht jeder Beitrag die Wahrscheinlichkeit der finalen Kollektivguterstellung um einen jeweils steigenden Betrag (siehe Abbildung 5B). Damit macht jeder vorausgehende Beitrag den folgenden Beitrag wahrscheinlicher. Solche Produktionsverläufe gehen mit einer längeren Startphase einher, die überwunden werden muss. Weil die Anfangsinvestition keinen spürbaren Effekt auf die Wahrscheinlichkeit der Kollektivguterstellung hat, sind in homogenen Gruppen rationale Akteur*innen meist nicht dazu zu bewegen, eine solche Anfangsinvestition zu tätigen. Deshalb kommt in homogenen Gruppen die Produktion von Kollektivgütern oft nicht zustande. Unterschiedlich starke Interessen und Ressourcen-

---

49 Wenn der Durchschnittswert der individuellen Ressourcen oder des individuellen Interesses jedoch die Schwelle überschreitet, an der das Kollektivgut mit hinreichender Wahrscheinlichkeit produziert, dann wirkt sich eine größere Heterogenität negativ auf die Erstellungswahrscheinlichkeit aus, weil dies mehr Akteure unter die kritische Schwelle drückt (Marwell/Oliver 1993: 22).

50 Die Produktion weist damit konstante Skalenerträge auf.

verteilung erhöhen dagegen die Chance, dass diese prekäre Phase überwunden werden kann: »A pool of highly interested and resourceful individuals willing to contribute in the initial region of low returns may therefore become a ›critical mass‹ creating the conditions for more widespread contributions.« (Marwell u. a. 1985: 543) Ist das Nutzer*innenkollektiv heterogen genug, um über eine solche *critical mass* – vielleicht in Form motivierter Studierendengruppen an Hochschulen wie im Fall der Student*innenproteste der 1970er Jahre (Gilcher-Holtey 2008) – zu verfügen, kann das Kollektivgut per Schneeballprinzip oder über Mobilisierungskaskaden erstellt werden.

Der Erfolg der *critical mass* ist jedoch voraussetzungsvoll: Er erfordert, dass die Anfangsinvestitionen sichtbar werden und potenziell Beitragende strategisch mit Bezug aufeinander handeln können: Wenn Akteur*innen um die Signalwirkung ihrer Beiträge wissen, kann es auch in einer Welt rationaler Akteur*innen nutzenmaximierend sein, selbst dann zu investieren, wenn der eigene Beitrag zunächst die Wahrscheinlichkeit der Kollektivguterstellung nicht sichtbar erhöht. »The usual outcome of the accelerative collective dilemma is that nobody rides free because nobody contributes and there is no ride. However, an ›irrational‹ contributor may well find that, instead of being a ›pasty‹, he or she is a role model or organizer whose action sets off other's actions and, in the end, vindicates the original contribution.« (ebd.: 547) Beispiele solcher *role models* finden sich in fast jeder Sozialen Bewegung. Berühmte Freiheitskämpfer sind beispielsweise Nelson Mandela, Mahatma Gandhi oder Martin Luther King. Simone de Beauvoir, die Suffragetten in den USA und Großbritannien, Clara Zetkin oder Alice Schwarzer sind berühmte Heldinnen der Frauenbewegung, die als Initiatorinnen einer *critical mass* gelten könnten.

(iii) Sättigungsfunktionen. Diese sind dadurch gekennzeichnet, dass jeder zusätzliche Beitrag die Erstellungswahrscheinlichkeit in immer kleinerem Maße steigert (siehe Abbildung 5C). Die ersten Beitragenden haben den größten Effekt auf den Erfolg der Kollektivgutproduktion. Da allerdings jeder zusätzliche Beitrag einen immer kleiner werdenden Einfluss hat, sind spätere Beiträge weniger attraktiv. Damit sinkt die Beitragsbereitschaft im Produktionsverlauf – vor allem bei rationa-

len Akteur*innen. In Gruppen mit einer homogenen Interessen- und Ressourcenverteilung besteht also die Gefahr, dass nicht genügend Beiträge zusammenkommen, um das Kollektivgut herzustellen: Wenn der Punkt, an dem es noch rational ist beizutragen, weil die Kosten den individuellen Nutzen gerade noch nicht übersteigen, für alle gleich ist, wird das Kollektivgut nur bis zu einer bestimmten Wahrscheinlichkeit – aber nicht unbedingt sicher – produziert. Heterogene Interessenverteilung innerhalb des Nutzer*innenkollektivs kann aber für einen *order effect* sorgen, wenn die Akteur*innen gebeten werden, in der umgekehrten Reihenfolge ihrer Interessenstärke beizutragen. Wenn also der- oder diejenige, der/die das geringste Interesse hat, zuerst investieren würde, kann die maximale Menge des Kollektivguts erstellt werden.[51] Es ist jedoch sehr unwahrscheinlich, dass es gelingt, Beitragende so zu organisieren, dass ausgerechnet diejenigen, die sich am wenigsten für die Produktion des Guts interessieren, zuerst investieren. Wer in einer solchen Konstellation zufällig als erstes gefragt wird, hat also ›verloren‹. Dass ein *order effect* nicht erfolgreich herbeigeführt werden konnte, könnte erklären, warum sich zunächst oft überraschend viele Personen für Aktionen zur Durchsetzung gemeinsamer Interessen bereitfinden, dann aber im Laufe der Zeit Bewegungsinitiativen aus Mangel an Beteiligung ›totlaufen‹, noch bevor die Durchsetzung des Ziels wirklich erreicht ist.

Marwell und Kolleg*innen widersprechen erstens Olsons These, dass größere Gruppen weniger erfolgreich darin seien, das Kollektivgutproblem zu lösen. Denn, im Gegenteil, können Großgruppen sogar im Vorteil sein, weil sie rein stochastisch mit größerer Wahrscheinlichkeit die für eine *critical mass* notwendige heterogene Interessen- und Ressourcenstruktur aufweisen. Zweitens haben sie einen für die Bewegungsforschung zentralen Punkt konstatiert: Sie können nicht nur erklären, warum es gar nicht so unwahrscheinlich ist, dass Bewegungsteilnehmer*innen das Kollektivgutproblem überwinden und damit Soziale Bewegungen wahrscheinlicher sind, als die RC-Theorien es glauben ma-

---

51 Für diese Konstellation gilt: »If we may expand Olson's metaphor, free riding is likely in the decelerative case, but the ride is short. That is, there will likely be a ride, and some will ride free […], but the ride will be cut short at the optimum, and no one will pay to finish the trip.« (Marwell u. a. 1985: 548)

chen wollen. Und sie zeigen darüber hinaus, unter welchen Bedingungen dies der Fall ist und unter welchen Bedingungen die Kollektivgutproduktion Sozialer Bewegungen erschwert wird.

Douglas Heckathorn (1996) nahm diese Überlegungen auf und vermutete, dass die Produktionsfunktion von Kollektivgütern Sozialer Bewegungen typischerweise einen kombinierten S-förmigen Verlauf zeige, an deren Beginn die Beiträge die Wahrscheinlichkeit der Erstellung zunehmend vergrößern, bis zu einem Umschlagpunkt, an dem jeder zusätzliche Beitrag die Herstellung des Kollektivguts zunehmend weniger wahrscheinlich macht (siehe Abbildung 5D). Heckathorn argumentierte, Akteur*innen würden zu Beginn eines Protests dann Beiträge leisten, wenn sie sich, wie Marwell und Kolleg*innen (1985) vermuteten, in Konstellationen glauben, in denen ihre Beiträge mit großer Wahrscheinlichkeit Signalwirkung entfalten können. In der mittleren Phase der Produktion könnten zusätzliche Akteur*innen zur Kooperation bewegt werden, »because of greater marginal returns to contributors, strategic interaction« or the operation of selective sanctions« (Heckathorn 1996: 273). Erst hier bestünde überhaupt eine Möglichkeit zum individuellen Trittbrettfahren. Die Endphase der Produktion kollektiver Güter wiederum wird bestimmt von den vorhandenen Ressourcen innerhalb der Gruppe sowie den abnehmenden Chancen, zusätzliche Beitragende mobilisieren zu können. Hier könnten also Sättigungseffekte wirksam werden.

Marwell und Kolleg*innen argumentierten, der Erfolg der Kollektivgutproduktion und damit das Entstehen und Fortbestehen Sozialer Bewegungen würde davon abhängen, in welchem Bereich der Produktionsfunktion gerade produziert werde und wie sich *Interessen und Ressourcen* im Nutzer*innenkollektiv verteilten: Die *critical mass* verschafft entgegen Olsons Prognose einen Organisationsvorteil, denn sie macht *den* entscheidenden Unterschied. Sie besitzt das nötige Interesse und kann, wenn sie nicht selbst über die notwendigen Ressourcen verfügt, andere zur Beitragsleistung anhalten: »The ›free rider‹ dilemma, correctly analyzed, is the problem of not being able to make a big enough difference in the outcome to compensate for the costs one bears.« (Marwell/Oliver 1988: 7) So wird verständlich, warum Soziale Bewegungen meist nicht von isolierten Akteur*innen mit niedrigen Beiträgen, sondern von einem kleinen Kollektiv hochgradig motivierter Akteur*innen initiiert werden, die, gemessen in Zeit und persönlicher Energie, einen ›großen‹ Beitrag leisten, der Signalwirkung hat, spürbar wird und deshalb eine Kaskade weiterer Beiträge anregen kann.

Diese Beobachtung ähnelt den Überlegungen, die bereits im Rahmen des RMA vorgestellt wurden. Auch hier war ja postuliert worden, dass Soziale Bewegungen Bewegungsunternehmer benötigen, die in der Lage sind, die Interessen und Ressourcen möglicher anderer Aktivist*innen zusammenzuführen und zu organisieren. Mit den Beobachtungen zu den unterschiedlichen Verläufen von Produktionsfunktionen können nun die Bedingungen näher spezifiziert werden, unter denen solche Gruppen hoch motivierter Aktivist*innen effektiv die Bereitstellung eines Kollektivguts forcieren können. Denn nicht immer gelingt es einer solchen *critical mass*, die Bereitstellung zu sichern. Erst, wenn in einem Bereich der Produktionsfunktion mit zunehmend wachsender Erstellungswahrscheinlichkeit ›produziert‹ wird und die durchschnittliche Verteilung von Interessen und Ressourcen zur Produktion nicht ausreicht, wenn die individuellen Entscheidungen sequenziell und nicht simultan getroffen werden und wenn bei den Personen, aus denen sich die *critical mass* zusammensetzt, Ressourcenausstattung und Interessenintensität zusammenfallen, kann das betreffende Kollektivgut über ein Schneeballsystem individueller Investitionen gemeinsam fabriziert werden. Dann, und nur dann, macht der erste Beitrag den zweiten wahrscheinlicher, der zweite den dritten und so weiter.

Diese Spezifikation ist gegenüber der RMA im Vorteil: Nicht alle Ziele potenzieller Sozialer Bewegungen sind über Bewegungsunternehmer organisierbar, die Analysen von Marwell und Kolleg*innen konkretisieren die Bedingungen, unter denen es wahrscheinlicher wird. Damit lässt sich analytisch klären, warum nicht alle gemeinsamen Ziele zu sozialen Protestbewegungen führen und welche trotz des Kollektivgutproblems eine Chance haben. Mit ihrem Bezug auf die RC-Theorien rekurrieren Marwell und Kolleg*innen auf eine explizite Entscheidungsregel, die Individuen als rationale Akteur*innen ernst nimmt und beziehen die Motivation zum Protestieren (und ihre Blockaden in Form erwarteter

Kosten und Repressionen) mit in die Analyse ein. Die Kosten des Guts und seiner Produktion, die Art der Produktionsfunktion sowie die Verteilung von Interessen und Ressourcen innerhalb des Nutzer*innenkollektivs bilden in diesem Modell die Randbedingungen, unter denen sich individuelle Akteur*innen für oder gegen einen Beitrag zur Produktion entscheiden. Auf diese Weise wird die individuum-zentrierte Sichtweise der RC-Theorien mit der Sozialität des Produktionsprozesses in und durch Soziale(n) Bewegungen kombiniert.

4.3 Die Leipziger Montagsdemonstrationen als Akte rationaler Handlungswahl

Der RC-Ansatz fand in der Bewegungsforschung in den letzten 25 Jahren unterschiedliche empirische Anwendungen. Eine der bekanntesten Studien stammt von Karl-Dieter Opp und analysiert die ostdeutsche Revolution von 1989 (Opp 1991; Opp/Gern 1993; Opp u.a. 1993). Diese stelle ein Paradebeispiel dar für extensiven politischen Protest und revo-

Abb. 10: Montagsdemonstration 1989 in Leipzig

(Quelle: Allgemeiner Deutscher Nachrichtendienst, Zentralbild, Bild 183)

Abb. 11: Theoretisches Modell zur Erklärung von Massenprotesten

(Quelle: Opp/Gern 1993: 660; eigene Übersetzung)

lutionäre Veränderung innerhalb eines autoritären Regimes. (Opp/Gern 1993: 659)

Zwischen dem 25. September und dem 18. Dezember 1989 fanden an 13 aufeinanderfolgenden Montagen spontane Demonstrationen in Leipzig gegen das DDR-Regime statt: »The demonstrators expressed their demands for political liberalization, open borders, and, toward the end of the cycle, German unification.« (Lohmann 1994: 42). Am 18. Oktober 1989 trat, dem Druck der Demonstrationen nachgebend, überraschend der damalige Regierungschef der DDR, Erich Honecker, zurück und wenige Tage später, am 9. November fiel die Berliner Mauer. Ein Jahr später sollte die DDR schließlich der BRD beitreten, was ihr offizielles Ende implizierte.

Karl-Dieter Opp und Christiane Gern befassten sich in ihrer Studie mit der Frage, wie diese spontanen und für den Fall des Systems zentralen Montagsdemonstrationen – trotz des Kollektivgutproblems, das Demonstrationen inhärent ist – hatten stattfinden können. Dazu rekurrierten sie sowohl auf Makro- als auch auf Mikrofaktoren. Als Makrofaktoren identifizierten sie den individuellen sozialen Kontext – also Gruppen, Netzwerke und, als historischen Faktor, die Westöffnung verschiedener Ostblockländer gegen Ende der 1980er Jahre. Für die Mikroebene erachteten sie (typisch für RC-Theorien) individuelle Anreize und Kosten als relevant für die Teilnahmeentscheidung.

Die Studie basiert sowohl auf quantitativen Befragungen von Teilnehmer*innen und Nicht-Teilnehmer*innen jener Montagsdemonstrationen als auch auf qualitativen Interviews. Die Auswertung umfasste mehr als 1.300 standardisierte Fragebögen. Um die typischen relevanten individuellen Kosten-Nutzen-Strukturen zu erfassen, wurde (theoriegeleitet) nach vier Arten individueller Anreize gefragt: (i) Motivation durch den Wert des Kollektivguts; (ii) moralische Anreize (durch das Wissen, das Richtige zu tun); (iii) gruppenbezogene positive Sanktionen; und (iv) erwartete Anerkennung durch signifikante Andere. Auf der Kostenseite wurden die subjektive Einschätzung (i) der Wahrscheinlichkeit von staatlicher Repression, (ii) deren Stärke und (iii) bisherige Erfahrungen mit staatlicher Repression untersucht. Besonderes Augenmerk lag auf der Gebundenheit in Gruppen als Mechanismus der Vermittlung relevanter Informationen über die Einschätzung der Fehlleistungen des politischen Systems, der Wahrscheinlichkeit von Repression und über Ort und Zeit möglicher Protestaktionen. Gefragt wurde deshalb auch, ob die Befragten Mitglied einer Oppositionsgruppe, der Regierungspartei SED oder einer SED-nahen Gruppierung, einer Sportgruppe oder einer kirchlichen Gruppe waren. Ebenfalls ermittelt wurde die persönliche Einbindung in ein Netzwerk aus regierungskritischen Kolleg*innen oder Freund*innen.

Im Ergebnis zeigte sich, dass vor allem die Motivation durch das Kollektivgut selbst, die bereits erfahrene Repression und die Einbindung in ein Netzwerk kritischer Freund*innen die Wahrscheinlichkeit der Teilnahme an den Montagsdemonstrationen positiv beeinflusste (Opp/Gern 1993: 669). Die sich beschleunigende Westöffnung der Ostblockstaaten habe dabei einen verstärkenden Effekt auf die Attraktivität des Kollektivguts ausgeübt – vor allem die Öffnung der ungarischen Grenze und die Politik von Perestroika und Glasnost des damaligen Generalsekretärs der kommunistischen Partei der Sowjetunion, Michael Gorbatschow. Wichtig war ebenso, dass mit den Montagsgebeten in der Nikolaikirche als stadtbekanntem Treffpunkt ein niedrigschwelliger Koordinationsmechanismus existierte (ebd.: 663). Ein negativer Einfluss hingegen ging – wenig überraschend – von der persönlichen Mitgliedschaft in einer der SED-nahen Gruppen aus. Einen bedeutsamen Einfluss stellte darüber hinaus die individuelle Lebenssituation dar: Für

Verheiratete und Personen mit mehreren Kindern sank die Wahrscheinlichkeit zur Teilnahme.

Opp und Gern (ebd.: 676) folgerten aus ihrer Studie, dass eine Theorie, die solche spontanen Massendemonstrationen erklären möchte, folgende Bedingungen berücksichtigen müsse: (i) rasch ansteigende positive Anreize, die auch sich beschleunigende politische Unzufriedenheiten
umfassen; (ii) staatliche Repressionen, die erwartbar eine bestimmte
Grenze nicht überschreiten; (iii) politische Unternehmer*innen hingegen scheinen weniger wichtig für den Organisationsprozess von Protest zu sein, da organisierte Opposition zu schnell zum Ziel staatlicher
Repression wird; und (iv) institutionelle Anreize oder Opportunitätsstrukturen, welche die Entstehung und Auf-Dauer-Stellung einer *critical
mass* erleichtern.

Auch Susanne Lohmann (1994) befasste sich in ihrer Untersuchung
mit der ostdeutschen Revolution von 1989. Dabei wirft sie jedoch einen
durchaus kritischen Blick auf Kaskadenmodelle, wie sie implizit in die
RC-basierten *Critical-Mass*-Ansätzen (theoretisch bei Marwell und Kolleg*innen und empirisch bei Opp) integriert sind: »Cascade models by
and large fail to capture the rich empirical dynamics of mass political
action and political change.« (Lohmann 1994: 86) Sie vermutet, dass
es keinen linearen Zusammenhang zwischen der Anzahl von Demonstrant*innen und der Wahrscheinlichkeit eines Regimewechsels gebe:
»The eventual collapse of the regime was not a direct consequence of the
mass political action; instead, it followed from the regime's response to
the pressures generated by mass mobilization, and specifically from the
regime's decision to open the borders.« (ebd.). Darüber hinaus weist sie
zu Recht darauf hin, dass sich Zielsetzungen der Proteste in Abhängigkeit von tagespolitischen Ereignissen verschieben können und die Rolle
von Extremist*innen in den meisten *Critical-Mass*-Analysen nicht berücksichtigt werde: Extremist*innen seien in den meisten Fällen als *critical mass* nicht geeignet, da sie staatliche Repressionen provozieren und
potenzielle Sympathisant*innen abstoßen. Stattdessen müsse die Anzahl
der moderaten Protestierenden für die Analyse von Protestbewegungen
beachtet werden.

Als ein empirisches Anwendungsfeld der RC-Theorien und ihrer Weiterentwicklungen steht natürlich auch die RC-basierte Bewegungsforschung in der Kritik. Diese betrifft vor allem die Modellannahmen rational entscheidender Akteur*innen: Vor- und außerkognitives, habituelles oder Routine-Handeln seien etwa mit den RC-Modellen nicht abgedeckt (zusammenfassend Wiesenthal 1987). Jenseits dieser eher generellen Kritik gibt es auch Einwände, die besondere Implikationen der Modellannahmen betreffen (zusammenfassend Sugden 1991): Situationen, in denen Menschen annehmen, sie hätten nur eine Alternative, in denen sie nicht zwischen Alternativen diskriminieren können (also ambivalent sind) oder irrelevante Informationen ihre Ziel-Mittel-Abwägung irritieren, sind den Theorien rationaler Wahl nicht zugänglich. Darüber hinaus werden verschiedene alternative Selektionsregeln diskutiert, welche die Maximierung des individuellen Nutzens infrage stellen: Beispielsweise konnten Amos Tversky und Daniel Kahneman (1981) zeigen, dass Befragte geringe Wahrscheinlichkeiten oft über- und große unterschätzen und bestimmte Entscheidungsausgänge auch nach deren Kenntnisnahme bei ihren Entscheidungen systematisch unberücksichtigt lassen. Herbert A. Simon (1955) vermutete, dass die RC-Theorien zu hohe Anforderungen an die menschliche Informationsverarbeitungskapazität stellen – darum würden Menschen auch nicht nach dem Maximum, sondern nach dem Optimum suchen. In der Sozialpsychologie wird stark gemacht (Chase u. a. 1998), Menschen seien rational ignorant und würden eher Strategien des *satisfying* (also: der Suche nach zufriedenstellenden Lösungen) oder *fast and frugal* (also: Entscheidungsheuristiken, die auf der Basis nur weniger Informationen Menschen in die Lage versetzen, schnell zu entscheiden), als des *maximizing* (also: des Auffindens der besten aller Lösungen) verfolgen. Das würde bedeuten, RC-Analysen würden die Rationalität der Teilnehmer*innen eher überschätzen und weitere Faktoren der Informationsbeeinflussung müssten stärker in die Analyse integriert werden (siehe zu Vorschlägen aus der Forschung zu Sozialen Bewegungen Kapitel 6).

RC-Theorien, die in der Bewegungsforschung zur Anwendung kommen, erweitern die Analyse der Bewegungsteilnahmewahrscheinlichkeit einerseits um die Idee ihrer Unmöglichkeit und andererseits um das Postulat der Suche nach guten Gründen. Sie greifen jedoch unseres Erachtens dort zu kurz, wo sich das gemeinsame Ziel nicht situativ aufdrängt: Ein Brunnen in der Wüste ist eine zweifelsfrei wichtige Errungenschaft, bedarf aber auch keiner Sozialen Bewegung, sondern lediglich einer gemeinschaftlichen Anstrengung. Anders verhält es sich, wenn ein Deutungsprozesses nötig ist, um die politische Dimension der eigenen Unzufriedenheit zu erfassen, die entsprechenden Ziele zu definieren, das Nutzer*innenkollektiv zu bestimmen, die entsprechenden Strategien und Taktiken zu entwickeln und umzusetzen. Ein Blick in die Geschichte der Frauenbewegung zeigt dies exemplarisch (Schnabel 2003). Als Frauenbewegung können alle »Bestrebungen, die besonderen Interessen von Frauen zu vertreten und ihnen in allen Lebensbereichen eine gleichberechtigte Stellung zu verschaffen« (Gerhard 1983: 150), zusammengefasst werden. In der Literatur – vor allem der feministischen – findet sich ein breiter Diskurs darüber, dass es keine sinnvolle Auflistung von Attributen gibt (und geben kann), die alle Menschen mit der Selbst- und Fremdzuschreibung ›Frau‹ gemeinsam haben (zum Beispiel Spelman 1988; Young 1994; Butler 1991; Mohanty 1991). Diese und andere Autor*innen argumentieren, Frauen würden sich zu sehr hinsichtlich anderer Merkmale, die ihre Identität ausmachen, unterscheiden, um gemeinsame Attribute identifizieren zu können, die darüber hinaus auch noch gemeinsame Interessen und Handlungen der Interessendurchsetzung hervorbringen sollen. Zwar »[do] we have no trouble identifying ourselves as women, white, middle class, Jewish, American« (Young 1994: 100), aber der Teil der Identität, der ›Frau-Sein‹ ausmacht, lasse sich nicht sinnvoll trennen von jenen, die durch andere Gruppenmerkmale gebildet werden, etwa durch die Zugehörigkeit zu einer Klasse, Ethnie oder Gruppe mit bestimmten sexuellen Vorlieben. Damit stellt sich die Frage, wessen Interessen die Frauenbewegung vertreten soll und kann. Die langjährigen Debatten um ihre Ziele, Strategien und Taktiken legen in all ihren Wellen und Phasen Zeugnis davon ab, wie komplex dieser Definitionsprozess sein kann (Gerhard 1992; 1995; Nave-Herz 1997; Whittier 1997). Wir kommen auf diesen Punkt im 6. Kapitel zurück.

5. Der Einfluss politischer Strukturen und Prozesse auf Soziale Bewegungen

Parallel zu den ökonomischen Arbeiten rund um den Ressourcenmobilisierungsansatz entstanden am Ende der 1960er und zu Beginn der 1970er Jahre Theorien, die eher die *politischen* Rahmenbedingungen von Protesten und Sozialen Bewegungen thematisierten. Sie wurden im Wesentlichen vor dem Hintergrund der amerikanischen Erfahrung der 1960er Jahre formuliert und sind damit Reaktionen auf die Proteste der Bürgerrechtsbewegung, die Studentenrevolten und die sich formierende Friedensbewegung. Diese Sozialen Bewegungen stehen heute stellvertretend für den Kampf um Minderheitenrechte und demokratische Mitbestimmung (sogenannte *citizenship movements*; Jasper 1997) und können gleichzeitig als Initialzündung der aktuellen Bewegungsforschung verstanden werden.

Während die klassischen Ansätze eher wenig Vertrauen in das einzelne Individuum zu besitzen schienen und kollektives Handeln entweder als Folge irrationaler Impulse (Le Bon) oder als Resultat ökonomischer Krisen (Marx) begriffen, wandten sich sowohl der Ressourcenmobilisierungsansatz und die RC-Ansätze als auch die nun im Mittelpunkt der Betrachtung stehenden Theorien politischer Gelegenheitsstrukturen vor allem in ihren späteren Varianten mehr und mehr dem/der einzelnen Akteur*in zu. Trotzdem können diese Ansätze nur im Verhältnis zu den Klassikern verstanden werden. So löste im politischen Forschungsprogramm zunächst der Begriff der politischen Struktur jenen der ökonomischen Struktur ab. In ökonomischen Herangehensweisen hatte die Frage nach der (Ir-)Rationalität kollektiven Handelns den Ausgangspunkt der Überlegungen gebildet. Nachdem das letzte Kapitel sich ausführlich diesem Forschungsprogramm gewidmet hat, wird nun die Entwicklung des politischen Programms nachgezeichnet. Dabei stehen vor allem drei Theorien im Mittelpunkt, die jeweils als Weiterentwicklung ihres ideengeschichtlichen Vorläufers betrachtet werden können: der *Political-Opportunity-Structures*-Ansatz, das *Political-Process*-Modell und das *Dynamics-of-Contention*-Modell.

5.1 Zentrale Ansätze

5.1.1 *Political Opportunity Structures*

Zu den frühesten und wichtigsten Studien des politischen Forschungsprogramms gehören neben Peter K. Eisingers *The Conditions of Protest Behavior in American Cities* (1973) Michael Lipskys Arbeiten *Protest as a Political Resource* (1968) und *Protest in City Politics* (1970) – Beiträge, die im Forschungsfeld der *urban politics* anzusiedeln sind. Das ist kein Zufall, sondern spiegelt den gesellschaftlichen Hintergrund des politischen Programms wider, der durch das aufkeimende *civil rights movement* gekennzeichnet ist. Wichtigster Ansprechpartner für die Bürgerrechtsbewegung waren zuvorderst die Kommunen und lokalen Politiker*innen, denen die Handlungskompetenz und -befugnis, die Forderungen der protestierenden schwarzen Bevölkerung umzusetzen, oblag. Dementsprechend zielten die Massenproteste, mit denen sich Lipsky und Eisinger beschäftigten, auf Probleme, die im Stadtparlament gelöst werden mussten (zum Beispiel die *rent strikes,* die das Untersuchungsobjekt in Lipsky 1970 darstellen) und es waren kommunale Politiker*innen, auf die Druck ausgeübt werden sollte.

Dafür benötigte man einerseits eine funktionierende Organisationsstruktur mit einer kompetenten Führungsebene und andererseits Kontakt zu den Medien und anderen Akteur*innen des öffentlichen Lebens, die das Anliegen des Protests popularisieren und legitimieren (zum Beispiel Gewerkschaften; Lipsky 1968: 1154). Eines der wesentlichen Ziele machtloser Gruppen muss es demnach sein, sich Gehör zu verschaffen oder in Lipskys Worten »[to] make noises« (ebd.: 1148): »The ›problem of the powerless‹ in protest activity is to activate ›third parties‹ to enter the implicit or explicit bargaining arena in ways favorable to the protesters.« (ebd.: 1145)

Aber auch die andere Seite, also die Institution, die Kontrolle über die materiellen Mittel besitzt, um die gekämpft wird (zumeist der Staat), verfügt über ein Repertoire strategischer Waffen, mithilfe dessen Proteste entschärft oder niedergeschlagen werden können. Symbolische Gesten, das Vortäuschen eigener Machtlosigkeit und die Diskreditierung der Proteste, insbesondere durch Vorwürfe der Inkompetenz oder des Extremismus, werden von Politiker*innen eingesetzt, um den Eindruck zu erwecken, die Proteste würden nicht ignoriert (ebd.: 1155f.).

An diesem Punkt zeigt sich eine Besonderheit des politischen Forschungsprogramms gegenüber dem klassischen und ökonomischen: Zwar sprach Lipsky (ebd.: 1149), ähnlich wie John D. McCarthy und Mayer N. Zald (1977), sowohl äußeren Unterstützungsnetzwerken als auch der inneren Rekrutierung (sogenannter *constituents*) sowie der Etablierung einer kompetenten Führungsriege einen wichtigen Stellenwert für den Erfolg von Protesten zu, wie aber auch in den späteren Arbeiten des *Political-Process*-Ansatzes wurde zugleich die Zielgruppe der potenziellen ›Gegner*innen‹ berücksichtigt. Proteste galten als Teil eines politischen Kampfs, dessen Strategien und Erfolge erst in einem ganzheitlichen Analyserahmen erklärt werden können. Als entscheidender Mediator und Katalysator wirke hierbei die Öffentlichkeit, die von beiden Gruppen für die eigenen Zwecke mobilisiert werde.

Während Lipsky in *Protest as a Political Resource* besonderes Augenmerk auf jene ›third parties‹ des öffentlichen Raums legte, führte er in *Protest in City Politics* (1970) näher aus, inwiefern die Organisationsstruktur der Zielgruppe, also die Verfasstheit des politischen Systems, zu einem wichtigen Faktor der Intensität und des Erfolgs von Protesten werden kann. Rhetorisch fragt er dort (ebd.: 14): »[I]s it not sensible to assume that the system will be more or less open to specific groups at different times and at different places?« Während es als Common Sense gelte, dass das sowjetische System zwischen Phasen der Öffnung und Schließung hin- und herpendele, sei in Bezug auf das amerikanische System von einer merkwürdigen Stabilität ausgegangen worden. Auch für die Vereinigten Staaten gelte jedoch, dass die politische Struktur zu unterschiedlichen Zeiten variierende Grade an demokratischer Mitbestimmung erlaubt habe.

Ausführlicher und grundlegender wurde dieser Gedanke von Peter K. Eisinger (1973) aufgegriffen. Obwohl dessen Untersuchung *The Conditions of Protest Behavior in American Cities* eher eine Hypothesenansammlung als ein ausgearbeitetes theoretisches Modell vorlegte, wurde der Aufsatz breit rezipiert und prägte vor allem die politikwissenschaftliche Diskussion über Jahrzehnte hinweg. Es ging Eisinger jedoch nicht wie Lipsky (1970) um die zeitliche, sondern um die räumliche Varianz politischer Strukturen in den USA. Konkret stellte er sich die Frage, inwiefern das spezifische politische System der jeweiligen amerikanischen Städte die Protestrate in den Kommunen beeinflusste. Einerseits gebe es nämlich Städte, die durch eine mehr oder minder offene Gelegenheitsstruktur gekennzeichnet sind und andererseits solche, die eher geschlossene Strukturen aufweisen. Indikatoren für offene Strukturen seien dabei das Wahlsystem (Stadtbezirksabgeordnete versus Abgeordnete für die ganze Stadt), das Vorhandensein eines Bürgermeisters (anstelle eines Managers) sowie ein kommunales Parteiensystems, da sowohl Stadtbezirksabgeordnete und Bürgermeister als auch Parteien abhängig von der Gunst der Wähler*innen sind und deren Interessen im Auge behalten müssten (Eisinger 1973: 17f.). In solchen Städten habe die Bevölkerung ein größeres Mitspracherecht als in jenen, in denen Politiker*innen weniger in direktem Kontakt mit der Bevölkerung stehen: »In short, insofar as the particular institutional arrangements which characterize reform governments make access and representation more difficult for minorities to obtain, such governments offer a relatively closed structure of opportunities.« (ebd.: 17f.)

Die Folge einer Schließung des politischen Systems und der Diskriminierung von Minderheiten könnte sein, dass benachteiligte Gruppen verstärkt auf außerparlamentarische Formen des politischen Kampfs zurückgreifen. In diesem Fall würden Akteure versuchen, den Mangel an demokratischer Mitbestimmung zu kompensieren, indem sie medial wirksam (Lipsky 1968) ihre Interessen artikulieren, um auf diesem Weg Druck auf Stadtverwaltungen auszuüben. Andererseits sei aber auch denkbar, dass geschlossene Strukturen das Gegenteil bewirken. Aus Frustration über die scheinbare Ausweglosigkeit des eigenen Handelns könnten sich Akteur*innen zurückziehen und apathisch auf den Mangel an politischem Gestaltungsspielraum reagieren. In geschlossenen Systemen wären dann Proteste sogar seltener anzutreffen als in offenen. Beide Hypothesen wurden von Eisinger (1973: 14f.) diskutiert und als lineare bzw. kurvilineare Zusammenhänge formalisiert. Ein linearer Zusammenhang läge vor, wenn der Grad der Geschlossenheit des politischen Systems positiv mit der Anzahl der politischen Proteste korreliert. Die kurvilineare Hypothese hingegen nimmt an, dass sowohl in sehr geschlossenen als auch in sehr offenen Systemen die Protesthäufigkeit eher niedrig ist und dort am höchsten ausfällt, wo ein Mix aus offenen und geschlossenen Gelegenheitsstrukturen vorliegt.

Eisingers Studie über das Protestverhalten in amerikanischen Großstädten im Sommer 1968 bestätigte eher den kurvilinearen Zusammenhang (1973: 27). Allerdings gingen in seine Berechnungen nur gewaltlose Proteste ein, die er analytisch von *riots* bzw. politischer Gewalt unterschied (ebd.: 16). Insgesamt wurden 120 Proteste untersucht, die im Frühjahr und Sommer 1968 anhand lokaler Zeitungsartikel aus 43 amerikanischen Städten zusammengetragen wurden (ebd.: 15f.). Proteste definierte Eisinger als »a host of types of collective manifestations, disruptive in nature, designed to provide ›relatively powerless people‹ with bargaining leverage in the political process« (ebd.: 13).

Die Beschränkung auf gewaltlose Proteste, die zwar auf einer impliziten Gewaltandrohung beruhen können, indem sie die potenzielle Eskalation als eine Form des Druckmittels vage andeuten, aber letztlich als friedliche intendiert sind, führt dazu, dass definitorisch die durchaus interessante Frage, inwiefern die Beteiligung an Protesten als rationale Wahl gelten kann, vorentschieden wird. So argumentierte Eisinger, Akteure, die sich an Protesten beteiligen, würden Kosten und Nutzen ihrer Handlung abwägen, während die Anwendung von politischer Gewalt ein gewisses Maß an Irrationalität voraussetze. Mit Kosten durch körperliche Verletzungen oder Inhaftierungen werde von den Akteur*innen scheinbar von vornherein gerechnet (ebd.: 13f.). Doch ist der Kostenaspekt tatsächlich ein plausibles Unterscheidungskriterium, um zwischen Protesten auf der einen Seite und politischer Gewalt auf der anderen Seite zu differenzieren? Aufgrund der Diskussionen des ökonomischen Forschungsprogramms wissen wir, dass es auch bei der Beteiligung an friedlichen Demonstrationen ein scheinbar ›irrationales‹ Moment gibt. Weil das kollektive Gut ›Protest‹ auch ohne Zutun von Ego zustande kommen könnte und Egos Beteiligung lediglich individuelle Kosten verursachen würde, ohne einen zusätzlichen Nutzen zu erbringen, besteht für Ego ein Anreiz zum *free riding*. In Kapitel 4 wurden verschiedene Möglichkeiten der (theorieimmanenten) Lösung dieses Problems wie Überlegungen zu iterativen Prozessen, selektiven Anreizen (zum Beispiel moralische Überzeugungen und soziale Normen) und *critical mass* vorgestellt. Analog zur Erklärung mittels selektiver Anreize können auch die vermeintlich ›irrationalen‹ Aspekte politischer Gewalt im Rahmen des *Rational-Choice*-Modells erklärt werden (vgl. etwa Frey 2008): Solange die Kompensation durch ein übergeordnetes Ziel – wie zum Beispiel eine Nation oder einen Gottesstaat – und damit assoziierte selektive Anreize – wie Heldentum oder das Versprechen auf das Paradies – ausreichen, sind auch Terrorattentate, Märtyrerakte und die Teilnahme am bewaffneten Kampf als rationale Wahl modellierbar (Stark 1996: 16ff.; Philpott 2007).

Wie würden sich aber die Ergebnisse aus Eisingers Studie verändern, wenn man Vorfälle politischer Gewalt in die Analyse einbezieht? Denkbar wäre beispielsweise, dass politische Gewalt insbesondere unter geschlossenen Gelegenheitsstrukturen auftritt, weil hier die Akteur*innen erstens weniger zu verlieren haben und zweitens die Wahrscheinlichkeit, mit friedlichen Protesten Erfolg zu zeitigen, geringer ist als in offeneren Systemen. In diesem Fall würde der Zusammenhang eher einer linearen Verteilung ähneln. Wir werden auf die beiden konkurrierenden Hypothesen später zurückkommen, wenn es darum gehen wird, die Plausibilität des Ansatzes anhand empirischer Studien zu prüfen.

Bei Eisingers Aufsatz handelt es sich sicherlich um den einflussreichsten Text des frühen *Political-Opportunity-Structures*-Ansatzes. Nahezu zeitgleich tauchten aber auch in anderen – inzwischen klassischen – Arbeiten Überlegungen auf, die auf die Bedeutung der politischen Struk-

tur hinweisen und gleichzeitig die Grundlage des späteren politikwissen-
schaftlichen Forschungsprogramms darstellen.

In dem bereits im Kapitel zum Ressourcenmobilisierungsansatz erwähnten Klassiker *Poor People's Movement* von 1977 kamen auch Frances
F. Piven und Richard Cloward auf die Bedeutung der politischen Gelegenheitsstruktur zu sprechen: »[P]rotest movements do not arise during
ordinary periods; they arise when large-scale changes undermine political stability.« (Piven/Cloward 1977: 28) Dieser Hinweis auf den gesamtgesellschaftlichen Rahmen – in diesem Fall die ökonomische und politische Lage in den Vereinigten Staaten der 1930er Jahre –, stellte eine
wichtige Erweiterung zum klassischen *Opportunity-Structures*-Konzept
dar und wird in späteren Überlegungen (McAdam u. a. 2001) noch eine
zentrale Rolle spielen.

Charles Tilly präzisierte 1978 in *From Mobilization to Revolution* den
Begriff der *opportunities*, indem er ihm den der *threats* zur Seite stellte. Unter *threats* wurde die Ankündigung von Maßnahmen verstanden,
welche die Durchsetzung der Interessen einer aufbegehrenden Gruppe
gefährden. Beide Zustände – *opportunities* und *threats* – können als Pole
eines Kontinuums von sozialen Situationen beschrieben werden (Tilly
1978: 133ff.). Dabei ging es Tilly in erster Linie um subjektive Interpretationen dieser Situationen, nicht um objektive ›Strukturen‹ wie Eisinger sie betonte. Neue Möglichkeiten, aber eben auch große Bedrohungen eigener Interessen würden annahmegemäß die Wahrscheinlichkeit
erhöhen, dass Akteur*innen sich zum Handeln entschließen, da beide
Veränderungen »the actor's well-being« (ebd.: 133) berühren. Allerdings
könne auf Bedrohungen schneller reagiert werden als auf neue Möglichkeiten, womit sich ein asymmetrischer Zusammenhang ergibt (ebd.:
135).

Zusammen legten die Arbeiten von Lipsky, Eisinger, Piven und Cloward sowie Tilly die Basis für die späteren Theorieentwürfe des *Political-
Process-* und *Dynamics-of-Contention*-Modells. Insbesondere Pivens und
Clowards Blick für allgemeine gesellschaftliche Rahmenbedingungen sowie Tillys Überlegungen bezüglich möglicher Repressionen durch den
Staat werden in den im Folgenden thematisierten Theorien Sozialer Bewegungen wieder auftauchen.

5.1.2 *Political Process*

Eine Systematisierung und Weiterentwicklung der soeben skizzierten Gedanken hat 1982 Doug McAdam in seiner Dissertation *Political Process and the Development of Black Insurgency* vorgelegt. Bezugnehmend auf einen Begriff von James Rule und Charles Tilly (1975) beschrieb McAdam dort die Entstehung und das Überdauern Sozialer Bewegungen als Resultat eines wechselseitigen und dynamischen politischen Prozesses (*political process*). Dabei grenzte er sich insbesondere vom Ressourcenmobilisierungsansatz ab, der zwar die Grundlage für eine zeitgemäße Betrachtung kollektiven Handels darstelle, weil er das politische und rationale Moment Sozialer Bewegungen sowie den Einfluss externer Gruppen und interner Ressourcenverwaltungskompetenz herausarbeitete (McAdam 1982: 22f.), aber aufgrund seines einseitigen Fokus als »elite theory« (ebd.: 21) kritisiert werden müsse (siehe Kapitel 4). Der Ressourcenmobilisierungsansatz konzipiere nämlich das Verhältnis zwischen verfügbaren Ressourcen und sozialer Nachfrage als Top-down-Beziehung, bei der eine mit Ressourcen ausgestattete Elite kalkuliert Mittel nach unten verteilt – oder eben auch nicht. Dieser Vorstellung hielt McAdam entgegen, dass auch die scheinbar Machtlosen durchaus über Mittel verfügten, mit denen sie ihren Forderungen Nachdruck verleihen können. Mittels sogenannter »negative inducements« wie Massendemonstrationen, Boykotten oder Sit-ins (ebd.: 30) würden die normalen Abläufe gestört und dadurch Druck auf die Gegner*innen (vor allem die staatlichen Behörden) ausgeübt. Dabei seien es weniger die konkreten Ziele der Sozialen Bewegung, die eine Gefahr für den Status quo darstellen als vielmehr ihre Eigenschaft, institutionelle Entscheidungsstrukturen zu transzendieren: »What marks social movements as inherently threatening is their implicit challenge to the established structure of polity membership and their willingness to bypass institutionalized political channels.« (ebd.: 26)

Bei aller Kritik war es aber keineswegs McAdams Absicht, den Ressourcenmobilisierungsansatz zu verwerfen. Vielmehr ging es ihm um eine Präzisierung und Erweiterung des Blickwinkels. Dies betraf einerseits den Ressourcenbegriff selbst, der sowohl bei Anthony Oberschall

(1973) als auch bei John D. McCarthy und Mayer N. Zald (1977) so allumfassend und vage definiert sei, dass letztlich fast alles als Ressource gelten müsse und die Theorie so Gefahr laufe, nur noch Trivialitäten zu beschreiben (McAdam 1982: 32f.). Andererseits wurde die Annahme hinterfragt, es gebe immer genug soziale Probleme für Proteste. Mit diesem Einwand hatten, wie im letzten Abschnitt erwähnt, McCarthy und Zald (1977: 1214f.) die von den Klassikern behauptete kausale Beziehung zwischen Protesten und sozialen Missständen angezweifelt.

McAdam bestritt nicht, dass es objektiv wohl immer Ungleichverteilungen gegeben hat und möglicherweise auch geben wird, aber diese müssten zunächst auch subjektiv wahrgenommen und als ›Ungerechtigkeit‹ interpretiert werden (ebd.: 33ff.). Er kündigte an dieser Stelle gewissermaßen bereits den in seinem Modell ausformulierten Mikro-Mechanismus an: Handlungsrelevant seien nicht die sozialen Strukturen selbst, sondern die wahrgenommen Verbesserungen der Handlungsmöglichkeiten. Zudem spezifizierte er, welche Ressourcen zu welchen Zeitpunkten der Sozialen Bewegung von Relevanz sind und knüpfte grundlegend an marxistische Klassiker und die politischen Ansätze von Eisinger und Lipsky an, deren Erkenntnisse über die Wirkmächtigkeit der politischen Gelegenheitsstrukturen er sich zunutze machte. Aufgrund dieser Auseinandersetzung und der integrativen Methode ist McAdams *Political-Process*-Modell seinen Vorgängern tendenziell überlegen. Betrachten wir es daher näher.

McAdam unterscheidet prinzipiell zwischen Faktoren, die für das *Entstehen* (ebd.: 40ff.) und solchen, die für das *Überdauern* (ebd.: 51ff.) einer Sozialen Bewegung verantwortlich sind. Damit sich eine Bewegung formiert, muss erstens die politische Struktur Möglichkeiten bieten (*expanding political opportunities*), zweitens ein gewisses Maß an Organisation sowie entsprechende Ressourcen (*indigenous organizational strength*) vorhanden sein und müssen drittens die Akteur*innen die Wahrnehmung teilen, dass die sozialen Verhältnisse ungerecht sind und die Möglichkeit besteht, etwas daran zu ändern (*cognitive liberation*). Für den Erfolg und den Fortbestand einer Bewegung sei zudem relevant, inwiefern die Gegenpartei sich genötigt fühlt, soziale Kontrolle auszuüben

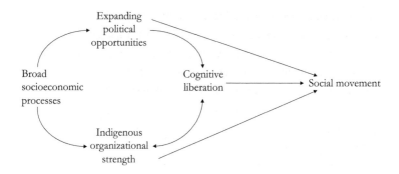

Abb. 12: Political-Process-*Modell für die Entstehung einer Sozialen Bewegung*

(Quelle: McAdam 1982: 51)

und repressive Mittel einzusetzen (*level of social control*). Beginnen wir mit dem Erklärungsmodell der *Entstehung* Sozialer Bewegungen.

Als erstes Erklärungskonzept führte McAdam den von Eisinger und Lipsky bekannten Faktor der *political opportunity structures* ein. Die Bedeutung der sozialen und politischen Verhältnisse sei allerdings nicht erst von diesen beiden Autoren, sondern bereits bei den an Marx anknüpfenden Denker*innen als einer der wichtigsten Aspekte herausgestellt worden, wenn es darum geht, das Entstehen sozialer Massenproteste zu erklären. Und so betonte auch McAdam (1982: 41), dass soziale Wandlungsprozesse, eingeleitet etwa durch Kriege oder die Industrialisierung, durchaus das Entstehen Sozialer Bewegungen begünstigen können, aber zum einen solche Makrophänomene nur indirekt wirken, indem politische Macht neu verteilt wird und zum anderen auch langfristige und kleinteilige Entwicklungen berücksichtigt werden müssen.

Solche langfristigen Prozesse würden einen Wandel der politischen Gelegenheitsstrukturen bewirken, der sich als »net increase in the political leverage exercised by insurgent groups« auswirkt: »The practical effect of this development is to increase the likelihood that insurgent interests will prevail in a confrontation with a group whose goals conflict with those of the insurgents.« (ebd.: 43) Wenn also das Machtgefüge sich zugunsten einer bisher unterdrückten oder benachteiligten Gruppe verändert, führe dies dazu, dass weitere Forderungen gestellt und von der

Gegenseite nicht ohne weiteres ignoriert werden können. Denn mit der zunehmenden Macht der *challenger* würden auch die Kosten für eine potenzielle Niederschlagung der Proteste und die Unterdrückung der aufbegehrenden Gruppe steigen (ebd.). Ihre neue Position mache letztere zu einem ernst zu nehmenden Konkurrenten um Machtpositionen und garantiere ihr zugleich ein gewisses Bestandsrecht innerhalb der öffentlichen Sphäre, in der politische Auseinandersetzungen im Wesentlichen ausgetragen werden (ebd.).

Auffällig an McAdams Diskussion der politischen Gelegenheitsstrukturen ist, dass er, obwohl an Eisinger anknüpfend, die Frage nach dem funktionalen Zusammenhang mit politischem Protest nicht wieder aufgreift. Implizit scheint McAdam aber von einem kurvilinearen Zusammenhang auszugehen: Sich öffnende Gelegenheitsstrukturen bieten die Möglichkeit für bisher marginalisierte Gruppen, in das politische Geschehen zu intervenieren und die eigenen Interessen zur Sprache zu bringen. Inwiefern sich dieser Effekt in offenen Gesellschaften irgendwann wieder abschwächt, wird allerdings von McAdam nicht diskutiert. Hier zeigt sich eine entscheidende Schwerpunktverschiebung weg von der räumlichen, hin zur zeitlichen Varianz politischer Rahmenbedingungen. Daher liegt es auch nahe, Phänomene des sozialen Wandels und globale gesellschaftliche Entwicklungen wie Industrialisierung und Kriege in die Betrachtung aufzunehmen.

Den zweiten Faktor des Modells bildet die Organisationsstärke (*indigenous organizational strength*). McAdam (1982: 44) nannte in diesem Zusammenhang vier bedeutende Ressourcen, die Akteur*innen akquirieren müssen, um eine Soziale Bewegung ins Leben rufen zu können: (i) Mitglieder, (ii) soziale Anreize (*solidarity incentives*), (iii) Kommunikationsnetzwerke und (iv) Führungspersönlichkeiten. Fast alle dieser Ressourcen würden aus bereits etablierten Strukturen stammen. So könne eine massenhafte Mitgliederrekrutierung (i) nur erreicht werden, indem entweder aus dem Pool bestehender sozialer Netzwerke und Organisationen, die sich mit den Interessen der potenziellen Bewegung identifizieren und sich für ähnliche Zwecke einsetzen, geschöpft werde, oder indem neue Koalitionen aus Vorläufergruppen gebildet würden (sogenanntes *bloc recruitment*; Oberschall 1973: 125).

Ähnliches gilt für die *structure of solidary incentives* (ii). Darunter verstand McAdam (1982: 45) »the myriad interpersonal rewards«, die Akteur*innen erhalten, wenn sie sich der Bewegung anschließen. Zwar wird die Natur jener *interpersonal rewards* nicht näher erläutert, es scheint sich dabei jedoch um eine bestimmte Form der sozialen Anerkennung zu handeln, für die etwas missverständlich der Begriff *solidarity* verwendet wird und die von anderen Akteur*innen ›überreicht‹ werden könne. Dies entspreche den ›*social incentives*‹ in der Theorie von Mancur Olson, die dort als »Wunsch [...], Prestige, Achtung oder Freundschaft oder andere soziale und psychologische Ziele zu erlangen« (Olson 1985 [1965]: 59) umschrieben wurden (siehe Kapitel 4).

Drittens sei eine neue Soziale Bewegung darauf angewiesen, bestehende Kommunikationsnetzwerke (iii) auszunutzen, um ihr Anliegen zu popularisieren (McAdam 1982: 46f.). Soziale Bewegungen werden dabei als Elemente kultureller Diffusionsprozesse vorgestellt. Die Akteure eines bestimmten sozialen Raums sollen ähnlich wie eine Zielgruppe einer Werbekampagne angesprochen und mobilisiert werden. Bei einer Sozialen Bewegung handle es sich also prinzipiell um nichts anderes als eine kulturelle Innovation, die auf »adopters« warte (ebd.: 47).

Die letzte wichtige Ressource, die Soziale Bewegungen akquirieren müssen, seien Akteur*innen, die das Anliegen der Bewegung kompetent nach außen hin vertreten können. Solche Führungspersönlichkeiten (iv) würden wiederum hauptsächlich aus etablierten Zusammenhängen rekrutiert. Dabei gelte: Je mehr Prestige eine Person hat, desto wahrscheinlicher ist auch die öffentliche Anerkennung der Bewegung.

Es ist wichtig darauf hinzuweisen, dass alle vier Ressourcen nicht von der aufkommenden Sozialen Bewegung selbst produziert, sondern von bereits vorliegenden Organisationsstrukturen übernommen werden. Damit verschiebt McAdam allerdings ein zentrales Problem des ökonomischen Ansatzes nur, ohne es wirklich zu lösen, nämlich das Kollektivgutproblem zweiter Ordnung. Aus welchem Grund sollten Organisationen ihre Ressourcen teilen? Es ist sicherlich keine triviale Annahme, dass Akteur*innen etablierter Organisationen ihre Beiträge ohne weiteres neuen Bewegungen zur Verfügung stellen ohne entsprechende Entschädigungen hierfür zu erwarten. Dann stellt sich allerdings die Frage, welche Mittel den ›Entrepreneuren‹ (McCarthy/Zald 1977: 1215) Sozialer Bewegungen zur Verfügung stehen, um solche Entschädigungen aufzubringen.

Betrachten wir nun den dritten Erklärungsfaktor: *cognitive liberation* (McAdam 1982: 48ff.). Der hiermit bezeichnete Sachverhalt wirkt auf den ersten Blick etwas trivial: »Before collective protest can get under way, people must collectively define their situations as unjust and subject to change through group action.« (ebd.: 51) Nicht die in der Sozialstruktur angelegte Ungerechtigkeit oder die Veränderung politischer Möglichkeiten an sich seien es, die neue Soziale Bewegungen hervorbringen. Vielmehr müssten die Akteure erst das subjektive Empfinden entwickeln, diskriminiert zu werden und erkennen, dass sie die Chance haben, Mitbestimmungsrechte durchzusetzen, bevor aus ›falschen Verhältnissen‹ soziale Proteste entspringen.

Das Erkenntnispotenzial dieses Gedankens, hat damit zu tun, dass er sowohl den klassischen Ansätzen als auch der *Political-Opportunity-Structures*-These, die ein eher deterministisches Verhältnis zwischen Sozialstruktur und Protesthäufigkeit annehmen, vor Augen führt, dass keineswegs immer, wenn die objektiven Bedingungen für Proteste vorliegen (etwa: sich öffnende Gelegenheitsstrukturen), letztere auch tatsächlich stattfinden. Zwar wird tendenziell die *cognitive liberation* wahrscheinlicher, wenn sich die politischen Möglichkeiten erweitern, aber hier liegt kein Automatismus vor. Wenn allerdings bestehende Organisationen ihre Solidarität bekunden und die oben genannten Ressourcen zur Verfügung stellen, steigt die Wahrscheinlichkeit, dass objektive Missstände sich in Protesten niederschlagen (ebd.: 48). Die beiden zentralen Faktoren Sozialer Bewegungen wirken sich demnach nicht nur positiv auf die Protestbereitschaft der Akteur*innen, sondern auch auf die Variable der *cognitive liberation* aus. Dabei bleibt allerdings zu fragen, inwiefern überhaupt etwas anderes als ein solch indirekter Effekt vorliegen kann, folgt man der Grundannahme, dass Makroveränderungen immer erst handlungswirksam werden, wenn sie auch von den Individuen rezipiert und realisiert werden.

In Bezug auf die weitere Entwicklung und den Fortbestand einer Sozialen Bewegung sind, wie in Abbildung 13 dargestellt, ähnliche Fak-

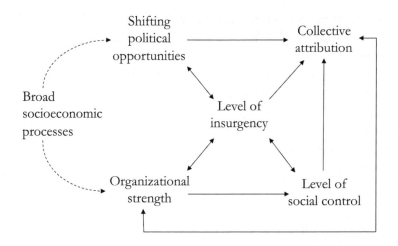

Abb. 13: Political-Process-*Modell für die weitere Entwicklung einer Sozialen Bewegung*

(Quelle: McAdam 1982: 52)

toren von Relevanz wie auch für deren Entstehung (ebd.: 51ff.). Allerdings nimmt jetzt die Soziale Bewegung gleichzeitig den Stellenwert einer unabhängigen Variablen ein. Das heißt, sie wirkt wiederum auf die politischen Gelegenheitsstrukturen, die Organisationsstruktur sowie die Einschätzung der Wahrscheinlichkeit, dass die eigene Bewegung Erfolg haben wird zurück: »With the outbreak of insurgency [...] the movement itself introduces a new set of causal dynamics into the study of collective protest activity that are discontinuous with the process of movement emergence.« (ebd.: 53) Besonders deutlich zeigt sich dies anhand der Wirkung auf die internen Organisationsstrukturen. Je nachdem, in welchem Maß es die Bewegung schafft, ihre ersten Erfolge zur Ressourcengewinnung zu nutzen, kann sie ihre Organisationsstabilität steigern. Dabei besteht allerdings auch immer die Gefahr der Oligarchisierung und Hierarchisierung der Bewegung (ebd.: 54ff.).

Weiterhin werde nun auch bedeutsam, mit welcher Vehemenz die angegriffene Gruppe auf das Aufbegehren einer Sozialen Bewegung reagiert und Gebrauch von ihren Repressionsmöglichkeiten macht (*level of social control*) (ebd.: 53). Mit steigender Bedeutung der Bewegung werde es immer kostspieliger für die politischen Machthaber, zu repressiven Mitteln zu greifen. Scheitert nämlich der Versuch der Unterdrückung, seien größere Bewegungen eher dazu in der Lage, Gegenangriffe zu lancieren, als kleinere. Andererseits hänge das Ausmaß der Repression prinzipiell davon ab, inwiefern sich andere Gruppen bedroht fühlen (ebd.: 56f.). Größer sei dieses Bedrohungsgefühl, wenn keine etablierten Mittel gewählt werden, sondern »noninstitutionalized forms of protest« (ebd.: 58) und wenn eher revolutionäre Ziele verfolgt werden.

5.1.3 *Dynamics of Contention*

In der Einleitung zur überarbeiteten Auflage seines Buchs entwickelte McAdam (1999: viiff.) den theoretischen Ansatz seiner Dissertation entscheidend weiter. Genau genommen handelt es sich dabei um das Desiderat der Diskussionen mit Sidney Tarrow und Charles Tilly, die sich schließlich im Buch *Dynamics of Contention* (McAdam u. a. 2001) niederschlägt. Dort untersuchen die Autoren politische Auseinandersetzungen im Allgemeinen, von denen Soziale Bewegungen nur eine Unterkategorie bilden. Ich beziehe mich im Folgenden auf McAdams Darstellung in der besagten Einleitung; die Erklärungsmodelle der beiden Publikationen unterscheiden sich denn auch nur dem Verallgemeinerungsgrad nach (McAdam 1999: xvi; McAdam u. a. 2001: 45). Ein zentraler Innovationsaspekt des *Dynamics-of-Contention*-Ansatzes wird sofort deutlich:

»[T]he study of political contention has grown too narrow, spawning a host of distinct topical literatures – revolutions, social movements, industrial conflict, war, interest group politics, nationalism, democratization – dealing with similar phenomena by means of different vocabularies, techniques, and models. This book deliberately breaches such boundaries in a search for parallels across nominally different forms of contention. It searches for similar causal mechanisms and processes in a wide variety of struggles.« (McAdam u. a. 2001: 6)

Trotz dieses Verdikts werden wir hier aus naheliegenden Gründen den Fokus weiterhin auf Soziale Bewegungen beschränken. Es ist keineswegs ausgemacht, dass alle ergründeten ›Mechanismen‹ (Karl-Dieter Opp findet insgesamt 22 solcher Mechanismen in *Dynamics of Contention*; Opp 2009: 316) für alle Formen politischen Konflikts gleichermaßen eine Rolle spielen. Somit scheint es an dieser Stelle sinnvoll, nur die explizit auf unseren Gegenstand bezogenen Annahmen näher zu betrachten.

McAdam begann seine Ausführungen mit einer Kritik an der seit der Erstauflage von *Political Process and the Development of Black Insurgency* veränderten Forschungslandschaft, die das Fundament für das eigene Modell legen sollten:

1. Die Erfolgsgeschichte des *Political-Opportunity-Structure*-Ansatzes habe dazu geführt, in der gegenwärtigen Bewegungsforschung politische Gelegenheitsstrukturen zu den wichtigsten Entstehungsfaktoren Sozialer Bewegungen zu zählen (McAdam 1999: x). Allerdings sei die andere Seite dieses Zusammenhangs nicht offengelegt worden: So müssten auch Bedrohungen (*threats*) durch konkurrierende Gruppen im gleichen Maße wie politische Gelegenheiten als Rahmenbedingung in Betracht gezogen werden.

2. Weder *opportunities* noch *threats* würden jedoch ohne ihre Wahrnehmung eine Reaktion auf Seiten der Interessengruppen, bewirken. Sie könnten erst dann die Wahrscheinlichkeit politischen Protests erhöhen, wenn sie die Wahrnehmung der Akteure verändern. Eine rein strukturalistische, aber auch eine kulturalistische Erklärung, die den Blick für die objektiven Verhältnisse verliert und lediglich die Mikroebene der subjektiven Interpretationsprozesse betrachtet, wird von McAdam als verkürzt abgelehnt (ebd.: xi).

3. Tendenziell strukturalistisch ist McAdam zufolge bisher die Anwendung des Ressourcenmobilisierungsansatzes gehandhabt worden. Doch auch die Verfügbarkeit von Ressourcen müsse erst als solche wahrgenommen werden. Dem klassischen Ressourcenmobilisierungsansatz fehle ein Mikromechanismus, der erklärt, wie Individuen bestehende Organisationen und Netzwerke zu Vehikeln der eigenen Interessen machen: »For extant organizations or networks to become sites of mobilization/recruitment, they must be *culturally* conceived and constructed as such by a significant subset of the group's members.« (ebd. 1999: xiii)

4. Die etablierten Theorien Sozialer Bewegungen hätten sich fast ausschließlich mit der Gruppe beschäftigt, von der die Soziale Bewegung ausgehe. Um aber die Dynamiken politischer Auseinandersetzungen verstehen zu können, bedürfe es eines ganzheitlichen Blicks, der auch jene Gruppe, die herausgefordert wird, mit einbezieht (ebd.: xiv).

5. Soziale Bewegungen entstünden zwar nicht selten in spezifischen nationalen Kontexten, ihre politischen Rahmenbedingungen würden jedoch auch von internationalen Konflikten und Beziehungen (zum Beispiel der Kalte Krieg im Falle des *civil rights movement*) bestimmt. Die bisherige Forschung, McAdams eigene Arbeit von 1982 inbegriffen, habe diese globale Dimension bisher kaum wahrgenommen (ebd.).

6. Schließlich seien Soziale Bewegungen ein dynamisches und kein statisches Phänomen, weshalb die Interaktionseffekte zwischen den einzelnen Faktoren stärker beachtet werden müssten. Es genüge demzufolge nicht, die Erklärungsvariablen unabhängig voneinander aufzulisten, sondern auch ihr wechselseitiger Einfluss müsse modelliert werden.

Auf dieser Grundlage entwarf McAdam nun sein eigenes ›dynamisches‹ Modell. Es besteht aus insgesamt fünf ›Prozessen‹: (i) dem gesamtgesellschaftlichen Wandel (*broad change processes*), (ii) der subjektiven Wahrnehmung dieses Wandels und der damit verbundenen Zuschreibung von Bedrohungs- oder Möglichkeitspotenzialen (*collective attribution of threat/opportunity*), (iii) der Aneignung existierender Organisationsstrukturen und kollektiver Identitäten (*appropriation of existing organization/collective identity*), (iv) der neuen kollektiven Handlung (*innovative collective action*) und (v) schließlich der Auseinandersetzung (*contention*) selbst.

In Bezug auf die Bedeutung gesellschaftlicher und politischer Rahmenbedingungen kritisierte McAdam, dass von der Bewegungsforschung bisher fast ausschließlich politische Gelegenheitsstrukturen im Sinne Eisingers Beachtung fänden. Diese seien jedoch selbst von umfassenderen gesellschaftlichen Verhältnissen und ihrem Wandel bestimmt. Phänomene wie Kriege, Industrialisierung und demografische Veränderungen würden eine Erschütterung des Status quo staatlicher Strukturen

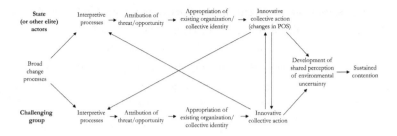

Abb. 14: Dynamics-of-Contention-*Modell*

(Quelle: McAdam 1999: xvi)

bewirken und so potenziell Gestaltungsspielräume für bisher benachteiligte Gruppen hervorbringen (ebd.: xviii).

Diese Bedrohungen für staatliche Eliten und Möglichkeiten für neue Soziale Bewegungen ergäben sich jedoch nicht ohne weiteres. Vielmehr müssten die Akteure beider Seiten Veränderungen erst erkennen und Bedrohungen und Möglichkeiten der neuen Situation als solche wahrnehmen. Der *Framing*-Ansatz (siehe Kapitel 6) habe zwar den Stellenwert der individuellen Interpretationsleistung für den Entstehungsprozess und den Erfolg Sozialer Bewegungen herausgearbeitet, er konzentriere sich jedoch zu sehr auf die strategische Funktion (ebd.: xxi). Stattdessen müsse dem grundlegenden Mechanismus der Sinnkonstruktion, der dem Handeln der *challengers* und *members* (also den Akteur*innen der protestierenden wie auch jenen der ›etablierten‹ Gruppe) gleichermaßen zugrunde liege, größere Aufmerksamkeit gewidmet werden. Dass auch letztere die Situation erst als potenziell bedrohlich interpretieren müssen, sei in der bisherigen Forschung fast vollständig ignoriert worden (ebd.: xxii). So habe zum Beispiel US-Präsident Harry S. Trumans progressive Minderheitenpolitik gegenüber der schwarzen Bevölkerung nicht unwesentlich unter dem Zeichen des Kalten Kriegs und des ideologischen Kampfs gegen die Sowjetunion gestanden und hauptsächlich dem Zweck gedient, potenziellen Vorwürfen aus dem Lager des Ostblocks, die amerikanischen Verhältnisse seien rassistisch und undemokratisch, vorzubeugen (ebd.: xxiii).

Interpretative Vorgänge sind aber nicht nur bei der Übersetzung objektiver gesellschaftlicher Verhältnisse in Handlungsmotivatoren von Bedeutung, sondern spielen auch eine Rolle, wenn es darum geht, bisher bestehende Organisationsstrukturen, Netzwerke und bereits verbreitete kollektive Identitäten für eigene Zwecke zu nutzen. Dass solche Ressourcen eine wichtige Funktion für entstehende Bewegungen haben, wurde bereits in früheren Arbeiten betont. Das Novum des *Dynamics-of-Contention*-Ansatzes ist es, den kreativen Anteil der Akteur*innen im Prozess der Ressourcenmobilisierung herauszustellen: »For extant organizations or networks to become sites of mobilization/recruitment, they must be *culturally* conceived and constructed as such by a significant subset of the group's members.« (ebd.: xiii) So sei der Brückenschlag zwischen dem *civil rights movement* und den eher konservativen *black churches*, deren Organisationsstruktur ein wesentlicher Garant für den Erfolg der Bewegung war, keineswegs immer sicher gewesen. Vielmehr verberge sich hier eine enorme kreative Leistung der Bewegungsführer*innen (ebd.: xxv).

Die letzten beiden Prozesse, die McAdam beschreibt, betreffen die neue kollektive Handlung und den daraus resultierenden Konflikt selbst. »Innovative collective action« wird dabei definiert als »*action that departs from previous collective routines*« (ebd.: xxvi). Auch hier ist es wieder wichtig, auf den beidseitigen Prozess hinzuweisen. Nicht nur die Soziale Bewegung, sondern auch die (staatliche) Elite müsse auf Veränderungen der Makrostruktur und damit zusammenhängende Bedrohungen und Möglichkeiten reagieren. Eine vorher stabile Situation transformiere sich unter dem Einfluss weitreichender sozialer Wandlungsprozesse in eine Situation der Unsicherheit, in der sich neue Spielräume eröffnen bzw. bestehende Privilegien hinterfragt werden. Der routinierte Ablauf politischer Entscheidungsfindung (*prescribed politics*) werde erschüttert und es beginne eine Zeit der Auseinandersetzungen (*contentious politics*), wobei McAdam zwischen Auseinandersetzungen unterschied, bei denen nur etablierte politische Akteur*innen miteinander interagieren (*elite contention*) und solchen, bei denen neue, bisher nicht institutionalisierte Akteur*innen (*popular contention*) die öffentliche Bühne betreten (ebd.: xxviii).

Die beschrieben ›Prozesse‹ und die ihnen zugrunde liegenden ›Mechanismen‹ ergeben in der Gesamtheit jeweils eine *episode of contention* (McAdam u. a. 2001: 85), die als Ausschnitt eines langfristigen, historisch gewachsenen Konflikts zu verstehen ist. In *Dynamics of Contention* führten die Autoren insgesamt 15 solcher Episoden auf – angefangen bei der Französischen Revolution von 1789 bis hin zur südafrikanischen Demokratiebewegung von 1980 bis 1995 – und analysierten sie vergleichend, um auf diese Weise die Verallgemeinerungsfähigkeit des Modells zu demonstrieren. So bilden beispielsweise sowohl der kenianische Mau-Mau-Krieg der 1950er Jahre als auch die ›gelbe Revolution‹ auf den Philippinen (1983 bis 1986) solche *Episoden*, anhand derer nun speziell der *Prozess* der Mobilisierung betrachtet wird, der wiederum durch die Mechanismen *attribution of threat and opportunity, social appropriation* und *brokerage* (die Vereinigung zwei vorher getrennter Gruppen) konstituiert wird (ebd.: 91f.). Ein solch breites Sample von Konflikten sprengte den traditionellen Untersuchungsrahmen der bisherigen Bewegungsforschung und umfasste Phänomene wie Revolutionen, Demokratisierungsprozesse und nationalistische Befreiungskämpfe.[52] Diese sollen explizit mit den gleichen Kategorien erklärt werden wie sogenannte ›Ein-Punkt-Bewegungen‹. Die Breite des Anwendungsfelds der Theorie hat sich nicht zuletzt in einem Boom empirischer Arbeiten seit ihrer Formulierung niedergeschlagen. Einige dieser Untersuchungen werden im folgenden Abschnitt vorgestellt, in dem nun generell nach der empirischen Fruchtbarkeit des politischen Forschungsprogramms gefragt werden soll. Wir beginnen zunächst wieder mit dem *Political-Opportunity-Structures*-Ansatz.

---

52 Ein ähnliches komparatives Projekt hatten bereits Ivo K. Feierabend u. a. (1973) vorgelegt: Ihnen war es jedoch nicht um einen historischen, sondern um einen weltweiten Vergleich gegangen.

5.2   Empirische Studien

5.2.1   Die Gelegenheitsstrukturen der Antiatomkraftbewegung

Der *Political-Opportunity-Structures*-Ansatz gehört zu den wichtigsten theoretischen Konzepten der Bewegungsforschung und ist dementsprechend in zahlreichen empirischen Studien angewendet worden. Zu den wichtigsten jener Studien gehört neben Eisingers (1973) eigener Untersuchung Herbert P. Kitschelts Arbeit zu den Antiatomkraftbewegungen in Frankreich, Schweden, den USA und Westdeutschland. Kitschelt (1986) ging hier der Frage nach, inwiefern die unterschiedlichen Gelegenheitsstrukturen in den vier Ländern sich auf den Erfolg und die jeweiligen Strategien der nationalen Anti-AKW-Bewegungen auswirkten.

Dabei differenzierte Herbert P. Kitschelt zunächst, über Eisinger (1973) hinausgehend, *political input structures* und *political output structures*. Erstere entsprechen in etwa dem klassischen Begriff der *political opportunity structures* und können relativ offen oder relativ geschlossen sein. Eine Vielzahl an Parteien, die Trennung von Legislative und Exekutive, Instrumente der Mediation zwischen Interessengruppen und Regierung sowie standardisierte Wege der Konsensfindung sind Indikatoren für den Einfluss der Bevölkerung auf die politischen Entscheidungsträger und dementsprechend für eine offene Inputstruktur (Kitschelt 1986: 63). Unter *output structures* ist »the capacity of political systems to implement policies« (ebd.) zu verstehen, also die Fähigkeit von Regierungen, auf Bewegungsforderungen überhaupt zu reagieren. Wenn Bundesländer/-staaten, Wirtschaft und Jurisdiktion einen relativ autonomen Status besitzen, wird es für Soziale Bewegung schwieriger, einen Ansprechpartner zu finden, der die Macht hat, Veränderungen auch tatsächlich umzusetzen. In einem solchen Fall liegen schwache im Gegensatz zu starken Outputstrukturen vor. So sei Schweden ein Beispiel für offene Input- und starke Outputstrukturen, während die USA zwar offene Input- aber nur schwache Outputstrukturen besitze. Bei Frankreich handle es sich um den gegenteiligen Fall – hier fänden sich geschlossene Input- gemeinsam mit starken Outputstrukturen. Das Westdeutschland der 1970er und 1980er Jahre falle schließlich in die Kategorie geschlossene Input- und schwache Outputstrukturen (ebd.: 68). Hypothetisch müssten demzufolge etwa in Schweden relativ viele Forderungen mit einer vergleichsweise konfliktarmen, kooperativen Strategie durchgesetzt worden sein, während die westdeutsche Antiatomkraftbewegung hingegen nur wenig substanzielle Erfolge gehabt haben sollte und genötigt gewesen wäre, eher konfrontative Strategien zu wählen.

Kitschelts empirische Befunde bestätigen diese beiden Hypothesen sowie analoge Vermutungen bezüglich der anderen Länder mehrheitlich: In Schweden wurde demzufolge vor allem durch die Kooperation mit den etablierten Parteien, die ihrerseits mehr und mehr einen atomkraftkritischen Standpunkt übernahmen, Einfluss auf die Regierungspolitik genommen. In den USA, ebenfalls ein Land mit offenen Inputstrukturen, sei sogar noch seltener eine konfrontative Strategie angewendet worden. Hier versuchte die Antiatomkraftbewegung vielmehr über Lobbyarbeit und Petitionen ihren Forderungen Gehör zu verschaffen. In Frankreich und Deutschland beobachtete Kitschelt hingegen eine konfrontative Strategie der Bewegung. Weder die Möglichkeit eines Referendums noch eine größere Partei, die sich ihrer Forderungen angenommen hätte, waren hier zu finden (ebd.: 68ff.).

Aber auch die Outputstrukturen wirkten sich auf die Strategien der jeweiligen Bewegungen aus: Sowohl in den USA als auch in Deutschland, beides Länder mit schwachen Outputstrukturen, sahen sich die Aktivist*innen gezwungen, über den Umweg von Klagen und Lizensierungsverfahren den Bau neuer Atomkraftwerke zu verzögern. In Frankreich und Schweden, wo die Regierungen relativ viel Entscheidungsgewalt besaßen und Lizensierungsverfahren ohne Mitspracherecht der Bevölkerung abliefen, sei diese Form der Einflussnahme nicht möglich gewesen (ebd.: 70f.).

In Bezug auf die Erfolge der jeweiligen nationalen Bewegungen finden sich ebenfalls Ergebnisse, die Kitschelts erweiterte Version des *Political-Opportunity-Structures*-Ansatzes stützen. Substanzielle Erfolge stellten sich demnach erwartungsgemäß in Ländern mit offenen Gelegenheitsstrukturen ein – in Schweden und den USA, allerdings auch in Deutschland: Diese drei Staaten hatten zwischen 1974 und 1984 eine gleichbleibende oder sogar sinkende Anzahl an Atomkraftwerken zu verzeichnen, wohingegen Frankreich auf einen starken Ausbau der Atomenergie setzte. Schweden und die USA wiesen für den besagten Zeitraum darüber hinaus einen größeren Anteil an erneuerbaren Energien auf als Deutschland und Frankreich. Aber auch Unterschiede bezüglich der *procedural* (bezeichnen die zunehmende Legitimation von Forderungen Sozialer Bewegungen in bestehenden Institutionen) und *structural impacts* (bezeichnen bewegungsinduzierte Veränderungen der politischen Strukturen) lassen sich in den einzelnen Ländern ausmachen. Während in den USA und Schweden atomstromkritische Positionen von den etablierten Parteien übernommen wurden, feierten in Deutschland und Frankreich die neu gegründeten grünen Parteien Sensationserfolge und veränderten damit das jeweilige politische System nachhaltig (ebd.: 83).

Abgesehen von dieser klassischen Studie wurde der *Political-Opportunity-Structures*-Ansatz unter anderem in Untersuchungen zum Wahlerfolg rechtsextremer Parteien (Arzheimer/Carter 2006), zur Gewerkschaftsbewegung (Ganz 2000) und zur Frauenbewegung (McCammon u. a. 2001) eingesetzt. Die genaue Definition und Operationalisierung politischer Gelegenheitsstrukturen wurde dabei durchaus recht unterschiedlich gehandhabt, sodass sich ein abschließendes Urteil über die Fruchtbarkeit des Ansatzes nur schwer fällen lässt. Die hier angeführten Studien zeichnen ein vielschichtiges Bild der Wirkmächtigkeit politischer Strukturen, das sich, obwohl die meisten Autor*innen implizit von einem linearen anstatt von einem kurvilinearen Zusammenhang auszugehen scheinen, nicht ohne indirekte Effekte (wie Interaktions- oder Rückkopplungseffekte) modellieren lässt. Das Urteil Ganz' (2000: 1041) lässt sich damit durchaus als guter Ratschlag verstehen: »Changing environments generate new opportunities – and constraints – but the significance of those opportunities or constraints emerges from the hearts, heads, and hands of the actors who develop the means of acting upon them.« Das Ausnutzen neuer politischer Möglichkeiten hänge nicht unwesentlich vom strategischen Weg ab, den eine Soziale Bewegung einschlägt, wobei Strategien selbst dynamische Prozesse seien, die beständig angepasst werden müssen (ebd.). Darüber hinaus spielen gegenstandsspezifische Entwicklungen innerhalb der politischen Strukturen eine

Rolle, wie am Beispiel sich wandelnder *gendered opportunity structures* (McCammon u. a. 2001) nachvollziehbar wird: Es waren gerade die sich verändernden Vorstellungen politischer Entscheidungsträger*innen in Bezug auf Geschlechterrollen, die dazu geführt haben, dass Forderungen der Ersten Frauenbewegung in Amerika umgesetzt werden konnten.

5.2.2   Der lange Weg der US-amerikanischen Bürgerrechtsbewegung

Befunde wie die eben zitierten zeigen mithin eine Weiterentwicklung des *Political-Opportunity-Structures*-Ansatzes und rechtfertigen die Bemühungen der *Political-Process*-Theoretiker*innen. Zwar spielen politische Gelegenheitsstrukturen im *Political-Process*-Modell ebenfalls eine Rolle, bilden aber nur ein Element von vielen und werden gleichzeitig auch als abhängige Variable konzeptualisiert. Die bedeutendste empirische Anwendung hat Doug McAdam (1982) selbst geliefert. In *Political Process and the Development of Black Insurgency* wurden am Beispiel des *civil rights movement* die zentralen Etappen der Entstehung und Entwicklung einer Sozialen Bewegung nachgezeichnet.

Allein am Untersuchungszeitraum (1876 bis 1970) zeigt sich dabei bereits, dass McAdam eher langfristige Prozesse im Auge hat und sich damit grundsätzlich von früheren Ansätzen abgrenzt (ebd.: 65). Er sieht die wesentlichen Ursachen für das Entstehen des *civil rights movement* im Wechselspiel sich verändernder politischer Gelegenheitsstrukturen und Ressourcenpools. Die zentrale Makrovariable stellt der Niedergang des Baumwollanbaus und die dadurch ausgelöste Binnenmigration dar (ebd.: 73ff.): Seit etwa 1910, vor allem aber ab 1930 sei aus verschiedenen Gründen ein immenser Rückgang der nationalen Baumwollproduktion, deren wichtigster Fabrikant die amerikanischen Südstaaten waren, zu beobachten gewesen. Dies habe zur Abwanderung einer Vielzahl schwarzer Baumwollfarmer*innen entweder nach Norden oder in die urbanen Zentren der Südstaaten geführt. Während die erstere Migrationsbewegung und die damit verbundene Gewähr des Wahlrechts eine enorme Zunahme der politischen Entscheidungsmacht implizierte, führte letztere dazu, dass die drei wesentlichen Unterstützungsorganisationen des späteren *civil rights movement* (die *black churches*, *black colleges* und die National Association for the Advancement of Colored People) an personellen und finanziellen Ressourcen hinzugewannen und in der Folge das Bildungsniveau und Einkommen der schwarzen Bevölkerung in den Südstaaten stark anstieg. Damit veränderte sich aber auch langfristig die Wahrnehmung der Chancen für eine Gleichstellung. So schätzten in einer Umfrage aus dem Jahr 1947 75 Prozent dieser Gruppe die Möglichkeiten ihrer Söhne (nach den Töchtern wurde nicht gefragt) besser ein als die in der eigenen Jugend (ebd.: 109).

Für das Überdauern der Sozialen Bewegung hatte McAdam, neben politischen Gelegenheitsstrukturen, der Akquise externer Ressourcen und der subjektiv wahrgenommenen Erfolgsaussichten, die Reaktionen gegnerischer Gruppen verantwortlich gemacht. Und »[i]ndeed, perhaps more than any of the aforementioned three factors it was these responses that were to shape the fortunes of the movement by determining the balance of supporting and opposing forces confronting insurgents« (ebd.: 163). Die Bewegung sah sich insgesamt mit drei Gruppen konfrontiert: der nationalen Öffentlichkeit, der Regierung und organisierten Rassist*innen. Insbesondere die letzteren beiden versuchte man gegeneinander auszuspielen. So gelang es immer wieder, die neutrale Haltung der Regierung aufzubrechen, indem weiche Protestformen wie Sit ins, *jail ins* oder *freedom rides* eingesetzt wurden, im Vergleich zu denen die gewalttätigen Gegenreaktionen der *white supremacists* als einseitige Eskalation gelten mussten, von denen die Regierung sich zu distanzieren hatte.

Eine weitere Arbeit, in der das *Political-Process*-Modell explizit zur Anwendung kam, ist Harold R. Kerbo und Richard A. Shaffers (1992) Studie zu den (teilweise ausbleibenden) Arbeitslosenprotesten zwischen 1890 und 1940. Die Autoren zeigten dort, dass eine Steigerung der Arbeitslosenzahlen historisch nicht zwangsweise zu Protesten führt (ebd.: 145), sondern erst die subjektive Einschätzung vorliegen muss, dass eine Veränderung der Verhältnisse überhaupt möglich ist. Vor allem das Zusammenspiel zweier Faktoren führte zu einer Intensivierung der Proteste um 1930: die Sensibilisierung der Öffentlichkeit für die Probleme der Arbeitslosen und entstehende Einflussmöglichkeiten angesichts hart umkämpfter Wahlen.

5.2.3 *Yes we can* – Konfliktdynamiken im digitalen Wahlkampf

Kommen wir nun schließlich zu empirischen Anwendungen des *Dynamics-of-Contention*-Ansatzes. Nur wenige neue Theorien Sozialer Bewegungen dürften in so kurzer Zeit zu einer ähnlichen Vielzahl empirischer Studien geführt haben wie Doug McAdams, Sidney Tarrows und Charles Tillys Kooperationsprojekt. Durch seine integrative Natur und den allgemeinen Fokus, der sich nicht auf Soziale Bewegungen beschränkt, bietet sich ihre Herangehensweise für die Analyse einer Vielzahl konflikthafter Auseinandersetzungen an (vgl. als Überblick die Sonderausgabe der Zeitschrift *Mobilization* anlässlich des zehnjährigen Jubiläums des *Dynamics-of-Contention*-Ansatzes aus dem Jahr 2011). Mittlerweile existieren Studien zu so unterschiedlichen Themen wie dem *landless workers movement* in Brasilien (Wolford 2003), muslimischem Aktivismus (Wiktorowicz 2004), dem Widerstand im ländlichen China (O'Brien/Li 2006) oder der amerikanischen Friedensbewegung nach 9/11 (Heaney/Rojas 2011).

In Bezug auf letztere zeigten Doug McAdam und Sidney Tarrow (2010), wie der *Dynamics-of-Contention*-Ansatz sich mit Studien zum Wahlverhalten verbinden lässt. So habe die Obama-Kampagne 2008 wesentliche Punkte der Friedensbewegung aufgegriffen und diese für die eigenen Zwecke mobilisieren können. Dazu wurden unter anderem die Mechanismen *innovative political performances*, *proactive electoral mobilization* und *movement/party polarization* (ebd.: 535ff.) – neben drei weiteren – unterschieden.

Eine der wichtigsten strategischen Innovationen war demzufolge die Mobilisierung über Onlineportale wie MoveOn.org, das bereits die Wahlkampagnen von Paul Wellstone (2002) und Howard Dean (2004) unterstützt hatte. Obama habe schließlich diese Strategie perfektioniert und dank neuer Formate wie YouTube, Facebook und Myspace bedeutende Mobilisierungserfolge verzeichnen können (ebd.: 535). An diesem Beispiel zeigt sich eindrucksvoll, wie politische Akteur*innen in wechselseitiger Bezugnahme sich wandelnde politische Rahmenbedingungen zu deuten versuchen und kreative Strategien entwickeln, mithilfe derer die Situation ausgenutzt werden kann. Sowohl die amerikanische Frie-

Abb. 15: Barack Obama bei einer Wahlkampfveranstaltung 2012 in Urbandale, Iowa

(Quelle: Pete Souza, White House, P090112PS-0411)

densbewegung der 2000er Jahre als auch das Wahlkampfteam Obamas haben die Gunst der Stunde nutzen können und entsprechende Erfolge verbucht – in diesem Fall die Abwahl Georg W. Bushs.

Proactive electoral mobilization bezeichnet Aktivitäten Sozialer Bewegungen im Rahmen von Wahlkampagnen (ebd.: 533). So hatte sich etwa die Friedensbewegung der 2000er Jahre nicht völlig von den beiden großen Parteien losgelöst, sondern versucht, über Wahlen und Petitionen politische Entscheidungsträger*innen zu beeinflussen (ebd.: 536). Ob Soziale Bewegungen diesen institutionellen Weg des politischen Kampfs wählen, hänge stark davon ab, inwiefern Wahlen als Chance oder auch als Bedrohung wahrgenommen werden. Gruppen, die Wahlen als verhältnismäßig unwichtig für die Durchsetzung der eigenen Interessen ansehen, werden eher außerparlamentarische Strategien wählen (ebd.: 534).

Im weiteren Verlauf der Auseinandersetzung kann die Koalition mit Sozialen Bewegungen dazu führen, dass innerhalb der entsprechenden Parteien Debatten angeregt werden, die letztlich zu einer Spaltung der

Partei führen. Im Falle der Liaison zwischen der amerikanischen Friedensbewegung und der Demokratischen Partei unter Obama sei zum Beispiel folgende Dynamik zu beobachten gewesen: »As a party attains power and hews to the center – as the Obama administration has already done – it runs the risk of setting in motion internal party dynamics corrosive of the centrist stance that was key to victory in the first place.« (ebd.: 537) Der Konflikt ergibt sich letztlich daraus, dass die Positionen, die von der Sozialen Bewegung kompromisslos aufrechterhalten werden können, im politischen Alltagsgeschäft entschärft werden müssen. Teile der Partei, die sich der Bewegung nahe fühlen und vielleicht sogar erst durch diese mobilisiert wurden, werden mit diesem ›Ruck zur Mitte‹ erheblich größere Probleme haben als ein realpolitischer Flügel.

Wesentliche Punkte des *Dynamics-of-Contention*-Ansatzes werden also deutlich: (i) Es müssen sowohl die sich zu einer Sozialen Bewegung zusammenschließenden Akteur*innen als auch die beteiligten Parteien eine Situation erst als bedrohlich oder Erfolg versprechend interpretieren, bevor entsprechende Verhaltensreaktionen zu beobachten sind. Dabei ist ein gewisses Maß an Kreativität gefragt, damit die Lage ideal genutzt werden kann. (ii) Die Ressourcenmobilisierung erweist sich also selbst als ein dynamischer und schöpferischer Prozess. Sowohl die Friedensbewegung als auch die Demokratische Partei haben in den 2000er Jahren entdeckt, dass die jeweils andere Seite Mittel und Netzwerke besitzt, die der eigenen Gruppe fehlen. Die Allianz zwischen *grassroots movement* und institutionell eingebetteten Akteur*innen führte im obigen Beispiel letztlich zur effektiven Umsetzung gemeinsamer Ziele und zur Abwahl der Bush-Administration. (iii) Schließlich deuten sich hier schon früher untersuchte (McAdam 1999; McAdam u. a. 2001) Rückkopplungs- und Interaktionseffekte an: In dem Moment, da sich eine Partei spaltet, weil sie in Konflikte mit ihrer *Grassroots*-Basis geraten ist, entstehen neue Möglichkeiten und Bedrohungen für alle involvierten Akteur*innen und eine neue ›Episode‹ der Auseinandersetzung beginnt.

5.3   Kritik

»Scholars with sunk intellectual capital in a particular approach are always hard to convince« (McAdam/Tarrow 2010: 530), und so ist es kaum verwunderlich, dass sowohl aus dem Lager der ›Rationalist*innen‹ als auch aus dem der Vertreter*innen eines eher kulturellen Ansatzes erhebliche Kritik am politischen Forschungsprogramm laut wurde. Stellvertretend sollen hier zwei solcher Kritiken behandelt werden: Karl-Dieter Opp (2009) als Vertreter des rationalistischen Programms sowie James Goodwin und Jeff M. Jasper (1999) als wichtige Protagonisten des *cultural turns* der Bewegungsforschung.

In *Theories of Political Protest and Social Movements* hatte Opp versucht, die Vorteile eines ›weichen‹ Rational-Choice-Ansatzes herauszuarbeiten und bot ein integratives Modell an, das die Schwächen früherer Theorien beheben sollte. In diesem Zusammenhang erfolgt auch eine Auseinandersetzung mit dem politischen Forschungsprogramm. An der *Political-Opportunities-Structures*-Hypothese und den Erweiterungen des *Political-Process*-Modells wird die fehlende empirische Operationalisierbarkeit der objektivistischen Definition der *political opportunity structures* kritisiert (Opp 2009: 167). Selbst Doug McAdam, der betont, dass nur solche Veränderungen der *political opportunity structures* wirksam werden, die auch von den Akteur*innen wahrgenommen werden, bezeichne mit dem Begriff der Gelegenheitsstrukturen prinzipiell einen objektiven Zustand. Ein theoretisches Problem stelle zudem die Annahme dar, Veränderungen der Gelegenheitsstruktur würden stets korrekt wahrgenommen werden (ebd.: 168f.). Dies sei aber unplausibel und empirisch nicht haltbar. Es empfehle sich stattdessen, eine subjektivistische Definition zu verwenden, wie es spätere Versionen der Theorie, vor allem im *Dynamics-of-Contention*-Ansatz, denn auch getan hätten (ebd.: 170).

Ein weiterer Kritikpunkt Opps (2009: 172) bezieht sich auf den eingeschränkten Fokus der *politischen* Gelegenheitsstrukturen: »Is it theoretically fruitful to formulate POS [*political opportunity structures;* H. B.] theory only for ›political‹ opportunities? Whatever ›political‹ means, they are not sufficient to explain protest behavior.« Im Prinzip gelten die

Vorhersagen des Ansatzes gleichermaßen auch für andere gesellschaftliche Rahmenbedingungen wie ökonomische und kulturelle Veränderungen. So habe die Senkung der Kosten des Internets die Mobilisierungsmöglichkeiten deutlich erhöht, ohne dass hier von einer Veränderung der *politischen* Gelegenheitsstrukturen die Rede sein könne (ebd.).

Schließlich sei der Begriff der *political opportunity structures* auch deshalb verwirrend, weil in ihm bereits eine Kausalität angelegt sei – die Veränderung des politischen Umfelds steigert die Erfolgschancen –, die eigentlich erst empirisch geprüft werden müsse. Anstatt unfruchtbare Diskussionen darüber zu führen, ob Gelegenheitsstrukturen per definitionem kausal wirksam sein müssen, sei es sinnvoll, den Begriff zu vermeiden und statt dessen Hypothesen zu formulieren, die Aussagen zum Zusammenhang verschiedener Umwelteigenschaften und individueller Anreize treffen (ebd.: 177).

Aber auch theoretische Probleme des Ansatzes werden hinterfragt. Insbesondere die mangelnde Präzision und Modellierung der Zusammenhänge auf der Mikro- und Makroebene (welche Variablen bewirken eine Protestbeteiligung?) sowie zwischen diesen beiden Ebenen müsse behoben werden (ebd.: 180). Auch zur Lösung des *freeriding problem* trage der *Political-Opportunity-Structures*-Ansatz nicht bei (ebd.: 181). Sogar Doug McAdam (1982) gestehe dies implizit zu, da er anerkennt, die Lösung des Problems liege in selektiven Anreizen und nicht in ›Strukturen‹.

Generell behebe das *Political-Process*-Modell einige Schwachstellen, insbesondere durch die Integration des Ressourcenmobilisierungsansatzes und weil es das Augenmerk auf die Organisationsstärke richtet. Letztlich besäßen beide Modelle das gleiche Defizit: Sie seien unvollständige und nicht explizierte Mikro-Makro-Modelle (Opp 2009: 192).

Gleiches gelte für den *Dynamics-of-Contention*-Ansatz (ebd.: 322). Auch hier würden Mikro- und Makroebene verknüpfende Brückenhypothesen nicht expliziert. Zwar sei die Erweiterung des Betrachtungsrahmens – weg von Sozialen Bewegungen hin zu politischen Auseinandersetzungen im Allgemeinen – begrüßenswert, aber insbesondere der Begriff des ›Mechanismus‹ wird von Opp scharf kritisiert. Die insgesamt 22 Mechanismen, die in *Dynamics of Contention* (McAdams u. a. 2001) genannt werden, seien trotz des Kausalmodells nicht hinreichend theoretisch motiviert, sondern würden mehr oder weniger ad hoc eingeführt (Opp 2009: 316). Damit ergebe sich der Eindruck einer gewissen Willkürlichkeit – ähnlich auch die Kritik von Ruud Koopmans (2007). Schon die Definition des Begriffs Mechanismus sei unfruchtbar, weil sie den Fokus unnötigerweise auf »*relations* among specified sets of elements« (McAdam u. a. 2001: 24; Hervorhebung H.B.) lege und unklar sei, warum Mechanismen in verschiedenen Situationen immer gleich wirken müssen (Opp 2009: 323).

Ironischerweise war es gerade die größere Reichweite des Mechanismusbegriffs, mit der einige Einschränkungen des ›rationalistischen Ansatzes‹ korrigiert werden sollten (McAdam/Tarrow 2010: 530): »[B]ecause the rationalists insisted on a dogged methodological individualism, we thought they specified mechanisms too narrowly. We worried that their accounts only recognized mechanisms that pass through people's heads […].« Anknüpfend an Peter Hedström und Richard Swedberg (1998: 9), distanziert sich Karl-Dieter Opp (2009: 324) aber gerade von einer solch engen Version des Begriffs und definiert ›Mechanismen‹ grundlegend als intervenierende Variablen, die zwischen einem Input-Element (z. B. verbesserten Gelegenheitsstrukturen) und einem Output-Element (z. B. Protesthäufigkeit) vermitteln.

Zusammenfassend lassen sich damit zwei allgemeine Kritikpunkte des *Rational-Choice*-Lagers an den Arbeiten des politischen Forschungsprogramms ausmachen: Zum einen würden zentrale Begriffe wie *political opportunity structures* und *mechanisms* zu eng definiert, wodurch die Anwendbarkeit der Theorie eingeschränkt werde. Zum anderen würden, obgleich implizit ein Mikro-Makro-Modell angewendet wird, die Beziehungen zwischen Mikro- und Makrovariablen nicht hinreichend präzisiert. Dadurch scheinen die kausalen Annahmen teilweise willkürlich und nicht verallgemeinerungsfähig.

Betrachten wir nun abschließend die Kritik vonseiten des kulturellen Ansatzes. Auch hier wird zunächst die Definition des Begriffs der *political opportunity structures* hinterfragt (Goodwin/Jasper 1999: 30f.), sowohl in seiner weiten als auch in seiner engen Variante: »[I]f ›political opportunities‹ means something like ›the chance for people to act together,‹ then it is certainly true that social movement mobilization requires political opportunities. Understood in this way, however, the thesis is tautological: political opportunity is built into the definition of a social movement.« (ebd.: 31) Eine spezifischere Definition und eine finite Liste an konkreten Elementen der politischen Gelegenheitsstruktur liefe wiederum Gefahr, ein zu enges Konzept darzustellen, das der Realität hinterher hinke.

Ein zweiter Kritikpunkt bezieht sich auf den in den Augen von Goodwin und Jasper gescheiterten Versuch des *Political-Process*-Modells, die Interpretationsleistung der Akteur*innen in die Betrachtung einzubeziehen, um den in früheren Ansätzen angelegten Kurzschluss zwischen Struktur und individuellem Handeln zu entschärfen (ebd.: 33). Obwohl die Erweiterung von politischen zu allgemeinen (und so auch zu kulturellen) Gelegenheitsstrukturen durchaus sinnvoll sei, werde die Quintessenz konstruktivistischer Argumentationen verkannt: Die Wirklichkeit werde nämlich auch dann kulturell vermittelt wahrgenommen, wenn keine korrespondierende Struktur bzw. Veränderung der Struktur vorliege.

Das größte Problem des politischen Forschungsprogramms sei demzufolge seine nach wie vor strukturalistische Grundausrichtung (ebd.: 34). Nicht nur würden immer wieder strukturelle Bedingungen mit individuellen Handlungen und Strategien in eins gesetzt oder zumindest rein mechanistisch aufeinander bezogen, der Strukturalismus bewirke auch eine unnötige Limitierung der Menge der Untersuchungsphänomene. Soziale Bewegungen, die sich nicht auf den Staat beziehen, würden systematisch ausgeblendet. Gerade für solche Bewegungen seien aber *politische* Gelegenheitsstrukturen kaum von Relevanz.

Auch die Gerichtetheit des Zusammenhangs zwischen Gelegenheitsstrukturen und politischem Handeln wird in den Blick genommen (ebd.: 36ff.). Anhand der widersprüchlichen und teilweise nur implizit formulierten Hypothesen zeige sich die weitgehende Unklarheit der zugrunde liegenden Kausalitäten. So würden empirische Studien, wie oben bereits erwähnt, verdeutlichen, dass die Auswirkungen sich verändernder politischer Rahmenbedingungen zu komplex sind, um in linearen (oder auch kurvilinearen) Zusammenhangshypothesen aufzugehen: »Institutions inspire and demand action as well as constrain it.« (ebd.: 37)

Ob und wie eine Soziale Bewegung aber auf gesteigerte Möglichkeiten und Bedrohungen reagiert, könne im Vorfeld nicht prophezeit werden und sei mehr oder weniger kontingent (ebd.: 39).

Der kritisierte *structural bias* des politischen Forschungsprogramms spiegelt sich aber laut Goodwin und Jasper (1999: 41ff.) nicht nur im Begriff der *political opportunity structures* wider, sondern macht sich auch dort geltend, wo von *mobilizing structures* die Rede ist. Auch hier würden strategische Abwägungen von Akteur*innen in strukturelle Variablen übersetzt und so der kreative Anteil bei der Mobilisierung von Ressourcen vernachlässigt. Wir haben gesehen, dass der *Dynamics-of-Contention*-Ansatz versucht, genau jenen Kritikpunkt zu entschärfen, indem er den Prozess des Organisationsaufbaus explizit als schöpferische Leistung von Individuen beschreibt. Fraglich ist, ob allein diese Korrektur den Forderungen nach einem kulturelleren Forschungsprogramm genüge tut (ebd.: 48). Denn auch im *Dynamics-of-Contention*-Modell werden Begriffe wie *framing* oder *collective identity* nur in der engen (nämlich strategischen oder kognitiven) Bedeutung verwendet. Dabei bleibt unberücksichtigt, dass kulturelle Repertoires (Traditionen, Identitäten oder Diskurse) sich auch ohne zugrunde liegende bewusste Intentionen der Akteur*innen in ihrem Handeln niederschlagen können. Wie genau diese unbewussten und emotionalen Prozesse kultureller Imprägnierung sich in der Entstehung und Entwicklung Sozialer Bewegungen geltend machen, soll nun im nächsten Kapitel thematisiert werden.

6. Der *Cultural Turn* in der Bewegungsforschung

Der sogenannte *cultural turn* der Bewegungsforschung geht auf zwei unterschiedliche ideengeschichtliche Einflüsse zurück. Einerseits greifen Autoren wie David A. Snow, Robert D. Benford und William A. Gamson das Goffman'sche Konzept des *framing* auf und übertragen es auf die Phänomene Sozialer Bewegungen, andererseits gewinnt im Umfeld des europäischen Post- und Neomarxismus die Diskussion um Neue Soziale Bewegungen, als deren Kern die Debatte um kollektive Identität gelten darf, an Fahrt. Beide Konzepte, *framing* und *collective identity*, rücken lebensweltliche Praxen, Symbole und die soziale Konstruktion von Bedeutung in den Mittelpunkt der Betrachtung. Dieser theoretische Umbruch war so paradigmatisch, dass er den Namen *cultural turn* (Jasper 2010) durchaus verdient. Insbesondere der Ressourcenmobilisierungsansatz (*framing*) und die kritische Theorie Marx' (*collective identity*) bilden dabei eine theoretische Basis, auf die aufgebaut werden konnte, von der man sich gleichzeitig aber auch distanzieren wollte. Das Kapitel ist in drei Teile gegliedert: Zunächst werden die wichtigsten Gründungstexte und Weiterentwicklungen der beiden Theorieperspektiven vorgestellt, wobei als erstes das etwas ältere Konzept der kollektiven Identität behandelt wird. Im zweiten Teil soll ein kleiner Einblick in die empirische Forschung zu kollektiven Identitäten und *Framing*-Prozessen gegeben werden. Abschließend fassen wir erneut die wesentlichen Kritikpunkte an den beiden Ansätzen zusammen.

6.1   Zentrale Ansätze

6.1.1   *Collective Identity* und Neue Soziale Bewegungen

Der Begriff der Neuen Sozialen Bewegungen taucht in den Jahren um 1980 erstmals in der sozialwissenschaftlichen Diskussion auf (Melucci 1980; Habermas 1981; Touraine 1981 [1978]; Cohen 1985; Offe 1985). Er bezeichnet hier zunächst eher ein empirisches Phänomen, später dann zunehmend ein allgemeines Paradigma – nie jedoch eine einzelne stringente Theorie. Dementsprechend finden sich durchaus konfligierende bis widersprüchliche Positionen innerhalb des Forschungsfelds unter dem Label vereint. Ganz allgemein lassen sich dennoch mindestens acht Kriterien nennen, anhand derer in der Literatur ›neue‹ Soziale Bewegungen von ›alten‹ abgegrenzt werden (Johnston u. a. 1994: 6ff.): (i) Neue Soziale Bewegungen formieren sich quer zur Sozialstruktur klassischer Sozialer Bewegungen. Die Arbeiterklasse verliert gewissermaßen ihr Privileg auf Protest. Die Mitgliederbasis Sozialer Bewegungen sei heterogener als die der proletarischen Organisationen und oft sogar klassenübergreifend. (ii) Das ist mit einem Bedeutungsverlust Marx'scher und marxistischer Theorie und der dort transportierten Vorstellung von ›bürgerlicher Ideologie‹ verbunden. Generell sind die Neuen Sozialen Bewegungen unideologischer als die alten und beziehen sich auf eine Vielzahl von Werten, betonen aber vor allem das demokratische Grundrecht auf zivilgesellschaftliche Opposition. (iii) Statt eines einzigen allgemeinen Klassenbewusstseins entwerfen jene Bewegungen, und auf diesen Punkt werden wir in Kürze en détail eingehen, durch Symbole gestützte ›kollektive Identitäten‹. (iv) In Neuen Sozialen Bewegungen finden sich zunehmend individualisierte Formen des Protesthandelns, die nicht mehr davon abhängig sind, dass sich ein Kollektiv zur gleichen Zeit am gleichen Ort zusammenfindet. (v) Dies betrifft vor allem persönliche, scheinbar nonkonformistische, Lebensweisen, die Widerstand zu etablierten Familienmodellen, Geschlechterverhältnissen, Ernährungsgewohnheiten und anderen Alltagsstrukturen ausdrücken sollen. Das Private wird politisch. (vi) Eine analoge Ausweitung des Protestrepertoires findet sich auch in der Anwendung allgemeiner Konzepte des zivilen Ungehorsams und des gewaltfreien Widerstands. (vii) Neue Soziale Bewegungen reagieren damit auf die Krise der westlichen Demokratien in den 1960er und 1970er Jahren. Ihrem Selbstverständnis nach bilden sie eine ›außerparlamentarische Opposition‹. (viii) Dementsprechend organisieren sie sich eher dezentral und brechen sowohl mit der klassischen Parteistruktur westlicher Demokratien als auch mit der sozialistisch-leninistischen Vorstellung zentralisierter Verwaltung.

Die Theorien, die sich nun mit diesem Wandel des Felds Sozialer Bewegungen befassen, lassen sich grob in zwei Lager einteilen (Buechler 1995): Autoren wie Manuel Castells (1983) und Alaine Touraine (1981 [1978]) stehen für einen eher *neomarxistischen* Ansatz, der zwar die neuen Entwicklungen anerkennt, aber nicht komplett mit dem Klassenkonzept bricht. Der spätere Alberto Melucci (1988, 1989, 1995) und die an Jürgen Habermas (1981, 2011 [1981]) anknüpfenden Autor*innen wie Klaus Offe (1985) und Jean Cohen (1985) vollziehen im Vergleich dazu eine stärkere Abgrenzungsbewegung von Marx und stellen die Bedeutung lebensweltlicher Aspekte heraus. Das bedeutendste Konzept in diesem Zusammenhang ist das der *collective identity*, auf das wir uns im Folgenden konzentrieren wollen.

Bereits in den 1960er Jahren erschienen einige empirische Studien, die auf die enorme Bedeutung der persönlichen Identitätssuche für Soziale Bewegungen hinwiesen. Ralph H. Turner (1969: 395) fasst den in diesen Arbeiten zum Ausdruck kommenden Zeitgeist polemisch folgendermaßen zusammen: »[T]he phenomenon of a man crying out with indignation because his society has not supplied him with a sense of personal worth and identity is the distinctive new feature of our era.« Gerade die sich in der Neuen Linken organisierende junge Generation strebe danach, ihren Platz in der Welt zu finden und ihre Existenz mit Sinn zu füllen. Die klassischen mit der Sinnsuche der Adoleszenz verbundenen psychischen Spannungen würden politisch kanalisiert, indem Soziale Bewegungen (Turner nennt neben der Neuen Linken die *Black-Power*-Bewegung) dazu benutzt werden, Selbstwert aufzubauen.

In eine ähnliche Kerbe schlug auch Orrin Klapp (1969). In seinem Buch *Collective Search for Identity* listete er zahlreiche Soziale Bewegungen auf, die für ihre Mitglieder scheinbar vor allem die Funktion erfüllen, ihr elementares Bedürfnis nach Sinn und Bedeutung zu befriedigen. Dieses Bedürfnis sei in modernen Gesellschaften besonders ausgeprägt, weil hier ein Defizit an »nondiscursive symbols« (ebd.: 321) vorliege – nicht-rationaler, durch Riten und Symbole reproduzierter gesellschaftlicher Konsens trete hinter rationalen, diskursiv ausgehandelten zurück. Ein solcher Verlust ritueller Konsensversicherung in der Moderne werde von Sozialen Bewegungen kompensiert, indem sie durch Moden, Kulte oder Heldenfiguren Identifikation stiften und auf diese Weise der empfundenen Entfremdung entgegenwirken.

Sowohl Turner als auch Klapp behandelten das Phänomen der Identität eher psychologisch und verwiesen auf ein geradezu anthropologisch anmutendes Wesensmerkmal des Menschen: das Bedürfnisses nach Zugehörigkeit (vgl. die Kritik von Snow/McAdam 2000: 42ff.). Kollektive Identitäten werden hier im Wesentlichen als Zweck (nämlich als zu befriedigendes Bedürfnis), weniger als von Sozialen Bewegungen in Anspruch genommenes Mittel behandelt. Das änderte sich erst Ende der 1970er bzw. Anfang der 1980er Jahre, als insbesondere europäische Denker (vgl. etwa Pizzorno 1978; Melucci 1980; Touraine 1981 [1978]; Castells 1983) den Begriff der kollektiven Identität (bzw. kulturellen Identität im Falle Castells) systematisch in ihre Theorien Sozialer Bewegungen integrierten.

Pizzornos Text *Political Exchange and Collective Identity in Industrial Conflict* (1978) ist sowohl wörtlich als auch im übertragenen Sinne noch ein Produkt der 1970er Jahre: Zum einen fokussierte er noch sehr stark auf die Arbeiterbewegung, zum anderen machte er eher einen politischen, denn einen kulturellen Zugang zum Phänomen der Neuen Sozialen Bewegungen stark. Interessanterweise kam er aber nicht umhin, die Herausbildung neuer kollektiver Identitäten konzeptuell zu integrieren. So wurde die Basis für spätere, systematischere Ansätze gelegt, die das von Pizzorno (1978: 293) lediglich am Rande erwähnte ›expressive‹ Moment des Identitätskampfs, kulturtheoretisch präzisierten (Hetherington 1998; Jasper 1998).

Ausgangspunkt von Pizzornos Beitrag ist die Frage, wie die Konflikte, die auf die Lohnsteigerungen der späten 1960er Jahre in vielen Industrienationen folgten, erklärt werden können, will man nicht dem klassischen sozialpsychologischen Kurzschluss, dem zufolge sich in jenen Konflikten schlicht enttäuschte Erwartungen spiegeln, auf den Leim gehen. Vage Mechanismen wie relative Deprivation oder der *aspiration gap* seien nicht in der Lage, die Zyklen des Protests zu erklären (Pizzorno 1978: 288f.).

Genau letzteres ist nun jedoch gerade Pizzornos Ziel. Den Kern seiner Theorie bildet ein Gleichgewichtsmodell: Im normalen Alltagsbetrieb verhandeln Gewerkschaften als kollektiver Akteur mit Arbeitgebern und versuchen letzteren gegenüber ihre Macht zu vergrößern. Dies könne mitunter durchaus dazu führen, dass die kurzfristigen Interessen der Arbeiter*innen (vor allem Lohnsteigerungen) hintangestellt würden, sofern dies für einen Zugewinn an Macht der Gewerkschaften sorgt. Diese Diskrepanz von unmittelbaren und mittelbaren Zielen ergäbe sich aus dem Unterschied zwischen *collective bargaining* und *political exchange*. Bei letzterem würden nämlich nicht Arbeit gegen Lohn und andere *benefits* ausgetauscht, sondern Konsens bzw. soziale Ordnung verhandelt. Die Macht der Interessenvertretung speise sich aus der Möglichkeit des Konflikts (ebd.: 280).

Im Gleichgewichtszustand verlaufe der politische Austausch zwischen Gewerkschaften und Arbeitgebervertretungen in mehr oder weniger vorgezeichneten Bahnen. Würden nun aber neue kollektive Identitäten auf den Plan treten, wird dieser soziale Konsens erschüttert. Durch die Separation einzelner Berufsgruppen, umgekehrt, den Zusammenschluss von vorher isolierten und individualisierten Arbeiter*innengruppen oder aber die Formierung von Gruppen, die im Produktionsprozess keine eigene Identität besitzen (wie Student*innen, Frauen, ethnische und religiöse Minderheiten), könne das Bedürfnis nach einer gemeinsamen Identität bedeutsamer werden als die klassischen materiellen Ziele des Arbeitskampfs (Lohnsteigerungen zum Beispiel), für die Gewerkschaften klassischerweise einstehen; kurz: »expressive conduct will replace instrumental conduct« (ebd.: 293). Die Gewerkschaften wären dann nicht mehr in der Lage, die Macht zu bündeln. Erst wenn es ihnen gelänge diese neuen Gruppen zu integrieren, ihre Identitätskämpfe ernst zu nehmen und ihre Ziele zu adaptieren, könne das politische Gleichgewicht wieder hergestellt werden. In diesem Fall würden die allgemeinen identitätspolitischen Forderungen der Bewegungen in instrumentelle, unternehmensbezogene Forderungen transformiert (ebd.: 294).

Die Grenzen von Pizzornos Zugang liegen auf der Hand: Die Formierung und Aushandlung kollektiver Identitäten wird hier noch unmittelbar in Relation zur industriellen Arbeitswelt diskutiert, selbst der Kampf um Minderheitenrechte wird aus der Organisation der Produktion abgeleitet.

Alain Touraine, der Ideengeber des Konzepts der *post-industrial society* (1971), die er in *The Voice and the Eye. An Analysis of Social Movements* (1981 [1978]) auch als *programmed society* bezeichnete, kritisierte gerade einen solchen, von der Arbeiterbewegung abgeleiteten, Begriff Sozialer Bewegungen. Die Neuen Sozialen Bewegungen der *programmed society* würden demnach weniger auf soziale Gerechtigkeit zielen, wie dies die Arbeiterbewegung noch tat, oder auf Freiheit, wie die Kämpfe in den sogenannten *merchant societies*, sondern im Wesentlichen eine prinzipielle Beschränkung von Macht fordern. Im Zentrum der Agenda stehe nunmehr die *denunciation of power* und die Möglichkeit zum *self-management* (ebd.: 21ff.). Allerdings sei die Entwicklung ernstzunehmender Auseinandersetzungen erst dann zu erwarten, wenn auch ein konkreter Gegner, das heißt die Quelle der Macht, benannt wird, da sonst die Forderungen der Bewegungen nur allzu leicht in die Logik des Status quo integriert werden können: »All movements whose rallying call is that of difference, specificity, or identity, dismiss only too easily any analysis of social relations.« (ebd.: 21) Dementsprechend kann kollektive Identität Touraine zufolge nicht der Endzweck der Neuen Sozialen Bewegungen sein: Eigentliches Ziel sei stattdessen die Kritik des »great technocratic apparatus« (ebd.), der allerdings nicht naiv mit dem Staat identifiziert werden dürfe, sondern sich über alle gesellschaftlichen Teilbereiche erstreckt, in denen die *ruling class* ihren Einfluss geltend macht (ebd.: 106ff.).

Touraine hielt mithin am Klassenbegriff fest, knüpft ihn aber gerade nicht wie Marx an den Besitz von Produktionsmitteln:

»I no longer agree to defining class relations within a strictly economic mechanism, and intend to portray society as a cultural field torn apart by the conflict between those who take over historicity for themselves and those who are subjected to their domination and who are struggling for the collective reappropriation of this historicity, for the self-production of society.« (ebd.: 61)

Nicht die Produktionsmittel, sondern die Macht, Geschichte aktiv mitzugestalten, solle wieder angeeignet werden. In anderen Worten: Es geht den Bewegungen, für die sich Touraine sowohl wissenschaftlich als auch politisch interessiert, darum, die öffentliche Deutung dessen, was in einer ›Kultur‹ als normativ gültig anerkannt wird, zu beeinflussen. Die Klasse derer, die eine solche kulturelle Wiederaneignung erkämpfen wollen, setze sich einerseits aus hoch gebildeten *professionals*, die eine Instrumentalisierung und Monopolisierung des Wissens kritisieren, und andererseits aus Personen, die vom *apparatus* an den Rand der Gesellschaft gedrängt wurden und dessen Macht direkt unterworfen sind, zusammen (ebd.: 23).

Obwohl Touraines Ansatz als ›kulturtheoretische‹ Modifikation des Marx'schen Klassenkonzepts gelesen werden darf, wirkt die Erwähnung der Begriffe kollektive Identität bzw. Klassenbewusstsein eher kursorisch; das Phänomen kollektiver Identität wird nicht wirklich als erklärungsbedürftig behandelt. Ganz im Gegenteil: Die gemeinsame Identität der Klasse wird bereits definitorisch vorausgesetzt. Im *Identity-Opposition-Totality*-Modell (IOT), werden eine gemeinsame kollektive Identität (I) wie auch ein Gegner (O) und ein geteiltes kulturelles Feld (T) zwar als Bausteine der Theorie benannt, eine genauere Untersuchung der Voraussetzungen, Dynamiken und des Nutzens der Identitätsformierung unterbleibt jedoch (ebd.: 81ff.). Zwar wird eine strukturalistische (›objektive‹) Bedeutung des Klassenbegriffs abgelehnt, gleichwohl impliziert das Konzept der Klasse bereits einen entsprechenden kollektiven Akteur, der sich am Kampf beteiligt (ebd.: 68f.). Die Klasse existiert erst zu dem Zeitpunkt, an dem sie das Schlachtfeld der Geschichte betritt. Wie sie entsteht, bleibt im Dunkeln.

Wirklich systematisch geht erst Alberto Melucci, der seine Theorie Sozialer Bewegungen unmittelbar im Anschluss an und in Kooperation mit Alessandro Pizzorno und Alain Touraine entwickelt hat, dem Thema der kollektiven Identität nach. An einem der ersten Aufsätze, die sich theoretisch mit dem neuen Phänomen identitätspolitischer Bewegungen auseinandersetzten – Meluccis *The New Social Movements: A Theoretical*

Approach aus dem Jahre 1980 – lässt sich recht eindrücklich die schrittweise Verschiebung des Blickwinkels in der Bewegungsforschung nachvollziehen. Melucci widmete sich dort der aus Sicht seiner späteren Texte anachronistisch anmutenden Problematik, wie die neuen Konflikte weiterhin als Manifestationen des Klassenkampfs beschrieben werden können. Dabei erweiterte er die Marx'schen an Arbeit geknüpften Begriffe der Produktion und Wiederaneignung dahingehend, dass sie auch zur theoretischen Analyse der symbolisch-expressiven ›kulturellen‹ Auseinandersetzungen verwendbar wurden.

Die grundlegende These in Meluccis Aufsatz besagt, dass sich in der postindustriellen Gesellschaft die Kontrolle durch die besitzende Klasse zunehmend auf die Produktion von Konsumption, Dienstleistungen und sozialen Beziehungen erstreckt und an die Stelle bloßer Ausbeutungsverhältnisse eine Manipulation über komplexe Organisationsstrukturen, die Kontrolle über Informationen und Symbole sowie ein Eingreifen in persönliche Beziehungen getreten ist (1980: 217f.). Diese Veränderung der Struktur des Systems habe zur Verschiebung von Wiederaneignungskämpfen geführt – weg von klassischen Klassenkonflikten, hin zu symbolischeren Formen des Widerstands.

An diesem Punkt wird nun das Konzept der kollektiven Identität (im Text von 1980 noch als *social identity* verhandelt) relevant: Da es sich sowohl bei der persönlichen als auch der kollektiven Identität nicht um eine natürliche Tatsache, sondern um ein Produkt sozialer Interaktion handle, kann sie Ziel der Manipulation durch die hegemoniale Klasse werden und sei damit im Umkehrschluss ein schützenswertes Gut. »[C]laiming collectively […] the right to realize their own identity« (ebd.: 218) werde zur Hauptforderung, die durch das Schaffen von Freizeit, Freiräumen und Strukturen herrschaftsfreier Sozialbeziehungen in die Praxis umgesetzt werden solle. Dass Melucci diesen Kampf trotz seines, wie er betont, klassenübergreifenden Charakters nach wie vor als »Klassenkampf« bezeichnet (ebd.: 219), mutet rückblickend etwas befremdlich an, ist aber letztlich Ausdruck einer durch die offensichtlich neuen Phänomene der Bewegungslandschaft verunsicherten Forschungscommunity. Zwar hätten bereits Mitte der 1970er Jahre empirische Studien vorgelegen, die neuartige Formen sozialen Protests beschrieben

(Touraine 1974; Pizzorno 1975), aber eine angemessene theoretische Analyse habe zur Zeit der Niederschrift des Manuskripts von 1980 noch nicht existiert (Melucci 1980: 219). Der Fokuswechsel hin zum Konzept der Identität dränge sich aber eben gerade durch die deskriptiven Studien auf, die eine Aufhebung der Trennung von privat und öffentlich, eine Marginalisierung von Protest zu bloßer Devianz durch politische Machthaber*innen, Forderungen nach Autonomie in Teilbereichen statt radikaler Konfrontation des Systems und einen Bedeutungsgewinn von Gruppensolidaritäten, direkter Mitbestimmung und dezentralen Organisationsstrukturen beobachtet hatten (ebd.: 219f.).

Eine ausgearbeitete Theorie bot Melucci jedoch erst 1988 in *Getting Involved: Identity and Mobilization in Social Movements* an. Zunächst wurde hier die epistemologische Wende expliziert, die der *Collective-Identity*-Ansatz nachvollzieht. Die Frage, die nun ins Zentrum der Betrachtung rückt, ist jene nach der Genese des *kollektiven* Charakters des Handelns, das heißt nach der Konstruktion jener ›Gestalt‹ der konkreten Sozialen Bewegung (im Singular), die sowohl den Aktivist*innen wie auch der öffentlichen Wahrnehmung als schon immer einheitliche erscheint. Diese Einheitlichkeit sei aber keineswegs von vornherein gegeben, sondern muss erst von den Akteur*innen hergestellt werden (Melucci 1988: 330).

Während ältere marxistische und massenpsychologische Ansätze auf ihre je eigentümliche Art und Weise die Sinnkonstruktion der einzelnen Akteur*innen, die ein Kollektiv ausmachen, vernachlässigten und entweder Handlungen ohne bewusste Akteur*innen (Massenpsychologie) oder Akteur*innen ohne bewusste Handlungen (Marxismus) beschreiben, will Melucci mit dem Konzept der *collective identity* eine Art Scharnier zwischen Makro- und Mikroebene – Gesellschaft und Individuum – gefunden haben.

Der Ansatz reagiert also im Wesentlichen auf die Unterbestimmtheit der Akteur*innen in älteren Arbeiten und schlägt zur Lösung des Problems eine sozialkonstruktivistische Analyse vor. Diese besteht darin, sich der Prozesse interdependenter Aushandlung von Sinn und Bedeutung zu vergegenwärtigen. Denn die Wahrnehmung einer Handlung als kollektive bedürfe einer vorgelagerten Koordination der individuellen Handlungsorientierungen (ebd.: 332f.). Im kollektiven Akt seien die Koordinierungsleistungen – Interaktionen und wechselseitige Sinn-zuschreibungen – gewissermaßen stillgestellt, da sowohl für Beteiligte als auch Außenstehende zumindest in der Tendenz ein ›Einheitswille‹ suggeriert werden muss. Andernfalls könnten kaum Informationen im Allgemeinen und Bewegungsziele im Besonderen kommuniziert werden.

Konkret nennt Melucci drei Felder von Handlungsorientierungen, die in Übereinstimmung gebracht werden müssen, um jenen ›Einheitswillen‹ – das *Wir* – zu formieren:

»Individuals contribute to the formation of a ›we‹ (more or less stable and integrated according to the type of action) by rendering common and laboriously adjusting at least three orders of orientations: those relating to the *ends* of the actions (i. e., the sense the action has for the actor); those relating to the *means* (i. e., the possibilities and the limits of the action); and finally those relating to relationships with the *environment* (i. e., the field in which the action takes place).« (ebd.: 332f.)

Da die Anpassung gleichzeitig in Bezug auf alle drei Dimensionen – Ziele, Mittel und Umwelt – erfolgen muss, komme es immer wieder zu Spannungen innerhalb der Sozialen Bewegung. So kenne fast jede politische Gruppe die obligatorische Diskussion, ob ›die Mittel den Zweck heiligen‹ oder nicht. Das Gleiche gelte für die Einschätzung, welches Konfrontationsniveau in der Auseinandersetzung mit der sozialen Umwelt (Politik, Presse, Bevölkerung) gewählt werden sollte, um die eigenen Ziele zu erreichen. Schon die Einigung auf diese gemeinsamen Ziele könne mitunter problematisch sein (ebd.: 333). Aufgrund dieses prekären Gleichgewichts sei die soziale Konstruktion oder Produktion des Kollektivs nie abgeschlossen, sondern müsse beständig in Aushandlungsprozessen erneuert werden.

Der fragile Charakter kollektiver Identität wird bereits in Meluccis Definition deutlich: »*Collective identity*« wird nämlich verstanden als »an interactive and shared definition produced by several individuals and concerned with the orientations of action and the field of opportunities and constraints in which the action takes place: by ›interactive and shared‹ I mean a definition that must be conceived as a process, because it is constructed and negotiated through a repeated activation of the relationships that link individuals.« (ebd.: 342) Insbesondere in frühen Phasen müssten die geteilten Situationsdefinitionen immer wieder aktualisiert werden. Erst wenn der Institutionalisierungsgrad der Sozialen Bewegung ein gewisses Maß erreicht habe und kollektive Identitäten sich verfestigt hätten, würde auch der Koordinationsaufwand sinken (ebd.: 343).

Meluccis Begriff der Identität scheint durchaus recht eng an die eigentliche Bedeutung des Worts geknüpft zu sein: Identitäten sind demnach als Versuche der Psyche zu verstehen, eine einheitliche (unteilbare) Gestalt zu konstruieren, die konsistent und dauerhaft ist (ebd.: 340, 342). Das Chaos widerstrebender Überzeugungen, Intentionen und Gefühle von Akteur*innen werde durch die Identitätskonstruktion geordnet. Zu dieser internen Komplexitätsreduktion trete im Fall der kollektiven Identität die externe, die sich auf andere Akteure und die Umwelt im Allgemeinen bezieht (ebd.: 342). Erst durch eine solche kollektive Identität könnten Erwartungen formiert werden, die nach Abgleich mit der Realität Kosten und Nutzen einer Handlung bestimmen.

Die Wahrnehmung von Ungerechtigkeit, die Annahme, dass diese beseitigt werden könne und der genaue Plan, wie dies geschehen soll, würden gleichermaßen psychisch und sozial integrierte Akteur*innen voraussetzen. Als Handelnde in Sozialen Bewegungen seien diese jedoch nie von vornherein gegeben, sondern würden immer erst dynamisch produziert und reproduziert: *kognitiv*, indem Mittel, Ziele und das Handlungsfeld festgelegt werden, *interaktiv*, indem Akteur*innen sich zueinander in Beziehung setzen und *affektiv*, indem Akteur*innen emotionale Weltverhältnisse aufbauen (ebd.: 343).

Inzwischen gehört der Begriff der kollektiven Identität zum Standardrepertoire der Bewegungsforschung und kaum eine Studie kommt ohne ihn aus (vgl. als Überblick Poletta/Jasper 2001; Hunt/Benford 2004; Flesher Fominaya 2010a). Diese Popularisierung ging teilweise mit einer gewissen theoretischen Inflationierung, teilweise mit einer begrifflichen Überfrachtung (Poletta/Jasper 2001: 284) einher. In vielen Fällen wird kollektive Identität dabei entweder ad hoc eingeführt und der zugrunde liegende Entstehungsprozess ausgeblendet oder als ›Bedürfnis‹ verstanden, das reduktionistisch, das heißt psychologisch, (weg)erklärt wird. Im ersten Fall verkommt kollektive Identität zu einer Art Kontroll-variable, im zweiten Fall zum Resultat eines quasi-automatischen und quasi-ontologischen Mechanismus. Mit beiden Ansätzen fällt man hinter Meluccis Intention eines interaktiven und prozessualen Phänomens zurück. Es gibt jedoch durchaus theoretische Weiterentwicklungen, die in Meluccis Sinne wären: Während die kognitive Dimension kollektiver Identität bei ihm selbst recht ausführlich behandelt wurde, konnte insbesondere die (i) *emotionssoziologische* und (ii) die *performativ-interaktive* Dimension in der an ihn anknüpfenden Forschung präzisiert werden.

(i) Emotionssoziologische Dimension. Einer der wichtigsten Autoren, die sich mit dem Thema ›Emotionen in Sozialen Bewegungen‹ beschäftigt haben, ist James M. Jasper (1997; 1998). Er bezweifelte, dass kollektive Identitäten rein kognitive Konstrukte sind und betonte stattdessen, dass gerade stark internalisierte Identitäten auf emotionalen Verankerungen beruhen müssen (Jasper 1998: 415). Diese Emotionen würden einen eigenen Mehrwert darstellen und könnten mitunter sogar zum Selbstzweck einer Bewegung werden und das eigentliche Ziel in den Hintergrund treten lassen. Insbesondere das Gefühl, auf der richtigen Seite zu stehen, könne einen ›selektiven Anreiz‹ darstellen, um das Kollektivgutproblem (Olson 1985 [1965]; siehe Kapitel 4) zu lösen. Aber auch durch Stigmatisierung hervorgerufene negative Emotionen wie Scham oder Schuldgefühle könnten dazu führen, dass sich Akteure zusammenschließen und auf die Straße gehen (Jasper 1998: 415).

In *The Art of Moral Protest: Culture, Biography, and Creativity in Social Movements* (1997) konkretisierte Jasper die emotionssoziologische Perspektive auf die kollektive Identitätsbildung und -aufrechterhaltung. Zu Recht betonte er dort, nur Individuen könnten Emotionen empfinden, weshalb es notwendig sei, den Zusammenhang zwischen individuellen und kollektiven Identitäten zu präzisieren (ebd.: 90). Jasper unterschied dabei zunächst noch einen dritten Typ von Identität: *movement identities* – denn nicht jedes Kollektiv sei eine Soziale Bewegung. Erst wenn ein Kollektiv sozialen Wandel herbeiführen will, handle es sich bei der zugrundeliegenden kollektiven Identität auch um eine *movement identity* (ebd.: 86). Eine solche Bewegungsidentität setze sich aus allgemeinen *movement* und *activist identities* sowie konkreten *organiza-*

tional und *tactical identities* zusammen – abhängig davon, ob man sich allgemein mit einer Bewegung bzw. der Aktivist*innenrolle identifiziert oder mit einer konkreten Gruppe innerhalb der Bewegung respektive einer bestimmten Art der Taktik (ebd.: 87).

Personen besitzen fast immer mehrere Identitäten gleichzeitig. Diese können jedoch unterschiedlich stark emotional aufgeladen sein. Das Verhältnis zwischen individuellen, kollektiven und Bewegungsidentitäten bestimmte Jasper (ebd.) dabei folgendermaßen:

»Both collective and movement identities can contribute to a personal identity, which normally consists of a complex blend of identifications. Personal identities exist on the biographical level; collective identities are part of the broader culture; and movement identities arise from the interaction between internal movement culture and the broader culture.«

Collective und *movement identities* helfen laut Jasper vor allem dabei, die Narrative der persönlichen Biografie abzusichern (ebd.: 136). Das sei insbesondere deshalb notwendig, weil Identitäten moralische Kriterien, was als ›gut‹ und ›böse‹ bzw. ›richtig‹ und ›falsch‹ zu gelten hat, umfassen. Solche moralischen Prinzipien würden klarer erscheinen und seien leichter zu befolgen, wenn sie mit anderen geteilt werden. In Protestsituationen manifestiere sich dieser soziale Rückhalt: Das Gefühl, gemeinsam für die richtige Sache einzustehen, sei einer der bedeutendsten Motivationsgründe, sich an Protesten zu beteiligen (Jasper 1998: 415).

Ebenfalls mit dem Zusammenhang von kollektiver Identität und Emotionen auseinandergesetzt hat sich Kevin Hetherington (1998) in seiner Studie *Expressions of Identity*. Sich vor allem von *Rational-Choice*-Ansätzen innerhalb der Organisationssoziologie abgrenzend, führte er die von Michel Maffesoli (1996) bzw. Herman Schmalenbach (1922) geprägten Begriffe der *emotional communities* bzw. des Bunds in die Diskussion ein (Hetherington 1998: 81), um die Besonderheit der Organisationsstruktur Neuer Sozialer Bewegungen zu bestimmen. Insbesondere das Konzept des Bunds diente ihm dazu, die den Protesten zugrunde liegenden »structures of feeling« (ebd.: 80) näher zu bestimmen: »Identity politics can be expressed through the form of the Bund. In addition, the solidarity and sense of commitment to others that such emotional communities foster are likely to facilitate the more overt forms of political action associated with ›new social movements‹.« (ebd.: 99)

›Bünde‹ bezeichnen eine Organisationsform, die durch sieben Merkmale gekennzeichnet ist (ebd.: 98ff.): Sie (i) sind relativ fragil und kurzlebig, (ii) basieren auf persönlicher Interaktion, (iii) umfassen affektiv aufgeladene Solidaritätsverpflichtungen gegenüber allen Mitgliedern, (iv) werden von einer generalisierten Form des Charisma, bei der sich die Mitglieder freiwillig einer ›gemeinsamen Sache‹ unterwerfen, getragen, (v) generieren einen *code of practices* und *totemic symbols*, (vi) versuchen die Grenze zwischen Privatem und Politischem einzuebnen und (vii) stellen sowohl emotionale als auch moralische Identifikationsmuster und Handlungsmotive bereit. Insbesondere das Moment der affektuellen Bindung unterscheidet den Bund von anderen Organisationsformen. So beobachtete Hetherington (1998: 98f.) eine geradezu romantische Beziehung zwischen den Mitgliedern. Diese emotionale Intensität des Bundes fuße wiederum auf der ›expressiven‹ Inszenierung gemeinsam ausgelebter Überzeugungen.

(ii) Performativ-interaktive Dimension. Damit ist ein Aspekt angesprochen, der, ebenso wie die emotionssoziologische Dimension kollektiver Identitäten, erst verhältnismäßig spät innerhalb der Bewegungsforschung Berücksichtigung gefunden hat und eine zweite wichtige Erweiterung von Meluccis Ansatz darstellt: die Rolle der *rituellen Performanz* von Bewegungsidentitäten mittels sozialer Praxis. Dabei sind die rituellen und emotionalen Dimensionen kollektiver Identität, wie Jasper (1997: 184) anmerkt, eng miteinander verknüpft: »Collective rites remind participants of their basic moral commitments, stir up strong emotions, and reinforce a sense of solidarity with the group, a ›we-ness.‹ Rituals are symbolic embodiments, at salient times and places, of the beliefs of a group.« In rituellen Handlungen werden die kognitiven und moralischen Bestandteile einer Bewegungsidentität gewissermaßen objektiviert und ›verdinglicht‹.

Für die Kultursoziologie hat Ann Swidler (1986) die Bedeutung von rituellen Handlungsmustern hervorgehoben. Demnach werden insbesondere in Lebensphasen, die mit großen Veränderungen einhergehen (*unsettled lives*), Rituale wichtig, weil sie einen sanften Übergang von

Gewohntem zu Neuem ermöglichen: »Ritual acquires such significance in unsettled lives because ritual changes reorganize taken-for-granted habits and modes of experience. People developing new strategies of action depend on cultural models to learn styles of self, relationship, cooperation, authority, and so forth.« (ebd.: 279) Über die habituelle Komponente wird auch die nicht-habituelle Komponente – nämlich »belief systems« (ebd.: 284) – eingeübt und gefestigt. Darunter fallen auch die kollektive Identität betreffende Überzeugungen.

Swidler selbst hat ihren Ansatz, der vor allem einer Reduktion von ›Kultur‹ auf ›Werte‹ entgegenwirken will, in einem späteren Beitrag (1995) auf die Bewegungsforschung angewandt. Dort betonte sie, dass ›Kultur‹ nicht erst ›internalisiert‹ werden muss, um Wirkmächtigkeit zu erlangen. Die bisherige Forschung zu Sozialen Bewegungen gehe von gefestigten Motiven und Überzeugungen der Akteur*innen aus. Dabei hätten Theoretiker wie Pierre Bourdieu und Michel Foucault gezeigt, dass Kultur eher auf der Ebene sozialer Praxen denn jener der Werte und Überzeugungen lokalisiert werden müsse (ebd.: 31).

Swidler nennt hier drei Aspekte – *Codes, Kontexte* und *Institutionen* –, wobei für die kollektive Identitätsformierung vor allem der erste von Relevanz sei. So bestehe in den neueren Sozialen Bewegungen die Tendenz, auf empfundene Missstände mit subversivem Verhalten, das heißt der Missachtung bestehender Codes der Angemessenheit, zu reagieren: »From the punk subculture's deliberate embrace of ›ugly‹ styles […] to the Black Panthers' display of militant, disciplined, armed black revolutionaries to the New Left spectacle of middle-class college students being beaten by police […], altering cultural codings is one of the most powerful ways social movements actually bring about change.« (ebd.: 33) Gerade weil ihnen meist die Macht fehlt, ›substantielle‹ Veränderungen zu erkämpfen, würden sich Soziale Bewegungen oft mit sogenanntem symbolischen Widerstand ›begnügen‹. Die damit zum Ausdruck gebrachten subkulturellen Gegenentwürfe seien jedoch nur scheinbar harmlos. Zwar sei dieser Erfolg solcher Rekodierungen nicht unmittelbar an Mobilisierungszahlen ablesbar, durch die Beeinflussung der Öffentlichkeit werde aber nachhaltig Gesellschaft verändert.

Das Verhältnis von Öffentlichkeit und Sozialer Bewegung ist vor allem von einem zweiten zentralen Konzept des *cultural turn* in den Mittelpunkt gerückt worden: dem des *framing*. Der folgende Abschnitt beschäftigt sich deshalb eingehender mit den klassischen Schriften und Weiterentwicklungen der diesem Begriff zugrunde liegenden Theorie.

6.1.2 *Framing*

»If men define situations as real, they are real in their consequences« (Thomas/Thomas 1928: 572), lautet das fundamentale Diktum der interpretativen Soziologie, mit dem kaum zufällig nach nur wenigen Zeilen auch die/der Leser*in von Erving Goffmans *Frame Analysis* (1974) konfrontiert wird. Allerdings wollte Goffman das Thomas-Theorem gerade nicht als radikal-konstruktivistisches Axiom missverstanden wissen, sondern die stabile objektive Ordnung hinter scheinbar idiosynkratischen Situationsdefinitionen aufdecken. *Frameworks* strukturieren die Erfahrung und geben Erscheinungen der Außenwelt Sinn. Sie sind »schemata of interpretation […] [which] allows its user to locate, perceive, identify, and label a seemingly infinite number of concrete occurrences defined in its terms« (ebd.: 21). Es handelt sich bei dem Konzept des *framework* mithin um eine Kategorie der Erfahrung, die allerdings nicht rein erkenntnistheoretisch missverstanden werden darf. Denn *frames* sind laut Goffman kulturell verankert und werden gesellschaftlich geteilt: »[T]he primary frameworks of a particular social group constitute a central element of its culture, especially insofar as understandings emerge concerning principal classes of schemata, the relations of these classes to one another, and the sum total of forces and agents that these interpretive designs acknowledge to be loose in the world.« (ebd.: 27)

Es ist genau jener intersubjektive Charakter von *frames*, der das Konzept so attraktiv für die Bewegungsforschung macht. Obgleich einige Forscher*innen den Ansatz sehr kognitionspsychologisch interpretieren (etwa Johnston 1995; Klandermans 1997; Klandermans u.a. 1999; Sherkat/Ellison 1997), indem sie *frames* mit *individuellen* mentalen Schemata gleichsetzen (Benford/Snow 2000: 614), soll der Begriff eigentlich gerade eine Brücke zwischen individueller Wahrnehmung und kollektivem Handeln schlagen und so eines der Grundprobleme der Theorien Sozialer Bewegungen lösen helfen, nämlich wie aus unzufriedenen *Akteur*innen* protestierende *Kollektive* werden.

Einen ersten Grundstein hierfür legte das im vorangegangenen Kapitel behandelte *Political-Process*-Modell von Doug McAdam (1982). Dort wird überhaupt erst die strukturelle Sichtweise auf Soziale Bewegungen korrigiert und den Subjekten ein angemessener Platz eingeräumt. Ungerechte soziale Verhältnisse führen, so McAdam, nicht automatisch zu Protesten, sondern müssen von den Akteur*innen auch als ›ungerecht‹ empfunden werden, um handlungswirksam zu sein. Darüber hinaus müssen sie das Gefühl haben, dass sie etwas verändern können, die *political opportunity structures* sich in *political opportunity perceptions* niederschlagen: »Mediating between opportunity and action are people and the subjective meanings they attach to their situations.« (ebd.: 48) Es bedürfe erst einer *cognitive liberation*, bevor eine materielle Befreiung erkämpft werden kann. Während die früheren Theorien der Ressourcenmobilisierung und politischen Gelegenheitsstrukturen das Augenmerk vor allem auf die Makroebene legten, rückte McAdam die Mikroebene stärker in den Mittelpunkt.

Im gleichen Jahr wie McAdams Dissertation erschien eine weitere Arbeit, die zum Paradigmenwechsel innerhalb der Bewegungsforschung entscheidend beitrug: William A. Gamsons, Bruce Firemans und Steven Rytinas Monografie *Encounters with Unjust Authority*. Während McAdam eher an die Tradition des *Political-Opportunity-Structures*-Ansatzes anknüpfte, bezogen sich Gamson, Fireman und Rytina explizit auf die Arbeiten zur *resource mobilization* (Gamson u. a. 1982: 7). In einem – wie es die Autoren selbst nannten – »porridge of Tilly and Goffman« (ebd.: x) versuchten sie eine Mikroperspektive auf die Mobilisierung von potenziellen *challengers* einzunehmen.

Entwickelt wurde das in *Encounters with Unjust Authority* zur Anwendung kommende Theoriemodell im Rahmen einer von der National Science Foundation finanzierten experimentellen Studie (ebd.), bei der insgesamt 33 zweistündige Gruppeninteraktionen auf Video aufgezeichnet und ausgewertet wurden. Dabei sollten Proband*innen während einer Diskussion (in den meisten Fällen) entgegen ihren eigentlichen Überzeugungen für einen großen Ölkonzern Partei ergreifen, der den Franchisevertrag mit einem aufmüpfigen Tankstellenbesitzer aus dem angeblichen Grund gekündigt hatte, weil dieser eine uneheliche (und damit ›unmoralische‹) Beziehung mit einer 15 Jahre jüngeren Frau führte. Den Proband*innen wurde von den Mitarbeiter*innen eines fiktiven, vorgeblich von dem Ölkonzern angeheuerten Forschungsinstituts (Manufacturers' Human Relations Consultants; MHRC) mitgeteilt, man wolle als Beweismaterial für die nun anstehende Gerichtsverhandlung die moralischen Standards in der Gemeinde ermitteln. Im Laufe der Gruppendiskussionen stellte sich jedoch mehr und mehr heraus, dass MHRC Filmmaterial zu sammeln schien, das gegen den Tankstellen-betreiber verwendet werden sollte (ebd.: 42ff.).

Die drei Experimentalsituationen der Studie von Gamson und Kollegen unterschieden sich dahingehend, dass in Treatmentgruppe 1 ein verdeckt agierender Mitarbeiter Unmut gegenüber dem Vorgehen von MHRC äußerte, in Treatmentgruppe 2 sogar Protest zu organisieren versuchte, während in der Kontrollgruppe keine solche Einflussnahme auf die Proband*innen stattfand. Insgesamt konnten in 16 von 33 Gruppen Episoden beobachtet werden, in denen sich die Proband*innen teilweise den Anweisungen des Untersuchungsleiters widersetzten, in neun Gruppen organisierten sich die Proband*innen, um im Nachgang Maßnahmen gegen MHRC zu ergreifen und in fünf Gruppen wurde sogar versucht, das Videoband und die vorher unterzeichnete Einverständniserklärung zu entwenden. Hinsichtlich der experimentellen Variation konnten dagegen keine Unterschiede im Protestverhalten festgestellt. Das zugrunde liegende theoretische Modell schien jedoch durchaus fruchtbar.

Ein wichtiger Bestandteil dieses Modells ist der Goffman'sche *Framing*-Begriff. Wie oben bereits erwähnt, beruht er auf der Annahme, dass alle Akteur*innen in *Face-to-Face*-Interaktionen das Bedürfnis haben, eine gemeinsame Situationsdefinition zu finden und diese aufrechtzuerhalten. Diese sogenannten *primary frameworks* sind außerordentlich stabil und in den meisten Fällen unbewusst. Als *legitimating frames* werden nun (Gamson u. a. 1982: 123) *primary frameworks* bezeichnet, die sich auf den Umgang mit Autoritäten beziehen. Sie erlauben es, mittels situativer Marker den Geltungsbereich von Autoritäten zu identifizieren. Im Normalfall werden die Anweisungen von Autoritäten befolgt, ohne dass sie hinterfragt würden. Es könne jedoch vorkommen, dass in einer Situation das Gerechtigkeitsempfinden der Akteur*innen verletzt wird. Wenn nun sogenannte *injustice frames* zur Verfügung stehen, könne dieses Empfinden kognitiv rationalisiert werden: »An *injustice frame* is an interpretation of what is happening that supports the conclusion that an authority system is violating the shared moral principle of the participants. [...] The cognitive process of adopting an injustice frame is complementary to breaking out. It provides a rationale for acting on the hostility or anger participants may feel.« (ebd.: 123) In solchen Fällen der Rebellion könne man *reframing acts* beobachten, die entweder auf illegitime Handlungen einer Autoritätsperson hinweisen oder direkt erklären, warum das, was diese tut, falsch ist (ebd.: 125f.). Das Wichtige an diesen Handlungen sei, dass sie öffentlich geschehen. Nur so könne ein *injustice frame* kollektive Bedeutung gewinnen und schrittweise von anderen übernommen werden.

Parallel zu den *reframing acts* müssten jedoch *organizing* und *divesting acts* erfolgen (ebd.: 149f.): Erstere stärken die Einigkeit innerhalb der Gruppe, indem kollektive Identitäten konstruiert werden und Solidarität beschworen wird, und letztere dienen dazu, die Geltung autoritärer Herrschaft zu delegitimieren und aufzuzeigen, dass die Anweisungen der Autoritäten nicht zwangsläufig befolgt werden müssen. Neben diesem *dynamischen* Teil des Modells unterscheiden die Autoren einen *statischen*, der sich auf die Ausgangsbedingungen für eine Rebellion bezieht. Diesbezüglich seien im Wesentlichen zwei Faktoren einschlägig: (i) der soziale und historische Kontext (*cleavage patterns* und *climate*) sowie (ii) das aus Know-how und Ressourcen bestehende Vermögen (*assets*) – sowohl der Autoritäten als auch der *challenger* (ebd.: 148f.).

Direkt in das Zentrum der Erklärung Sozialer Bewegungen rücken das *Framing*-Konzept schließlich David A. Snow, E. Burke Rochford, Jr., Steven K. Worden und Robert D. Benford. In ihrem 1986 erschienenen Aufsatz *Frame Alignment Processes, Micromobilization, and Movement Participation* untersuchte das Forscherteam, wie es Sozialen Bewegungen gelingt, die Beteiligung an Protesten zu erhöhen und auf diese Weise erfolgreich zu sein.

Neben dem Goffman'schen *Framing*-Begriff nutzten die Autoren den Ressourcenmobilisierungsansatz. Dabei war weniger die Formierung spontanen Widerstands, wie ihn Gamson u. a. (1982) beschrieben hatten, von Interesse, sondern die professionelle Rekrutierung von Mitgliedern durch *social movement organizations* (SMO). Um diese zu ermöglichen müssten die *schemata of interpretation* (oder *frames*) von *adherents* (bloße Anhänger*innen) und *constituents* (tatsächliche Mitglieder) auf der einen und der SMO auf der anderen Seite in Einklang gebracht werden (Snow u. a. 1986: 464). Vier solcher *frame alignment processes* werden dabei unterschieden: (i) *frame bridging*, (ii) *frame amplification*, (iii) *frame extension* und (iv) *frame transformation* (ebd.: 467).

Beim Prozess des *frame bridging* werden Verknüpfungen zwischen mindestens zwei ideologisch übereinstimmenden, aber bisher unverbundenen *frames* hergestellt. Dies kann entweder auf Organisationsebene geschehen, also zwischen einzelnen SMOs, oder zwischen SMO und potenziellen Mitgliedern, die zwar ähnlich empfinden, aber bisher noch unorganisiert sind. SMOs versuchen über soziale Netzwerke, Massenmedien oder auch durch Telefonanrufe und schriftliche Werbung »unmobilized sentiment pools« (ebd.) ›anzuzapfen‹ und betroffene Personen für die Organisation als Mitglied zu gewinnen. Das *frame bridging* ist laut Snow u. a. (ebd.: 468) der häufigste Weg der ›Mikromobilisierung‹.

Frame amplification bezeichne den Prozess der »clarification and invigoration of an interpretive frame that bears on a particular issue, problem or set of events« (ebd.: 469). In vielen Fällen sei den Betroffenen die Relevanz von Ereignissen für ihr eigenes Leben nicht bewusst oder nicht vollkommen klar, sodass deren spezifische Rahmung im Sinne der Sozialen Bewegung zu Mobilisierungserfolgen führen könne. Die Autoren unterscheiden hier zwischen *value amplification* und *belief amplification*. *Value amplification* habe das Ziel, eine bestehende Wertehierarchie so neu zu ordnen bzw. bestehende Werte zu aktivieren, dass sie handlungsrelevant werden. *Belief amplification* betreffe die Überzeugungen von Personen. Der Unterschied zwischen Werten und Überzeugungen wird folgendermaßen gefasst (ebd.: 469f.): »Whereas values refer to the goals or end-states that movements seek to attain or promote, beliefs can be construed as ideational elements that cognitively support or impede action in pursuit of desired values.«

Im Prozess des *frame extension* (ebd.: 472ff.) sind es die SMOs selbst, die ihr *primary framework* verändern, indem sie es erweitern. Vormals nebensächliche Ziele würden in den Mittelpunkt gerückt und neue thematische Felder erschlossen. Ein illustratives Beispiel lieferte diesbezüglich die Austin Peace and Justice Coalition, die, um Minderheiten für ihre Sache zu gewinnen, neben pazifistischen später auch antirassistische und antisexistische Forderungen in ihr Grundsatzprogramm aufnahm (ebd.: 472).

Die radikalste Form des *frame alignment* bildet der Prozess des *frame transformation* (ebd.: 473ff.). Dabei würden entweder bereichsspezifische oder globale Interpretationen dessen, »[w]hat [it] is that's going on here« (Goffman 1974: 9), fundamental geändert. Bei *domain-specific transformations* betreffe dies einzelne Lebensbereiche, bei *global transformations* den kompletten *master frame*, also die grundlegende Weltanschauung einer Sozialen Bewegung. Derartig umfassende Veränderungen kommen Konversionen gleich und sind bei religiösen Bewegungen auch de facto mit solchen verbunden (Snow u.a. 1986: 475).

In *Ideology, Frame Resonance and Participant Mobilization* (1988) haben David A. Snow und Robert D. Benford den *Framing*-Ansatz weiter ausgearbeitet. Hier untersuchten sie vor allem, unter welchen Bedingungen die eben dargestellten *frame alignment processes* erfolgreich sind und wann sie zu scheitern drohen. Eine zentrale Bedeutung kommt dem Begriff der *frame resonance* zu: »Under what conditions do framing efforts strike a responsive chord or resonate within the targets of mobilization?« (ebd.: 198)

Zur Beantwortung dieser Frage wurden vier Dimensionen ausgeleuchtet: (i) die sogenannten *core framing tasks* einer SMO, (ii) Anforderungen an das durch eine SMO angebotene Überzeugungssystem, (iii) die phänomenologische Alltagsrelevanz der Themen sowie (iv) die aus den *cycles of protest* (Tarrow 1983) entspringenden Dynamiken.

Zunächst gehen die Autoren auf die *core framing tasks* von SMOs ein (Snow/Benford 1988: 199ff.). Es werden drei Typen von Anforderungen an die *frame alignment processes* unterschieden: Als erstes muss ein Konsens gefunden werden, was überhaupt das Problem ist und wer die Schuldigen sind (*diagnostic framing*). Dies impliziert Einigkeit darüber, welche technischen, politischen, ökonomischen und moralischen Ursachen vorliegen. In einem zweiten Schritt ist es dann nötig, Lösungen zu finden sowie entsprechende Strategien, Taktiken und konkrete Ziele vorzugeben (*prognostic framing*). In der Regel ergibt sich der Inhalt des *prognostic framing* mehr oder weniger unmittelbar aus der Kausalität des Narrativs, das dem *diagnostic framing* entnommen wird. Schließlich müssen die potenziellen Mitglieder noch davon überzeugt werden, dass ihr Engagement einen Unterschied machen kann und notwendig ist, um den diagnostizierten Missstand zu beseitigen. Bei diesem *motivational framing* geht es mit anderen Worten wieder darum, selektive Anreize zu setzen, um das Trittbrettfahrerproblem (Olson 1985 [1965]) zu lösen.

Während die *core framing tasks* vor allem die von der SMO angebotenen Inhalte betreffen, geht es bei der zweiten und dritten Dimension, mit der sich Snow und Benford (1988: 205ff.) auseinandersetzten, um die äußeren Grenzen, mit denen die Versuche des *frame alignments* konfrontiert werden. So müssten sich Soziale Bewegungen zunächst vor allem an den bestehenden Ideologien bzw. Überzeugungssystemen ihrer Adressat*innen orientieren (zum Verhältnis der Konzepte Ideologie und Rahmung vgl. Oliver/Johnston 2000). Diese *infrastructural constraints of belief systems* betreffen den Stellenwert (*centrality*) und Umfang (*range and interrelatedness*) der Werte und Überzeugungen, die von der Bewegung vertreten werden, im Verhältnis zum allgemeineren ideologischen System. Wenn jene Werte und Überzeugungen keine wichtige Bedeutung für die zu mobilisierenden Personen besitzen würden, könnten sie kaum Handlungswirksamkeit erlangen. Außerdem müsse die Bewegung versuchen, mehrere solcher für die Akteur*innen relevanten Werte und Überzeugungen zu besetzen, weil sonst die Gefahr bestehe, dass bei einer leichten Verschiebung der persönlichen Prioritäten auch die Bewegungsinhalte für die Person an Relevanz verlieren.

Eine weitere äußere Schranke für die Bemühungen des *frame alignment* stellen laut Snow und Benford die individuellen Lebenswelten der Zielpersonen dar (*phenomenological constraints*; 1988: 207ff.). Eine

SMO müsse zunächst vor allem solche *frames* anbieten, die von den Individuen im Alltag auf Glaubwürdigkeit überprüft werden können (*empirical credibility*). Eine Aussage dürfe also nicht zu spekulativ sein. Des Weiteren sollte sie nicht zu abstrakt sein, sondern einen Bezug zur Erfahrungswelt der Akteur*innen herstellen: »Does the framing have what we call *experiential commensurability*? Does it suggest answers and solutions to troublesome events and situations which harmonize with the ways in which these conditions have been or are currently experienced?« (ebd.: 208) Schließlich würden spezifische kulturelle Narrative existieren, die bei der Produktion von *frames* nicht ignoriert werden dürften (*narrative fidelity*). Je stärker Bewegungsnarrativ und kulturelles Narrativ übereinstimmen würden, desto leichter sei es, Personen zu mobilisieren.

Die vierte und letzte Dimension ist temporaler Natur: Laut Sydney Tarrow (1983) müssen die Erfolgsaussichten von Sozialen Bewegungen im Rahmen allgemeinerer *cycles of protest* analysiert werden. Der Zeitpunkt innerhalb dieser *cycles*, zu dem eine Bewegung in Erscheinung tritt, determiniere wesentlich deren Repertoire an Inhalten und Strategien. Er bestimme aber auch, wie erfolgreich die *frame alignment processes* sein werden:

»First, the point at which a movement emerges within a cycle of protest affects the substance and latitude of its framing efforts. Second, movements that surface early in a cycle of protest are likely to function as progenitors of master frames that provide the ideational or interpretive anchoring for subsequent movements within the cycle. And third, movements that emerge later in the cycle will typically find their framing efforts constrained by the previously elaborated master frame.« (Snow/Benford 1988: 212)

Zusammengenommen bieten die beiden hier erörterten Texte der Forschungsgruppe um David A. Snow und Robert D. Benford eine umfassende Theorie des *framing* an, die sowohl die Prozesse des In-Einklang-Bringens der Situationsdefinitionen der Bewegung und des prospektiven Mitglieds als auch die intrinsischen und extrinsischen Bedingungen jener Prozesse benennt und an umfangreichem empirischen Material erläutert. Der *Framing*-Ansatz lag damit bereits Ende der 1980er Jahre vergleichsweise komplex ausformuliert vor. Dennoch können einige wichtige Weiterentwicklungen beobachtet werden. Insbesondere (i) die

Rolle der *Medien*, (ii) die Klärung des Zusammenhangs zwischen *Framing*-Prozessen und *kollektiven Identitäten* sowie (iii) eine Präzisierung der zugrunde liegenden *narrativen Strukturen* motivierte die weiterführenden theoretischen Debatten.

(i) Die Rolle der Medien. »Movement activists are media junkies«, wie William A. Gamson (1995: 85), nicht ohne mit dieser Formulierung selbst die eigene Agenda in einen *catchy frame* zu packen, betont. Das damit beschriebene Abhängigkeitsverhältnis ist jedoch durchaus beidseitig: Zum einen brauchen SMOs die Medien, um ihr Anliegen in die Öffentlichkeit zu tragen, zum andern beeinflussen die Medien ihrerseits die Art und Weise, in der *action frames* Sozialer Bewegungen verbreitet werden (vgl. auch Gamson/Mondigliani 1989). In dem zusammen mit Gadi Wolfsfeld geschriebenen Beitrag *Movements and Media as Interacting Systems* (1993) beschäftigte sich Gamson genauer mit dieser Dynamik. Die Autoren fassen ihre Beobachtungen und Überlegungen in sechs Hypothesen zusammen: (i) So bestehe ein direkter Zusammenhang zwischen dem Organisationsgrad einer Sozialen Bewegung und der medialen Berichterstattung über sie. Inwieweit die *frames* der Bewegung aufgegriffen werden, hänge demnach von deren Fähigkeit ab, einen professionellen Eindruck zu erwecken und Schlafkraft auszustrahlen (Gamson/Wolfsfeld 1993: 121). (ii) Weiterhin könnten *frames* insbesondere dann medial lanciert werden, wenn die Arbeitsteilung zwischen Öffentlichkeitsarbeit und Basisarbeit innerhalb der Bewegung relativ hoch sei (ebd.: 121f.). Jene Akteur*innen, die sich nicht direkt an umstrittenen Aktionen beteiligen, könnten als moderate Vermittler*innen zwischen Presse und Bewegung auftreten und der Bewegung ein seriöses Bild geben. (iii) Das durch die Medien kolportierte Image der Bewegung gestalte sich umso positiver, je spezifischer und enger die Bewegungsziele definiert seien. Pragmatische Forderungen, die den Status quo nicht prinzipiell in Frage stellen, könnten leichter unter das Volk gebracht werden, als solche nach grundlegenden revolutionären Veränderungen (ebd.: 123).

Die Ausrichtung einer Sozialen Bewegung bestimmt also zu einem nicht geringen Teil, ob und wie ihr *framing* der Situation medial aufgegriffen wird. Gleichzeitig haben aber auch die Medien ihrerseits einen nicht zu vernachlässigenden Einfluss auf die Strategien Sozialer Bewegungen (vgl. auch Gitlin 1980). (iv) Die vierte Hypothese, die Gamson und Wolfsfeld anführen, betrifft dementsprechend die Konsequenzen der vermuteten medialen Reichweite und ihre Bedeutung für die strategische Planung innerhalb Sozialer Bewegungen. Über eine ›Verwässerung‹ der eigenen Positionen sei zum Beispiel eher nachzudenken, wenn einflussreiche Sendeformate (wie zum Beispiel die *Tagesschau*) im Vergleich zu weniger bedeutsamen Programmen (wie zum Beispiel *Hier ab Vier* des MDR) anfragen. (v) Auch seien insbesondere Medien, die gesteigerten Wert auf Unterhaltung und weniger auf journalistische Qualität legen, für Soziale Bewegungen interessant. Denn sie versprechen einen Zugang zu Bevölkerungsschichten, die sonst nur schwer zu erreichen sind (Gamson/Wolfsfeld 1993: 124). (vi) Schließlich sei zu vermuten, dass die allgemeine Bedeutung visueller Formate im Konkurrenzkampf der Programmanbieter*innen die Bewegung dazu animieren könnte, spektakuläre Konfrontationsstrategien zu wählen (ebd.: 124f.). Vor allem gewaltvolle Auseinandersetzungen würden nicht nur Hingabe und Aufopferungsbereitschaft symbolisieren, sondern auch eine umfassende Berichterstattung garantieren.

Während die eben angeführten Überlegungen vor allem strategischer Art waren, versuchte Gamson in *Constructing Social Protest* (1995) den Einfluss der Medien auf die Sinnkonstruktion als solche zu beleuchten. Er traf zunächst zwei Unterscheidungen (ebd.: 90): Einerseits differenzierte er drei Komponenten von *action frames*, die *injustice*, *agency* und *identity* betreffen. Andererseits müssten *issue* und *movement framing* getrennt voneinander betrachtet werden. Man könne zum Beispiel die Bewegungsorganisation verurteilen, aber dennoch die Sache an sich unterstützen.

Für *injustice frames* ist nun vor allem der *Issue*-Aspekt von Bedeutung. Ungerechtigkeitswahrnehmungen gehen für gewöhnlich mit Wut und moralischen Entrüstungen einher. Beides muss auf konkrete Personen oder Organisationen bezogen werden, am besten jedoch ohne strukturelle Gründe zu vernachlässigen, da die Aktionen sonst drohen, ins Leere zu laufen. Die Medien haben dabei die wichtige Funktion, *injustice frames* zu verbreiten. Dabei kommt Sozialen Bewegungen entgegen, dass die meisten Nachrichtenformate ohnehin narrativen Charakter besitzen – »news writing is storytelling« (ebd.: 92). Dieses Merkmal der meisten Medien zwingt Bewegungen umgekehrt aber auch dazu, konkrete Schuldige zu benennen. Zu abstrakte Erklärungen à la Marx'scher Werttheorie dürften es kaum in die 20-Uhr-Nachrichten schaffen. Die Gefahr für Soziale Bewegungen besteht dann aber darin, allgemeinere, abstrakte Ursachen aus den Augen zu verlieren (ebd.: 93f.).

Wenn es darum geht, einen *agency frame* zu etablieren, also das Narrativ, eine Soziale Bewegung sei handlungsfähig, spielt weniger die Sache selbst und *wie* diese porträtiert wird eine Rolle, sondern allein, *dass* die Bewegung in die Schlagzeilen gerät. Mehr noch, die Medien sind allgemein dafür mitverantwortlich, inwieweit man Akteur*innen der Zivilgesellschaft überhaupt zutraut, entscheidende Veränderungen anzustoßen. Oft, so Murray Edelman im von Gamson zitierten *Constructing the Political Spectacle* (1988), reproduzieren die Medien ein Bild von politischer *agency*, bei dem historischer Wandel tendenziell von den Parlamenten oder Autoritäten statt von der Straße ausgeht. Gamson (1995: 97) schließt sich dem an, weist aber auf themenspezifische Unterschiede hin: »I accept the claim that American media discourse systematically discourages the idea that ordinary citizens can alter the conditions and terms of their daily lives through their own actions. But this message comes through more equivocally on some issues than on others, and in some special contexts a sense of collective agency is even nurtured.« (ebd.: 97)

Identity component bezieht sich ebenfalls auf das Bewegungs-*Framing* und weniger auf die konkreten Inhalte (ebd.: 99ff.). Genau genommen könnten drei Schichten (*layers*) kollektiver Identitäten unterschieden werden: die *organizational group*, die *movement group* und die *solidary group*. Erstere bezieht sich auf eine konkrete Organisation, wie zum Beispiel jüngst die Gruppe Femen. Die zweite Menge umfasst die entsprechende Soziale Bewegung – in unserem Beispiel: die Frauenbewegung. Letztere Gruppe besteht aus allen Personen, die sich dieser Gruppe zugehörig fühlen (aber nicht zwangsläufig von der Bewegung oder der Organisation vertreten fühlen müssen) – hier: alle Frauen. Am stärksten ist eine kollektive Identität dann, wenn sich die persönliche Identität (das Selbst) bezüglich aller drei Dimensionen verknüpfen lässt (ebd.:

100). Bei dieser Aufgabe können die Massenmedien enorm hilfreich sein. Sie verstärken die Tendenz zu dem, was Gamson (1995: 102) *adversarial framing* nennt: die Konstruktion eines feindlichen *they*, an dem das kollektive *we* geschärft werden kann. Insgesamt ist das Verhältnis zu den Medien aber auch in dieser Hinsicht ambivalent, denn die Medien selbst können als Repräsentanten des etablierten kulturellen Status quo und damit als *adversary* betrachtet werden. Ein eindrückliches Beispiel der jüngeren Geschichte liefert diesbezüglich der Lügenpressevorwurf aus dem Umfeld der Pegida-Bewegung.

(ii) Kollektive Identität und Framing. Damit ist bereits ein zweiter wichtiger thematischer Aspekt angesprochen, der zu einer Erweiterung der klassischen *Framing*-Theorie beitrug: die Bedeutung von Identitätskonstruktionen für *Framing*-Prozesse. Einer der wichtigsten Beiträge hierzu stammt von Scott A. Hunt, Robert D. Benford und David A. Snow und trägt den Titel *Identity Fields: Framing Processes and the Social Construction of Movement Identities* (1994). Die Autoren (Hunt u. a. 1994: 186) unterscheiden zunächst drei sogenannte *identity fields*: *protagonists* (Mitglieder oder Sympathisant*innen einer Bewegung), *antagonists* (Gegner*innen) und *audiences* (neutrale Beobachter*innen). In jedem dieser Felder würden *Framing*-Prozesse eine spezifische Rolle spielen, insofern sie Behauptungen über den Charakter der beteiligten Akteure einerseits und deren Bewusstsein andererseits aufstellen (ebd.: 192). »The alignment processes of frame bridging, amplification, and transformation are the discursive vehicles through which attributions about consciousness are made. In the case of character attributions, specific claims are made about a group's strategic, moral, and cathectic or relational character.« (ebd.) Irrationalität, Immoralität und Gefühlslosigkeit seien die häufigsten solcher Charakterzuschreibungen zur Abwertung politischer Gegner*innen.

Am besten nachvollziehen lassen sich die Überlegungen für das *protagonist identity field* (ebd.: 193ff.), wenn man sich vor Augen führt, dass SMOs sich nicht nur gegen Antagonist*innen positionieren, sondern zudem innerhalb ihrer *social movement industry* (McCarthy/Zald 1977: 1219) gegen andere SMOs durchsetzen müssen. Hunt, Benford und Snow folgen in diesem Punkt wie die meisten Theoretiker*innen des

Framing-Ansatzes der Ressourcenmobilisierungstheorie. Konkret bedeutet das: Die Situationsdefinition der SMO bezüglich der Schuldfrage (Diagnose), der Ziele und Strategien (Prognose) sowie der Gründe für das eigene Engagement (Motivation) unterscheiden sich markant von denen anderer SMOs. Diese Grenzziehung (*boundary framing*; Hunt u. a. 1994: 194) basiere auf klaren Ingroup-Outgroup-Zuschreibungen, bei denen »ideological, geographical, and tactical ›turfs‹« zugewiesen werden (ebd.: 193). Oft gehe *boundary framing* zudem mit einer Kontrastierung von Organisationen, die es ›wirklich ernst meinen‹ (die eigene) gegenüber solchen, die ›nur so tun als ob‹, einher (ebd.: 195).

In Bezug auf das *antagonist identity field* sind vor allem die *core framing tasks* (Snow/Benford 1988) des *diagnostic* und *prognostic framing* von Relevanz. Über die mehr oder weniger klare Bestimmung des kollektiven Bewusstseins- und Charakterzustands der ›Schuldigen‹ (›die da oben‹, ›die Banker‹, ›die Bonzen‹ usw. sind ›ignorant‹ und ›skrupellos‹) werde gleichzeitig die eigene Gruppenidentität ausgebildet. Das Gleiche gelte für die Definition der Strategien und Taktiken der eigenen Bewegungsorganisation: »Antagonist identity constructions [...] guide SMO actors' deliberations about an opponent's vulnerabilities and strengths and are therefore key in planning strategies and tactics.« (Hunt u. a. 1994: 199)

Letzteres betreffe gleichermaßen auch die Konstruktion von *audience identities* (ebd.: 199ff.). Denn auch die neutralen Beobachter*innen wie Presse, Eliten und Bevölkerung würden kollektiv definiert – in den meisten Fällen als potenzielle Unterstützer*innen, die es für die eigene Sache zu gewinnen gilt. So orientiere sich die taktische Einschätzung, inwiefern bestimmte angebotene *frames* bei diesen neutralen Akteur*innen ›resonieren‹, vordergründig daran, welche allgemeinen Werte, Überzeugungen und Normen man dieser Gruppe zuschreibt. Wolle man zum Beispiel Sponsor*innen aus der Wirtschaft anwerben, werde man nicht umhinkommen, das dort gängige Vokabular der Effizienz und Evidenz zu übernehmen.

Neben diesen drei, von der SMO ausgehenden, Bemühungen, die eigene kollektive Identität und die ›der Anderen‹ zu bestimmen, muss die Bewegung selbst auf Identitätszuschreibungen von außen reagieren.

So können diese Zuschreibungen zum einen abgewehrt werden – entweder unverblümt als Lüge oder etwas diplomatischer als Missverständnis (ebd.: 201ff.). Zum anderen sei die Übernahme von Identitäten denkbar, sei es weil sie der Selbstwahrnehmung entsprechen, oder weil sie derart überzeugend sind, dass man den Widerspruch zur SMO-Identität in Kauf nimmt. In letzterem Fall stehe wahrscheinlich eine *frame transformation* unmittelbar bevor (ebd.: 203). Solche ›Konversionen‹ dürften allerdings ausgesprochen selten sein.

(iii) Narrative Strukturen. In einer Kritik, auf die später noch genauer einzugehen sein wird, wies Francesca Polletta (2006) darauf hin, es sei nur schwer mit der *Framing*-Theorie in Einklang zu bringen, dass Soziale Bewegungen im wesentlichen auf narrativen Strukturen aufbauen: »[G]rasping how narratives operate should lead us to modify our theories of how discourse, ideology, and frames operate.« (ebd.: 11) Insbesondere die zugrunde liegende Annahme rationaler Mobilisierungsaktivität sei empirisch fragwürdig, da es oft gerade Widersprüchlichkeit und Mehrdeutigkeit der Erzählungen von Protestierenden seien, die Sympathisant*innen ansprechen und weniger die vorgeblich klaren, abgegrenzten und schematischen *frames*.

Zumindest in Ansätzen haben jedoch auch die *Framing*-Autor*innen selbst auf die diskursiven Mechanismen hingewiesen. Die größten Anstrengungen dahingehend stammen wiederum von William A. Gamson. In *Talking Politics* (1992) versuchte er, sowohl Mediendiskurse als auch Gespräche zwischen ›normalen Menschen‹ (College-Absolvent*innen wurden aus dem Sample aussortiert) daraufhin zu untersuchen, wie die drei Komponenten *injustice*, *agency* und *identity framing* jeweils erzeugt werden.

Ein narrativer Mechanismus des *injustice framing* sei, wie im Rahmen der Diskussion über die Rolle der Medien bereits erwähnt, in die klassische Medienberichterstattung per se eingebaut, da sie auf *storytelling* beruhe. Die Medien würden die Gründe von Ungerechtigkeit personifizieren, nahelegen, was zu tun ist, und ein vages Gefühl der Wut und Ohnmacht kanalisieren, indem sie Schuldige benennen. Gleichzeitig verwischen sie laut Gamson (ebd.: 34f.) auf diese Weise strukturelle Ursachen. In den meisten Fällen könnten Medienberichte aber keine

Entrüstung in der Bevölkerung entfachen, sondern würden apathisch und zynisch hingenommen. Erst durch die moralische Aufladung der Verhältnisse und ihre Besetzung als ›falsch‹, ›unfair‹ oder mit ähnlich normativen und emotionalen Begriffen, könnten wirksame Ungerechtigkeitsnarrative entstehen und Menschen zu Protesthandlungen motivieren: »They suck. They really do suck«, entrüstet sich zum Beispiel Marjorie, eine Befragte in Gamsons Studie (zit. nach ebd.: 37).

Der *injustice frame* ist laut Gamson (ebd.: 114) die zentrale Komponente und in der Lage, alle drei Aspekte zu integrieren. Diese Rahmung gibt gewissermaßen eine Richtung vor, wie die *agency* und *identity frames* aussehen könnten. *Agency framing* im *media discourse* bedient, auch dies wurde oben schon ausführlich besprochen, eine eher konservative Tendenz. Die Berichterstattung legt meist nahe, dass Probleme nur *top down* zu lösen sind und die Bevölkerung Expert*innen und Regierung vertrauen müsse. Im empirischen Material von Gamsons Gruppendiskussionen (ebd.: 59ff.) wurde dennoch relativ häufig (in 81 Prozent der 37 Gruppen; ebd.: 63) von zivilgesellschaftlichem Engagement berichtet. Auf diese Weise wird also narrativ die Grundlage für zukünftige Proteste geschaffen. Denn Aktivist*innen könnten fragen: »Wenn andere auf die Straße gehen und Erfolg haben, warum nicht auch wir?«

Die Konstruktion dieses ›Wir‹ – des *identity frame* – geschieht ebenfalls diskursiv (ebd.: 84ff.). Von wesentlicher Relevanz ist in diesem Zusammenhang das *adversarial framing*, also die Identifizierung einer Gruppe, welche die Verantwortung trägt. Die Medien seien dabei nicht immer hilfreich, weil sie dazu neigen, sowohl das Leid als auch dessen Ursachen zu individualisieren (ebd.: 85f.). Doch auch dieses Problem werde teilweise in Gesprächen kompensiert, zumindest wenn die Gemeinsamkeit salient gemacht und eventuelle Differenzen hintangestellt werden könnten. Andernfalls scheitere das *identity framing*. Wenn zum Beispiel schwarze und weiße Gruppenmitglieder über Rassismus diskutieren und der Fokus nicht auf sozialstrukturelle Ursachen und die gemeinsame Klassenlage gelenkt werden kann, sei es sehr wahrscheinlich, dass keine *adversarial frames* gebildet werden (ebd.: 108).

In vielen Fällen, die Gamson (1992) beobachtet und ausgewertet hat, finden sich aber diskursive Anstrengungen, um die nötigen Rahmungen zu produzieren und so kollektives Handeln zu initiieren. Inwiefern dieses tatsächlich durch die beschriebenen Prozesse in Gang gesetzt wurde, liegt außerhalb des Fokus der Studie. Im folgenden Abschnitt wollen wir uns daher ausführlicher mit der empirischen Überprüfung des *Framing*-Ansatzes beschäftigen. Zunächst kommen wir jedoch noch einmal auf die Theorie der kollektiven Identität zurück.

6.2 Empirische Studien

Sowohl der *Framing*- als auch der *Collective-Identity*-Ansatz gehören zu den am häufigsten eingesetzten Theorien in der Forschung zu Sozialen Bewegungen. Es gibt kaum einen Bereich kollektiven Handelns, bei dem in den letzten Jahren nicht eines der beiden Konzepte zur Anwendung gekommen wäre. Die im Folgenden diskutierten Studien stellen mithin nur eine kleine Auswahl dar, sollten aber das Potenzial des *cultural turn* illustrieren können.

6.2.1 Kollektive Identitäten auf dem Prüfstand

Ein wichtiges Anwendungsfeld von *Collective-Identity*-Theorien sind Soziale Bewegungen, die für die Gleichstellung homosexueller Lebensweisen eintreten (vgl. etwa Taylor/Whittier 1992; Gamson 1995; Bernstein 1997). Grundlegend für dieses Forschungsgebiet ist Verta Taylors und Nancy E. Whittiers Aufsatz *Collective Identity in Social Movement Communities: Lesbian Feminist Mobilization* (1992).

Taylor und Whittier hatten zunächst drei Faktoren unterschieden – *boundaries*, *consciousness* und *negotiation* –, die sie folgendermaßen definierten:

»The concept of *boundaries* refers to the social, psychological, and physical structures that establish differences between a challenging group and dominant groups. *Consciousness* consists of the interpretative frameworks that emerge out of a challenging group's struggle to define and realize its interests. *Negotiation*

Abb. 16: Lesbian Strength March in London 1983

(Quelle: AlisonW; https://commons.wikimedia.org/wiki/File:Lesbian_Strength_March_Lon don_1983_start.jpg)

encompasses the symbols and everyday actions subordinate groups use to resist and restructure existing systems of domination.« (ebd.: 111)

Im Fall der radikalen lesbisch-feministischen Bewegung der 1980er Jahre in den USA, die Taylor und Whittier untersuchten, verläuft die Grenzziehung (*boundaries*), wie zu erwarten, entlang der Kategorie des Geschlechts. Zum einen hatten Aktivistinnen bereits in den 1970er Jahren damit begonnen, eigene Einrichtungen aufzubauen, in denen Frauen leitende Funktionen übernahmen und die anderen Frauen einen sicheren Rückzugsraum und Möglichkeiten zur Entfaltung boten. Von Buchläden und Plattenlabels bis hin zu Gesundheitszentren und Frauenhäusern – feministischen Gruppen gelang es im Laufe der Zeit, eine engmaschige Organisationsstruktur zu schaffen, die den patriarchalen Institutionen etwas entgegensetzen konnte (ebd.: 112). Damit einher ging zum anderen die Entwicklung einer eigenen ›weiblichen‹ Alternativkultur, von der Männer sowohl rhetorisch als auch physisch (zum Beispiel auf Veranstaltungen und Festivals) ausgeschlossen wurden. Getragen von einem mehr oder weniger essentialistischen Frauen- und

Männerbild, stellten die Befragten den »masculine life-hating values« »women's life-loving values« gegenüber (1992: 113). Dieses Motiv der fundamentalen Verschiedenheit von Frauen und Männern sei bei den Interviewpartnerinnen recht häufig anzutreffen gewesen (ebd.).

Der zweite Hauptfaktor, der diese institutionellen Initiativen und die kulturelle Verortung der eigenen kollektiven Identität ergänzt, ist das Gruppenbewusstseins (*group consciousness*). Eine Bewegung trete erst dann als kollektiver Akteur auf, wenn sie ein gemeinsames Interesse zu artikulieren wisse (ebd.: 114). Dabei würde das eigene Elend nicht individualisiert oder psychologisiert, sondern es müsse nach strukturellen Ursachen gesucht werden. Im Fall des *lesbian feminist movement* ließ sich trotz der Heterogenität der Bewegung, die Grundüberzeugung finden, dass Heterosexualität eine Ausdrucksform männlicher Dominanz sei und lesbische Lebensweisen dementsprechend eine Möglichkeit zur Subversion bieten würden: »The relationship between feminism and lesbianism is well summarized by the classic slogan ›feminism is the theory and lesbianism is the practice,‹ mentioned by a number of our informants.« (ebd.) Konkret beobachteten die Autorinnen zwei Varianten des Gruppenbewusstseins: eine sozialkonstruktivistische Position, die davon ausging, dass Lesbisch-Sein eine bewusste Wahl bzw. eine politische Entscheidung sei sowie eine biologistisch-essentialistische Position, die überzeugt war, die sexuelle Orientierung sei angeboren. Aus der jeweiligen Position der Protagonistinnen ergaben sich sodann mögliche Allianzen, vor allem mit der Schwulenbewegung. Während die erste Form der Gruppenidentität nämlich eher auf eine allgemeine Abgrenzung zu Männern – auch zu schwulen Männern – setzte, war die zweite durchaus anschlussfähig für schwule Forderungen, vor allem bezüglich der Themen sexuelle Befreiung und AIDS (ebd.: 116).

Schließlich hoben Taylor und Whittier den Prozesscharakter von Identitätskonstruktionen hervor (ebd.: 117ff.). Insbesondere in Sozialen Bewegungen, die auf negative Zuschreibungen von außen reagieren wie der Feminismus, das *gay rights movement* oder auch das *civil rights movement*, könne man beobachten, wie im Alltag beständig Identität neu verhandelt werden muss (*negotiations*). Das geschehe teilweise in privaten Situationen, teilweise aber auch öffentlich vor einem größeren Publikum. Oft handle es sich dabei um implizite, eher symbolische Reaktionen, manchmal jedoch auch um explizite Versuche, die vorherrschenden Zuschreibungen abzuwehren und alternative Sichtweisen auf die eigene Gruppe zu etablieren. In der lesbisch-feministischen Bewegung zeigte sich dies am Umgang mit dem Begriff Frau: »Community members see lesbianism as a strategy for feminist social change that represents what one respondent describes as ›an attempt ... to stop doing what you were taught – hating women‹.« (ebd.: 119) ›Frauen‹ sollten nicht mehr Objekt des Hasses, sondern der Liebe sein, Geschlechtsidentitäten allgemein neu und freiheitlicher definiert werden. Die interviewten lesbischen Feministinnen verstanden sich in diesem Sinne als Vorreiterinnen des Feminismus und lebten auf alltagspraktischer und persönlich-privater Ebene die identitäre Abgrenzung zu Männern und nicht-lesbischen Feministinnen (ebd.: 121).

Die Bedeutung des Konzepts der kollektiven Identität schien sich also für das gewählte Anwendungsbeispiel zu bestätigen. Die Autorinnen betonten jedoch, dass Identität nicht erst in den 1970er Jahren relevant werde, sondern in allen Bewegungen eine Rolle spiele, die einer Spaltung der Gesellschaft (*social cleavage*) entspringen, also zum Beispiel Geschlechterdiskriminierung und sexuelle Unterdrückung, aber auch Klassenunterschiede und ethnische Benachteiligungen anprangerten (ebd.: 122). Kämpfe um kollektive Identität habe es also schon vor den *identity politics* gegeben. Diesem Befund lässt sich zunächst kaum widersprechen. Und doch mag er die allgemeine Wahrnehmung, dass sich das Spektrum der kollektiven Identitäten in den letzten fünfzig Jahren enorm erweitert hat, nicht so recht widerlegen. Eine zweite empirische Studie stützt diesen Einwand.

Collective Identity in the Straight Edge Movement (2004) von Ross Haenfler ist ein Beitrag, der beispielhaft zeigt, wie auch in kleineren Subkulturen Bewegungen entstehen, die wesentlich durch identitätsbasierte Mechanismen beschrieben werden können. Konkret geht es um das *straight edge movement*, eine Anfang der 1980er Jahre entstandene Strömung innerhalb der Punkszene, die jedoch vom Nihilismus und der (Selbst-)Destruktivität letzterer Abstand nahm und eine drogenfreie und positive Grundhaltung propagierte. Musikalisch versuchte sich die

Straight-Edge-Szene mit schnelleren Takten und atonalen Harmonien, später auch mit Stilmitteln des Heavy Metal (*new school hardcore*) vom klassischen Drei-Akkorde-Punk abzugrenzen. Sie war, wie die Hardcore-Punk-Szene im Allgemeinen, der sie zuzurechnen ist, mehrheitlich ein Phänomen der weißen, jungen und männlichen Mittelschicht (ebd.: 787). Haenfler selbst gehörte der Szene aktiv an und sein Material basierte dementsprechend auf teilnehmenden Beobachtungen und qualitativen Einzelinterviews (n = 30).

Das Besondere am *straight edge movement* im Vergleich zu vielen anderen Sozialen Bewegungen sei seine Diffusität (ebd.: 789ff.). Es würden keine klassischen Organisationen mit Führungsebene und Mitgliederbasis existieren, sondern die Bewegungsstruktur sei geprägt von dezentralen und informellen Netzwerken, die durch persönlichen Kontakt (auf Konzerten, Festivals oder in Internetforen) entstehen und aufrechterhalten werden. Zudem lege die Bewegung (zumindest ideell) bewusst Wert auf Nicht-Professionalität: *Do it yourself* (DIY) gehöre zu den Grundprinzipien von *straight edge* (ebd.: 788).

Dementsprechend werde die Bewegung nicht durch Organisationsstruktur und -ziele, sondern durch die kollektive Identität an sich integriert: »Though they lacked a discernible organization with concrete tasks or goals, sXers [*straight edgers*; H.B.] often spoke of their commitment to sXe, bonding primarily to the *identity* itself, rather than a particular goal, specific organization, or abstract cause.« (ebd.: 792) Die lose Organisationsstruktur scheint demnach zu einer gesteigerten Form der Verpflichtung gegenüber anderen und dem eigenen Selbst zu führen, die vor allem durch eine aufgeladene Rhetorik (*brotherhood, backstabbing, disappointment, live long commitment*; ebd.: 793) zum Ausdruck gebracht wird.

Auch die Teilnahme an Protestaktionen funktioniert in diffusen Bewegungen wie *straight edge* anders als in klassischen: die Trennung des Politischen und Privaten wird aufgehoben, indem die Zugehörigkeit zur Bewegung im Alltag beständig signalisiert und durch typisches Verhalten performativ reproduziert wird. In der Straight-Edge-Szene geschieht dies besonders emblematisch durch das Display des Buchstabens ›X‹ (oder in der Form ›XXX‹) auf der Kleidung, aufgemalt auf dem

Handrücken oder als Tätowierung. Außerdem betonten Haenflers Interviewpartner*innen, *straight edge* sei ein *lifestyle*. Er umfasse »essential, secondary, and peripheral behaviors« (ebd.: 794) wie zum Beispiel Alkoholabstinenz (*essential behavior*), Veganismus (*secondary behavior*) und das Spielen in einer Band (*peripheral behavior*).

Schließlich seien die Ziele und Taktiken ebenfalls fundamental anderer Natur als jene der Bewegungen, mit denen sich die Bewegungsforschung typischerweise beschäftigt. Hier ist es ebenfalls das alltägliche, identitätsfixierte Verhalten, das den Unterschied ausmacht: durch das Vorleben alternativer Lebensmodelle soll die Umwelt motiviert werden, die eigene Lebensweise zu überdenken. So werde inkrementell die Gesellschaft im Sinne der Bewegung verändert (ebd.: 796ff.). Die *kollektive Identität* stellt hier gleichermaßen das Zentrum der Motivation, Organisation, Zielsetzung und Strategie dar – Elemente, die in der Bewegungsforschung vorher relativ losgelöst voneinander untersucht wurden.

Das *global justice movement* ist ein anderes Beispiel, mit dem das traditionelle Verständnis Sozialer Bewegungen herausgefordert wird, wie Cristina Flesher Fominaya in *Creating Cohesion from Diversity: The Challenge of Collective Identity Formation in the Global Justice Movement* (2010b) zeigte. In diesem Fall ist es allerdings gerade die Diffusion der kollektiven Identität, die bisherige theoretische Konzepte vor große Herausforderungen zu stellen scheint. Zumindest liegt diese Vermutung nahe, wenn man sich die heterogene Zusammensetzung des *global justice movement* vor Augen führt. Flesher Fominaya (ebd.: 378) wollte zeigen, dass die Theorie kollektiver Identität dennoch (oder gerade hier) ein wichtiges Werkzeug zur Erklärung der Dynamik einer Bewegung zur Verfügung stellt.

Auch ihre Studie basierte auf teilnehmenden Beobachtungen und qualitativen Interviews (n = 31) sowie Analysen von Emaillisten und Webseiten. Konkretes Untersuchungsobjekt (ebd.: 381) war das Madrider Antiglobalisierungsnetzwerk und insbesondere die Gruppen European Social Consultation, Disobedience Lab und Horizontal Space Against War.

Eine wichtige Funktion für die Konstruktion einer gemeinsamen kollektiven Identität innerhalb dieses Netzwerkes hatten laut Flesher

Fominaya (ebd.: 383ff.) die wöchentlichen basisdemokratischen Generalversammlungen (*assemblies*) in selbstverwalteten Zentren (*spaces*). Dort würden sowohl die kulturellen, alltäglichen, emotionalen, prä-politischen Grundlagen der Identitätsformation gelegt (*latent moment*) als auch Aktionen geplant und Sichtbarkeit erzeugt (*visible moment*) – zwei Momente, die in Meluccis Analyse Sozialer Bewegungen (1989) als getrennte Sphären aufgefasst wurden (Flesher Fominaya 2010b: 384f.). Insbesondere bei Gruppen, die sehr heterogen sind, sei dieser direkte Kontakt aber unerlässlich, um eine gemeinsame Linie zu entwickeln: »In heterogeneous groups, if the dynamic in the assembly is participatory, tensions and conflicts can be negotiated. The participatory assembly validates activists emotionally, helps them feel comfortable and connected to other activists, and works to integrate them into the group.« (ebd.: 385)

Damit Versammlungen diese Funktion erfüllen können, müssten sie nicht nur *emotional* aufgeladen, sondern auch *effektiv* sein und den Teilnehmer*innen das Gefühl vermitteln, dass die Treffen mittelfristig zu wirksamen Aktionen führen. Anderenfalls würden sich die Zusammenschlüsse über kurz oder lang wieder auflösen, wie im Fall der Gruppe Social European Consultation, die zwar über gemeinsame Aktivitäten in der Freizeit (insbesondere nach den Treffen) zunächst schnell zusammenwuchs, aber nach vier Jahren erfolgloser Mobilisierungsbemühungen letztlich auseinanderbrach und nur Ansätze einer gemeinsamen Identität habe entwickeln können (ebd.: 386f.). Im Disobedience Lab habe dagegen die emotionale Basis gefehlt. Teile der Gruppe hätten sich als intellektuelle Avantgarde begriffen (insbesondere die Vereinigung Nomad University) und Konflikte innerhalb der linken Szene (aber auch innerhalb der eigenen Gruppe) forciert. Die Desintegration vollzog sich entsprechend noch schneller: Das Disobedience Lab wurde bereits nach drei Monaten wieder aufgelöst (ebd.: 390ff.). Das erfolgreichste Beispiel, das Flesher Fominaya (ebd.: 394ff.) anführte, war das Projekt Horizontal Space Against War. Ebenfalls vier Jahre aktiv, schaffte es die Gruppe, eine Vielzahl antimilitaristischer Aktionen und Workshops gegen den Irakkrieg zu organisieren. Erfolge, die gemäß der Mitglieder auf die gute Stimmung in der Gruppe und die gelungene Identifikation mit der Gruppe zurückführbar waren.

»[A]s time passes you have more shared stories, more things in common, more difficult situations that you have overcome together. There is affinity, a similar discourse – we have common objectives and personal chemistry, which is really important because that is how networks are created. You ... get to know each other, go to actions together, get beaten up together ... And then you have a basis to reach out to other groups and connect with them like the dinners that we organize with the Nod.o« (*Txema* zit. nach Flesher Fominaya 2010b: 397)

Diese geteilte Erfahrung auf persönlicher und politischer Ebene erzeuge eine wirksame kollektive Identität, die später bei der Formierung neuer Gruppen wieder aufgegriffen werden und deren Erfolg begünstigen könne.

6.2.2 Atomkraft, Frauenrechte und Globalisierung aus Sicht der *Framing*-Theorie

Im Vergleich zum *Collective-Identity*-Ansatz war die *Framing*-Theorie bereits von Beginn an wesentlich empiriegesättigter. Ihre Entwicklung in den 1980er Jahren erfolgte im Rahmen größerer empirischer Forschungsprojekte wie der *Unjust-Authority*-Studie von William A. Gamson und Kollegen (1982) oder den Untersuchungen von David A. Snow, Robert D. Benford und E. Burke Rochford zu buddhistischen Bewegungen, dem *hare krishna movement*, der Friedensbewegung und verschiedenen Nachbarschaftsbewegungen (Snow 1979; 1987; Rochford 1985; Snow u. a. 1986). Doch auch nach dieser Gründungsphase sind zahlreiche, durch die *Framing*-Theorie inspirierte, empirische Untersuchungen durchgeführt worden. Ein kleiner Auszug, der die Bandbreite dieser Anwendungsgebiete aufzeigt, sei im Folgenden vorgestellt.

Eine der wenigen zeit- und themenübergreifenden Konstanten Sozialer Bewegungen scheint die Tendenz zur Spaltung bei hinreichender Größe. Soziale Bewegungen bestehen in der Regel aus verschiedenen Gruppen mit abweichenden Schwerpunktsetzungen. Solche *social movement organizations* (SMO) haben nicht selten sehr unterschiedliche Vorstellungen davon, was genau das Problem ist, wer die Schuldigen sind, welche Taktiken geeignet wären, um erfolgreich zu sein, und wen man eigentlich erreichen will.

Mit eben diesem multiplen Konfliktpotenzial *innerhalb* Sozialer Bewegungen beschäftigte sich Robert D. Benford in seiner Studie *Frame Disputes in the Nuclear Disarmament Movement* (1993). Das umfangreiche empirische Material hierfür stammte noch aus der Zeit, als Benford seine *master thesis* am Department of Sociology der University of Texas in Austin verfasste (Benford 1984) und bestand aus insgesamt 961 Seiten an Feldnotizen, 21 narrativen Interviews mit Kernaktivist*innen, 132 informellen Interviews mit sonstigen Mitgliedern und 1.400 weiteren Dokumenten, die von den oder über die insgesamt zwölf untersuchten aktiven Bewegungsorganisationen des *nuclear disarmament movement* der Region Austin (Texas) verfasst worden waren (Benford 1993: 679f.).

Im Kern der Arbeit stand dabei – anknüpfend an die oben ausführlich behandelte frühere Publikation mit David A. Snow (Snow/Benford 1988) – die Problematik (Benford 1993: 678f.), wie die verschiedenen SMOs *diagnostic frame disputes, prognostic frame disputes* und *frame resonance disputes* – bei Snow und Benford (1988: 201ff.) als *motivational framing* bezeichneter *core framing task* – lösen konnten. Bei ersterem Konflikt geht es zum einen um die exakte Definition des Missstands und zum anderen um die Bestimmung seiner Ursache. Ein *prognostic frame dispute* tritt dann auf, wenn sich die verschiedenen Organisationen nicht einig sind, was die konkreten Ziele und Taktiken der Bewegung sein sollten. Unterschiedliche Vorstellungen, wer genau bei öffentlichen Aktionen von den Zielen der Bewegung überzeugt werden soll, machen schließlich ein drittes Konfliktfeld aus.

Wie die meisten Sozialen Bewegungen bestand Benford (1993: 681) zufolge auch die texanische Friedensbewegung der frühen 1980er Jahre sowohl aus radikalen als auch aus moderaten Fraktionen. Dazwischen existierten liberale Gruppen, die eine Vermittlerrolle spielten. Von den 51 Auseinandersetzungen, die Benford beobachtete, fanden 19 (37,25 Prozent) zwischen radikalen und moderaten Gruppen und nur zwei (3,92 Prozent) zwischen Gruppen der gleichen Fraktion statt (ebd.:

685). Zudem waren Gruppen der radikalen Fraktion in die meisten Konflikte (78,4 Prozent) involviert.

Die Auslöser dieser Debatten fielen in nahezu gleichem Maße in die drei genannten Themenbereiche (ebd.: 686), wobei Diagnosekonflikte etwas seltener auftraten. Am häufigsten wurde diesbezüglich darüber gestritten, ob man den Diagnoserahmen ausdehnen und andere Aspekte wie Armut, Schwulenrechte oder Feminismus mit aufgreifen sollte. Doch selbst in Situationen, in denen man sich darauf verständigen konnte, dass es zunächst darum geht, einen Atomkrieg zu verhindern, waren sich Radikale und Moderate uneinig, wer genau für die atomare Bedrohung zur Verantwortung zu ziehen sei. Als zum Beispiel die Lockheed Corporation, die in den 1970er Jahren in mehrere Bestechungsskandale bezüglich ihrer Militärflugzeugproduktion für Verbündete der USA verwickelt war, 1982 ankündigte, eine Fabrik im Großraum Austin zu bauen, mobilisierte eine der radikalsten Gruppen – Texas Mobe (TM) – zu Protesten: Lockheed sollte der Bad Neighbor Award verliehen werden. Eine andere, moderate Gruppe – Austin Nuclear Weapons Freeze Campaign (ANFWC) –, versuchte dies mit dem Argument zu unterbinden, man solle Lockheed zunächst einmal eine Chance geben: »As far as I could see Lockheed had done nothing except to decide to move to Austin and they [TM] were all over Lockheed calling them the ›corporate bad neighbor‹ and really vilifying them. And as far as I could see they really hadn't done anything yet.« (ein Mitglied von ANWFC; zit. nach Benford 1993: 689)

Eine zweite Quelle des Konflikts lag in der unterschiedlichen Interpretation dessen, was eigentlich erreicht werden soll und wie es erreicht werden kann. Einen gemeinsamen Prognoserahmen zu finden, habe sich für Austins Friedensbewegung ebenfalls als schwierig herausgestellt, wenn radikale und moderate Gruppierungen aufeinandertrafen. Auf einen Vorschlag eines ANWFC-Mitglieds hin, eine Petition zu unterstützen, die um die einjährige Verschiebung der Stationierung der Euromissiles warb, erwiderte ein TM-Mitglied, dies könne nicht die ultimative Forderung der Bewegung sein, schließlich sei das sogar im *Congress* mehrheitsfähig (ebd.: 689). Die strategische Ausrichtung von TM wurde wiederum von anderen Gruppen als ›Spektakel‹ abgetan. »Underlying such tactical disputes were differences across the movement's factions regarding the relative amount of attention that should be devoted to either consensus or to action mobilization.« (ebd.: 690) Während die radikaleren Gruppen sich nicht damit aufhalten wollten, skeptische Bevölkerungsteile durch populäre Aktionen zu überzeugen, sondern direkt etwas wirkungsvolles zu unternehmen gedachten, sei es moderaten SMOs zunächst darum zu tun gewesen, Mehrheiten – und das heißt konkret: die Mittelschicht – zu gewinnen.

Eng verknüpft mit diesen strategischen Differenzen waren *frame resonance disputes*. Die Frage, die sich in diesem Zusammenhang stellte, war: Wie schafft man es, den richtigen Ton zu treffen (»to strike a responsive chord«; ebd.: 679), sodass potenzielle Mitglieder sich animiert fühlen, mitzumachen? Um dies zu gewährleisten, müssten *frames* konsistent (*consistent*) und glaubwürdig (*credible*) sein sowie mit der Erfahrungswelt der Akteure (*experiential commensurability*) und kulturellen Narrativen (*narrative fidelity*) resonieren (ebd.: 692f.).

Die *Konsistenz* der Positionen des eigentlich relativ gemäßigten Red River Peace Network (RRPN) wurde zum Beispiel in Frage gestellt, als bei einer Aktion der Gruppe Mitglieder der Revolutionary Communist Party teilnahmen und die amerikanische Fahne verbrennen wollten. Debatten um die *Glaubwürdigkeit* der Argumente der Bewegung entwickelten sich wiederum, als es darum ging, anhand von Filmen zu Hiroshima und Nagasaki der Bevölkerung die Gefahren der Euromissile-Stationierung näherzubringen. Radikale Gruppe wendeten ein, die Verbindung zwischen beiden Ereignissen sei zu abstrakt, um wirklich Menschen zu mobilisieren. Doch nicht nur die Argumente selbst, sondern auch die Person die sie vorträgt, müssen glaubwürdig sein: Benford (ebd.: 693) führte hier das Beispiel einer Diskussion an, in der es darum ging, ob man einen ehemaligen General als Redner einladen solle, um auch die Vätergeneration zu erreichen. Konflikte bezüglich der *Alltagsrelevanz* der angebotenen *frames* finden sich in Benfords empirischem Materials nur wenige und wenn, dann waren sie, wie in einer Debatte darum, auf welchem Weg insbesondere ethnische Minderheiten erreicht werden könnten, mit dem Problem des angemessenen Umfangs des diagnostischen *frames* verknüpft. Die Bezugnahme auf verbreitete Mythen und *kulturelle Erzählungen* fand sich hingegen öfter, so etwa als eine Gruppe, die den Slogan *take it to the streets* vorschlägt, darauf hingewiesen wurde, dass man doch nicht mehr in den 1960er Jahren lebe.

Schließlich diskutierte Benford die Konsequenzen der beschriebenen Konflikte. Seiner Meinung nach waren diese nicht unbedingt nur negativ:

»Conflicts over interpretive issues (1) led to the demobilization of some SMOs but promoted the mobilization of others, (2) depleted resources and diminished returns but resulted in the concentration of resources and enhanced the movement's efficiency, (3) provoked factionalism but encouraged cohesiveness, and (4) stimulated a division of interpretive labor but created voids in the performance of specific interpretive tasks.« (ebd.: 694)

Fokussierte Benfords Aufsatz vor allem auf das Konkurrenzverhältnis zwischen Organisationen *innerhalb* einer Sozialen Bewegung, so beschäftigte sich Deana A. Rohlingers (2002) Studie *Framing the Abortion Debate* vor allem mit Konflikten *zwischen* oppositionellen SMOs. Diese würden versuchen ihre jeweiligen *frames* und *packages* unter Verwendung der Medien zu lancieren und so die öffentliche Meinung im Sinne der eigenen Bewegungsposition zu beeinflussen (ebd.: 480). *Frames* werden definiert als »a central organizing idea that tells an audience what is at issue and outlines the boundaries of a debate« (ebd.). SMOs würden *frames* benutzen, um gängige Praxen und Wahrnehmungen zu problematisieren, die zugrunde liegenden Ursachen und Verantwortlichen zu benennen, eine Lösung zu präsentieren und Akteur*innen zu mobilisieren (ebd.; vgl. auch Snow/Benford 1988). Unter *packages* versteht Rohlinger wiederum »a set of ideas that are related to the frame and are used to structure and negotiate an issue's meaning over time« (Rohlinger 2002: 480). Sie kämen vor allem als Gegenstrategie zum Einsatz, um auf oppositionelle Vorstöße zu reagieren (ebd.; vgl. auch Gamson/Mondigliani 1989).

Im Zentrum von Rohlingers Arbeit steht die amerikanische Debatte um Abtreibung in den 1980er und 1990er Jahren. Stellvertretend für die beiden diametralen Positionen in dieser Auseinandersetzung – *pro choice* und *pro life* – wurden zwei Organisationen untersucht: die National Organization for Women (NOW), die neben anderen feministischen Forderungen auch für das weibliche Recht auf Abtreibung eintrat, sowie die Gruppe Concerned Women for America (CWA), die zwar ebenfalls für Frauenrechte stritt, aber gegen Abtreibung und für ein ›Recht auf Leben‹ votierte.

Die vergleichende Untersuchung der beiden Organisationen zeigte, dass den *Framing*-Bemühungen der SMOs enge Grenzen gesetzt sind durch das interne Selbstverständnis (*organizational identity*) auf der einen Seite und die *counter frames* (Rohlinger 2002: 482) oppositioneller Organisationen sowie die Parteilichkeit der Medien auf der anderen. Rohlinger hat sowohl Archiv- und Interviewmaterial der Organisationen (vier Mitarbeiter*innen von CWA wurden befragt; NOW erlaubte Zugang zum Archiv, jedoch keine Interviews) als auch Artikel, die in nationalen Tages- und Wochenzeitungen (*New York Times, Time, Newsweek, Nation, National Review*) im Zeitraum drei wichtiger Supreme-Court-Entscheidungen zu Abtreibungen publiziert wurden, ausgewertet (ebd.: 484ff.). Vier Fragen standen dabei im Mittelpunkt: (i) Welche *frames* und *packages* entwickelten beide Organisationen in der Debatte? (ii) Wurden jene *frames* und *packages* im Laufe der Zeit angepasst beziehungsweise verändert? (iii) Welche Strategien wendeten die Organisationen an, um Medien auf sich aufmerksam zu machen? (iv) Wie wurde über die Organisationen berichtet?

Die beiden allgemeinen *frames*, die man gegeneinander auszuspielen versuchte, waren der *rights frame* und der *morals frame*: »The ›rights‹ frame argues that women have the civil and constitutional right to control their bodies, while the ›morals‹ frame posits that sanctity of human life is the most important value and, as such, abortion is a sin against God and man.« (ebd.: 485) Zusätzlich wurden spezifische *packages* entwickelt, die insbesondere im Fall von NOW im Laufe der Zeit nach einigen gerichtlichen Niederlagen angepasst werden mussten. So tauschte man die martialische Rhetorik der späten 1980er Jahre, die Abtreibungsgegner*innen als ›Terrorist*innen‹ bezeichnete, ab 1989 gegen eine opportunere aus, die den Ton der offiziellen Entscheidungsträger*innen in Washington besser zu treffen vermochte (ebd.: 488). CWA auf der anderen Seite passte eigene *packages* kaum an die aktuellen Entwicklungen an, beharrte vielmehr darauf, dass es sich beim ›Schutz des ungeborenen Lebens‹ um einen absoluten Wert handle, der sich nicht verändere (ebd.: 492). Deutliche Grenzen wurden CWA zudem von der christlichen Grundausrichtung der eigenen Organisation auferlegt: »Because religion is a contested issue in the United States, especially in terms of the division between church and state, CWA's ability to construct culturally resonant frames and packages on political issues in the public sphere is limited.« (ebd.)

Generell legte CWA weitaus weniger Wert auf Berichterstattung in den Mainstreammedien als NOW, die eine professionelle Presseabteilung unterhielten und sogar mehrfach Public-Relations-Firmen beauftragten, um die öffentliche Wahrnehmung der Organisationen zu untersuchen (ebd.: 491). CWA ging davon aus, dass die großen Zeitungen ohnehin parteiisch seien und nicht damit zu rechnen wäre, dass liberale und säkulare Zeitungen wohlmeinende Artikel über die christlich geprägte Bewegung publizieren würden. Deshalb setzte CWA vor allem auf *Grassroots*-Strukturen. Dennoch hielt man die eigenen Mitglieder dazu an, wenn möglich auf Bibelreferenzen zu verzichten, wenn man mit den Medien sprach oder Leser*innenbriefe schrieb (ebd.: 492).

Diese Überzeugung schlägt sich denn auch in der tatsächlichen Berichterstattung über CWA nieder. Die Gruppe wurde nur in zwei der 316 analysierten Artikel (0,6 Prozent) genannt und war selbst unter den *Pro-life*-Organisationen, deren *packages* ohnehin weniger mediale Reichweite erlangten, eine der national am seltensten erwähnten SMOs. Von NOW lancierte *frames* und *packages* besaßen hingegen deutlich mehr Einfluss. Sie wurden in 34 der 316 Artikel (10,8 Prozent) erwähnt, zitiert oder anderweitig aufgegriffen. Im Vergleich zu anderen *Pro-choice*-SMOs lag NOW damit auf Rang drei, nur neun Nennungen hinter der Planned Parenthood Federation of America (PPFA) und acht Nennungen hinter der National Abortion Rights Action League (NARAL), die sich beide ausschließlich mit dem Thema Abtreibung beschäftigen (ebd.: 497ff.). Aufgrund der professionelleren Organisationsstruktur und universelleren Ausrichtung konnte NOW somit insgesamt besser auf mediale Anforderungen reagieren und war entsprechend erfolgreicher als CWA.

Ein Aufsatz der versucht, den *Framing*-Ansatz auf transnationale Soziale Bewegungen anzuwenden und gleichzeitig dessen implizite Annahmen bezüglich (i) nationaler Resonanz-Räume (Medien, staatliche Akteur*innen etc.) und (ii) der Bedeutung von SMOs in Frage stellt, ist Graeme Chesters' und Ian Welshs (2004) Studie über die Proteste anlässlich des Treffens des Internationalen Währungsfonds (IWF) und der Weltbank am 26. September 2000 in Prag. In *Rebel Colours: ›Framing‹ in Global Social Movements* beschreiben sie, wie *frames* relativ spontan und flexibel in einem heterogenen Bewegungsfeld konstruiert wurden und Wirkmächtigkeit erlangten. Diese gemeinsame, informelle und dynamische Sinnkonstruktion des »»strip of activity«« (Goffman 1974: 10; zit. nach Chesters/Welsh 2004: 316) der Protesthandlung habe mit den statischen *frame alignment processes*, wie sie Snow und seinen Kollegen vorschwebten, nicht viel gemeinsam: »[W]e are suggesting that rather than long term incremental progression towards enhanced alignment with a comparatively durable master frame, framing is instead much more contingent, not necessarily directed towards the prevailing POS [*political opportunity structures*; H.B.], and has the capacity to severely perturbate or disrupt established frames.« (ebd.)

Die Proteste gegen IWF und Weltbank im Herbst 2000 in Prag knüpften inhaltlich an jene an, die ein Jahr zuvor in Seattle stattgefunden hatten und als Initialzündung der Antiglobalisierungsbewegung gelten dürfen, und sollten die Bewegung durch einen ähnlichen Mobilisierungserfolg auch in Europa etablieren und weiter voranbringen. Aufgrund der großen Heterogenität der an der Vorbereitung beteiligten internationalen Gruppen (Anarchist*innen, Autonome, Kommunist*innen, Öko-Linke etc.), habe sich allerdings ziemlich schnell die Frage gestellt, auf welche Protestform und taktische Ausrichtung man sich einigen könne. Im Wesentlichen zirkulierten zwei konfligierende Strategien bei den Vorbereitungstreffen: die Idee einer klassischen Massendemonstration, die insbesondere von der Gruppe The International Socialists befürwortet wurde sowie der Vorschlag, dezentrale, aus einem breiten Repertoire bestehende, direkte Aktionen durchzuführen. Letzteres bevorzugten vor allem anarchistische und ökologisch-engagierte Aktivist*innen (ebd.: 321). Als eine Art Kompromiss habe man sich schließlich darauf einigen können, zunächst eine gemeinsame große Kundgebung abzuhalten und danach in drei Demonstrationszüge aufzuteilen, um auf unterschiedlichen Wegen so nah wie möglich an das Kongresszentrum, in dem sich die Vertreter*innen von IWF und Weltbank trafen, zu gelangen. Den unterschiedlichen Demonstrationszügen wurden dabei Farben zugeteilt: gelb, blau und pink.

Obwohl diese Farben gerade keine bestimmte politische und taktische Gruppierung repräsentieren sollten, habe sich im Laufe der Planung und am Tag der Proteste selbst eine gewisse Tendenz zur Lagerbildung entwickelt: Im gelben Zug versammelten sich größtenteils Mitglieder und Sympathisant*innen südeuropäischer, zapatistischer und basisdemokratischer Organisationen. Vor allem die italienischen Gruppen Associazione Ya Basta! und Tute Bianche spielten hier eine bedeutende Rolle. Der gelbe Demonstrationszug galt als am besten organisiert und am elaboriertesten. Eher aus anarchistischen und autonomen Gruppierungen bestehend, war der blaue Zug der kompromissloseste und konfrontativste. Viele der Teilnehmer*innen trugen Skimasken oder sogar Gasmasken, die in der direkten Auseinandersetzung mit der Polizei Schutz und Anonymität bieten sollten. In einem dritten Zug organisierten sich schließlich Gruppierungen, die eher kreative, expressive und karnevaleske Protestformen wählten. Die taktische Ausrichtung dieses pinken Demonstrationszugs fokussierte auf gewaltfreie Aktionen, die eine positive und ›frivole‹ Ausstrahlung haben sollten (ebd.: 326ff.).

Für Chesters und Welsh stellten diese farblichen Unterscheidungen einen Versuch dar, die Bewegung trotz sehr unterschiedlicher inhaltlicher und strategischer Ansichten zu integrieren:

»We would argue that in Prague the Rebel Colours were the smallest common denominator through which the complex set of orientations towards collective action exhibited by different individuals and groups were assimilated. Diversity of political perspective, preference for protest repertoire, distinctive cultures of resistance and strategic orientation were subsumed using a mechanism that allowed for difference, holding it in tension, both within the respective marches and between them.« (ebd.: 326)

›Gelb‹, als Rahmen, habe dabei Themen wie Kommunikation, Vermittlung und direkte Demokratie repräsentiert. Mittels symbolischer Handlungen (wie der ›Liquidierung‹ des IWF mittels mit Wasser gefüllter Luftballons) sollte sowohl Scharfsinnigkeit als auch ein gewisses Maß an Selbstironie ausgedrückt werden. Der blaue Rahmen hingegen lieferte eine Rechtfertigung, bis ans Limit zu gehen, und notfalls mittels Gewalt die taktischen Ziele zu erkämpfen. ›Pink‹ stand wiederum für spielerischen, lebensbejahenden und emotionalen Protest. »These colours were sense-making devices, which framed the event and justified the tactical and strategic repertoires adopted by the particular marches.« (ebd.: 332)

In dem Beitrag von Chesters und Welsh wird der Begriff *frame* deutlich von seiner ursprünglichen Bedeutung, die ihm Snow, Gamson und andere bezugnehmend auf Goffman in den 1980er Jahren gegeben hatten, entkoppelt. Dabei näherten sich Chesters und Welsh allerdings Goffman eher wieder an, als dass sie mit dessen Konzept des *framing* gebrochen hätten. Dies war nur deshalb möglich, weil im Nachhinein betrachtet der Rekurs auf Goffman in den klassischen Texten als recht kursorisch, eklektisch und inkonsequent bezeichnet werden muss. Die Goffman'sche *Framing*-Theorie diente dort eher als Namenspatron denn als theoretisches Hintergrundmodell, dessen Annahmen systemisch übertragen worden wären. Dementsprechend unklar und widersprüchlich blieb die Bedeutung der Begriffe *frame* und *framing* in den älteren Texten oft – trotz des wiederkehrenden Bezugs auf Goffmans Definition des *schemata of interpretation*. Kritikpunkte wie dieser sollen nun im letzten Abschnitt dieses Kapitels aufgegriffen und näher erläutert werden.

6.3 Kritik

Nicht nur der *Framing*-Ansatz, sondern auch seine Zeitgenossin, die *Collective-Identity*-Theorie, sind seit ihrer Niederschrift in den 1980er Jahren immer wieder mehr oder weniger scharfer Kritik ausgesetzt gewesen – sowohl ›feindlicher‹, die aus dem Lager anderer Theorieschulen kam, als auch ›freundschaftlicher‹, die von Autor*innen vorgebracht wurde, die selbst unter dieses ›kultursoziologische Paradigma‹ zu subsumieren sind.

6.3.1   Offene Fragen an die *Collective Identity Theory*

Eines der Hauptprobleme der Theorie kollektiver Identität besteht darin, dass sie sowohl Schwierigkeiten hat, das Verhältnis von kollektiver und individueller Identität (Poletta/Jasper 2001: 299f.) als auch jenes der verschiedenen kollektiven Identitäten zueinander (vor allem von Bewegungsidentität und SMO-Identität; Flesher Fominaya 2010a: 398ff.) genauer zu bestimmen.

Mit dem ersten Aspekt hat sich vor allem die *social identity theory* (Tajfel/Turner 1979; 1986) beschäftigt, die in der Literatur zu Sozialen Bewegungen überraschenderweise nahezu vollkommen ignoriert wird. Dies ist sehr wahrscheinlich darauf zurückzuführen, dass sie im Gegensatz zur *collective identity theory* einen sozialpsychologischen Zugang wählt. Dieser erscheint aus Sicht des Sozialkonstruktivismus aber zu ›reduktionistisch‹, da er die Formierung der Gruppenidentität letztlich auf individuelle Interessen zurückführt. Laut Henri Tajfel und John H. Turner (1986: 16) stellen soziale Gruppen Individuen eine Möglichkeit zur Verfügung, sich sozial zu verorten und so ihre eigene Identität aufzuwerten: »Social groups [...] provide their members with an identification of themselves in social terms. [...] They define the individual as similar to or different from, as ›better‹ or ›worse‹, than members of other groups.« (ebd.) Die soziale Identität ist demnach jener Teil des Selbst, der sich aus der Zugehörigkeit zu sozialen Gruppen ergibt. Durch den für die Ingroup vorteilhaften Vergleich mit anderen Gruppen (Outgroups) wird die soziale und damit gleichermaßen die individuelle Identität aufgewertet.

Eng damit verknüpft ist die Frage nach dem Verhältnis von Eigeninteresse und Gruppeninteresse: In der *social identity theory* sind beide Aspekte unmittelbar miteinander verknüpft, da eine positive Bewertung der Gruppe mit einer positiven Bewertung des Selbst einhergeht. Im Falle der *collective identity theory* stellt sich der Sachverhalt etwas komplizierter dar, weil unter Umständen die Identifizierung mit einer Sozialen Bewegung oder einer bestimmten SMO zum bereits mehrfach diskutierten *freeriding* führen könnte (siehe Kapitel 4). Soziale Bewegungen müssen demnach, wie, anknüpfend an Mancur Olsons Theorie kollektiven

Handelns bereits festgehalten wurde, selektive Anreize zur Verfügung stellen, die den Hang zum Trittbrettfahren kompensieren. Aus Sicht der *social identity theory* lässt sich vermuten, dass Gruppenidentitäten solche selektiven Anreize bieten – die Identität des/der politischen Aktivist*in also hinreichend positiv besetzt ist, sodass die entstehenden Kosten des Aktivismus kompensiert werden (Opp 2009: 229). Die an Olson anknüpfende *Rational-Choice*-Perspektive auf Soziale Bewegungen wurde freilich wiederum vonseiten des kultursoziologischen Paradigmas ob ihrer Ignoranz gegenüber den symbolischen Dimensionen des Protests kritisiert.

Ein zweiter Problemkomplex ergibt sich aus dem Verhältnis von Bewegungsidentität und SMO-Identität. Bereits die Unterscheidung impliziert, dass kollektive Identitäten auch desintegrativ wirken können, denn vor allem starke SMO-Identitäten tragen oft zur Spaltung und Marginalisierung Sozialer Bewegungen bei. Ob wiederum kollektive Identitäten auf der Bewegungsebene überhaupt langfristig existieren können, ist in der Forschung umstritten und nicht wenige bezweifeln dies grundlegend (Saunders 2008). In der Konsequenz wären kollektive Identitäten nur auf der Ebene der SMOs zu finden und diese gruppenspezifischen Identitäten könnten mindestens genauso oft zum Untergang wie zum Aufstieg einer Sozialen Bewegung führen. Weniger kritische Stimmen (Rupp/Taylor 1999) argumentieren, dass trotz dieser Binnenkonkurrenz innerhalb einer Sozialen Bewegung oft erfolgreiche Koalitionen gebildet werden können. Trotz unterschiedlicher Auffassungen das Ziel, die Mittel und das gesellschaftliche Umfeld betreffend, seien gemeinsame Aktionen möglich. Die Geschichte Sozialer Bewegungen ist durchaus reich an Belegen für diese These. Dennoch offenbart sich in dieser Debatte eine konzeptuelle Leerstelle, die bisher noch nicht zufriedenstellend gefüllt wurde: »[S]cholars need to examine more closely the relations between different levels of collective identity.« (Flesher Fominaya 2010a: 401)

Eine dritte kritische Perspektive eröffnete Kevin McDonald (2002) in *From Solidarity to Fluidity: Social Movements Beyond ›Collective Identity‹ – The Case Of Globalization Conflicts*. Angesichts der zunehmenden Individualisierung, Desintegration und Fluidität von Identitäten sei der

Begriff der kollektiven Identität ein konzeptuelles Risiko (*conceptual liability*; ebd.: 124). Die *collective identity theory* habe zwei wesentliche gesellschaftliche Entwicklungen nicht zur Kenntnis genommen: Zum einen werde mit kollektiven Handlungen nicht mehr Solidarität, sondern Fluidität (*fluidarity*) ausgedrückt. An die Stelle von stabilen, auf Langfristigkeit ausgerichteten Solidaritätsgruppen und Organisationen würden temporäre Netzwerke (vgl. auch Castells 2000) treten, die »›biodegradable‹« (Flesher Fominaya 2010a: 400) sein sollen und die Flexibilität und Spontanität der Protestformen repräsentieren. Zum anderen seien die Proteste Ausdruck eines Bedürfnisses nach öffentlicher Selbsterfahrung: »[W]e need to break with a paradigm of ›collective identity‹ and begin to explore social movements and conflicts in terms of a ›public experience of self‹. This points to an emerging pattern of social movement where it is not ›collective identity‹ that is mobilized, but where action instead needs to be understood in terms of a shared struggle for *personal experience*.« (McDonald 2002: 124f.; Hervorhebung H.B.).

Mit dieser Kritik an einer scheinbar antiquierten Sicht auf neuere Phänomene des Protests ist McDonald nicht allein. Die Vernachlässigung des expressiven und spontanen Charakters neuester Sozialer Bewegungen wird auch dem *Framing*-Ansatz inzwischen häufig nachgesagt, was angesichts dessen starker Fokussierung auf Organisationen und ihren annahmegemäß klar definierten Zielen und Strategien nicht überraschen dürfte.

6.3.2   Probleme der *Framing*-Theorie

Den Versuch, eine diffuse und heterogene Soziale Bewegung mittels *Framing*-Theorie zu verstehen, stellt die oben referierte Studie von Graeme Chesters und Ian Welsh (2004) dar. Dort lässt sich das Fremdeln des *Framing*-Ansatzes mit Bewegungen, die keine klare Organisationsstruktur ausbilden, deutlich erkennen. Zwar versuchen Chesters und Welsh, indem sie den Farben der verschiedenen Demonstrationszüge den Begriff *frame* überstülpen, das Phänomen paradigmaintern zu erklären, wirklich zu überzeugen vermag das Konzept in diesem Zusammenhang jedoch nicht. Denn sicherlich dienten die verschiedenen Farben den Protestierenden als grobe Orientierung, welcher Zug in etwa ihr taktisches Repertoire repräsentiert, wenn man die Farbcodes jedoch als *sense-making devices* (ebd.: 332) überinterpretiert, strapaziert man möglicherweise den Begriff *frame* zu sehr.

Das Beispiel ist keine Ausnahme: Wie bereits angemerkt, wird der Begriff in der Literatur recht vage verwendet und obwohl die meisten Autor*innen sich einer sozialpsychologischen Reduktion erwehren, scheint es doch so, als ob damit in den meisten Fällen psychische Schemen bezeichnet werden, die, auch wenn sie sozial geteilt werden, wesentlich als kognitive Phänomene gelten. Weder die angesprochene Expressivität neuerer Protestformen noch die Sinn- und Bedeutungskrisen, die verschiedene ›Kommunikationsguerilla‹-Taktiken bewusst beim Betrachtenden auslösen wollen, sind mit dem *Framing*-Ansatz nachvollziehbar. Ganz im Gegenteil: Die axiomatische Notwendigkeit der öffentlichen Resonanz von *frames* oder *packages* – der ersehnte Zuspruch der Medien und breiteren Bevölkerung – lässt Proteste in einem eher harmonischen Licht erscheinen. Das damit entstehende Bild institutionalisierten Widerstands mag für weite Teile der Umwelt- oder Frauenbewegung (inzwischen) zutreffen, für radikalere Gruppen und Bewegungen passt es jedoch kaum.

Auch Francesca Poletta (2006) kritisiert die damit zusammenhängende Hintergrundannahme eines organisierten instrumentellen Einsatzes von *frames*. Stattdessen empfiehlt sie den Begriff *story*:

»[F]raming theorists may be wrong to insist that people need a clear specification of agents, antagonists, and targets, and an easily interpretable rationale for participation. The stories protesters tell to make sense of what is happening may compel others to listen and to act not by providing a sense of the ease or efficacy of protest, but by reproducing its inexplicable character.« (ebd.: 45)

Diese *stories* müssten im Gegensatz zu Frames nicht zwangsläufig glaubwürdig und konsistent sein, sondern vor allem die Menschen berühren. Gerade die jüngsten Erfolge fremdenfeindlicher Bewegungen in großen Teilen der Welt deuten darauf hin, dass Narrative, die Ängste und Verunsicherungen der Menschen aufgreifen, nicht konsistent sein müssen, um Akteur*innen zu mobilisieren.

Marc C. Steinberg (1998) versucht eher, das zugrunde liegende ›diskursive‹ Grundgerüst von *frames* zu explizieren. Er weißt darauf hin, dass es der bisherigen *Framing*-Theorie noch nicht gelungen sei, die Dynamiken und Konflikte, die zur Entstehung bestimmter *frames* führen, zu explizieren. Deshalb schlägt er ein »dialogic model of framing« vor, das nachzeichnet, wie in heterogenen Bewegungen »discursive repertoires« (ebd.: 860) ausgehandelt und Bedeutungen aktiv reproduziert werden. Gelingt dieser Aushandlungsprozess nicht, zum Beispiel, weil sich die Bewegungsorganisation zu weit von ihrer Mitgliederbasis entfernt, könne dies zu Instabilität, Unzufriedenheit und zum Abwandern von Mitgliedern führen (ebd.: 859ff.).

Weder Steinberg noch Robert D. Benfords *An Insider's Critique of the Social Movement Framing Perspective* (1997) versuchen jedoch den *Framing*-Begriff völlig zu ersetzen. Vielmehr geht es ihnen um eine theoretische Präzisierung. Benford etwa, eine der zentralen Figuren, die den ursprünglichen Ansatz entwickelten, kritisierte folgende Punkte: »neglect of systematic empirical studies, descriptive bias, static tendencies, reification, reductionism, elite bias, and monolithic tendencies« (ebd.: 409). Demnach gebe es zwar nicht wenige empirische Arbeiten, die den *Framing*-Ansatz zur Anwendung bringen, es fehle jedoch vor allem an vergleichenden Studien, sowohl den zeitlichen Rahmen als auch die Bewegungen und Fallbeispiele betreffend. Weiterhin mangle es vielen Studien an methodischer Kompetenz und konzeptueller Präzision (ebd.: 411ff.). Zudem sei ein Großteil der *Framing*-Literatur ausschließlich deskriptiv ausgerichtet und mit der Identifizierung verschiedener Typen von *frames* beschäftigt, statt analytisch nach den Mechanismen der *Framing*-Prozesse zu suchen. Diese bloße Beschreibung von *Frame*-Typen ignoriere weitgehend die Entstehungsgeschichte der einzelnen *frames* und wirke deshalb sehr statisch (ebd.: 415ff.). Mit dem Kritikpunkt der *reification* bezeichnete Benford die Tendenz, auf der einen Seite *frames* als Dinge zu behandeln und auf der anderen Seite Soziale Bewegungen zu vermenschlichen: Aussagen wie »Soziale Bewegungen produzieren *frames*« seien Ausdruck einer grundsätzlichen Vernachlässigung der Akteur*innenperspektive: »Social movements do not engage in protest, violence, frame contests, and the like; human beings do these things.«

(ebd.: 418) Gleichzeitig dürfe man aber *frames* auch nicht auf psychologische Mechanismen reduzieren. Es handle sich bei ihnen nicht um angeborene kognitive Schemata, sondern würden sie erst in Interaktionen dynamisch konstruiert. Diese soziale Konstruktion impliziert zugleich, dass Mitglieder und Außenstehende ihrerseits in den *Framing*-Prozess involviert sind, und nicht etwa einige Eliten bestimmte ›Knöpfe drücken‹, um *frames* nach Belieben ›einzusetzen‹ (ebd.: 421). Schließlich sei in der bisherigen Forschung zu wenig berücksichtigt worden, dass *frames* vielschichtig und keine ›monolithischen‹ Blöcke sind. Da es sich um interaktive Deutungsprozesse sozialer Situationen handelt, seien sie einer beständigen Modifikation unterworfen und mitunter widersprüchlich und inkonsistent.

7. Ausblick: Jüngere theoretische Entwicklungen in der Bewegungsforschung

Die 1980er und 1990er Jahre waren für die Bewegungsforschung durch grundlegende Paradigmen– und Perspektivwechsel gekennzeichnet. Die zentrale Forschungsperspektive verschob sich von der Frage nach dem Zusammenhang von Modernisierung und sozialem Wandel einerseits und der Entstehung Sozialer Bewegungen andererseits hin zu jener nach den Bedingungen erfolgreicher Mobilisierung. Hierbei geriet das Interesse an der inhaltlichen und ideologischen Ausrichtung der Mobilisierung weitgehend in den Hintergrund. Es scheint, als beginne sich die Idee durchzusetzen, dass Soziale Bewegungen, egal welcher Couleur, von ähnlichen Faktoren befördert oder behindert würden (Walder 2009: 398f.). Damit einher ging auch ein zunehmendes Interesse an hypothesentestenden, quantitativen Methoden (siehe Kapitel 4) zur Überprüfung ebendieser Theorien.

Die 2000er Jahre hingegen waren eher gekennzeichnet durch eine Ausdifferenzierung der theoretischen und empirischen Fragestellungen und Versuche, die bisherigen Paradigmen miteinander zu verbinden (Buechler 2016). Insbesondere die Ansätze der relativen Deprivation, der Ressourcenmobilisierung und der politischen Opportunitätsstrukturen sowie der kollektiven Identität und des *Framing* wurden zunehmend integriert, um komplexe Erklärungsansätze für Soziale Bewegungen zu generieren (Hellmann 1999; Tilly u. a. 2001; Della Porta/Diani 2009). Dieses Bedürfnis nach Synthese wird in der Literatur durchaus kritisch bewertet, waren die einzelnen Ansätze doch in gegenseitiger Abgrenzung voneinander entwickelt worden, »as alternatives, highlighting different aspects as the crucial dimension for explaining social movements« (Roose 2016: 5).[53] Waren in den Anfängen der Bewegungsforschung noch Massenpaniken, Soziale Bewegungen und Revolutionen als nach ähnlichen Mechanismen ablaufende soziale Phänomene betrachtet worden, so koppelten sich im Laufe der Jahre die Themenfelder ›Revolution und Gewalt‹ (Bercé 1987; Weede/Muller 1998; Della Porta 2006; Bosi/Malthaner 2015) sowie ›Netzwerke und Vernetzung‹ (Rosenthal u. a. 1985; Gould 1991; Castells 2015) zunehmend von der Bewegungsforschung im engeren Sinne ab. Eigene theoretische und empirische Zugänge, die von der Bewegungsforschung kaum noch zur Kenntnis genommen wurden, waren das Resultat (Walder 2009: 400ff.).

Die Dynamik der Bewegungsforschung in den 2000er Jahren beschreibt Steven M. Buechler folgendermaßen: »Ironically, the study of movements heated up at the same time many movements were cooling down.« (Buechler 2016: 178) Diese Abkühlung betraf in erster Linie die bereits in den 1970er Jahren aktiven Sozialen Bewegungen wie die Frauen-, Friedens-, Umwelt- oder Bürgerrechtsbewegungen, die zum Teil den erfolgreichen ›Marsch durch die Institutionen‹ angetreten hatten (und sich hier zum Beispiel als Gender-Mainstreaming oder in Form der Partei Die Grünen etablieren konnten).

Mit Blick auf die rege weltweite Mobilisierung seit den 2010er Jahren scheint es fast erstaunlich, dass sich in der Bewegungsforschung derzeit noch kein neuerlicher Paradigmenwechsel abzeichnet. Die Empirie wird intensiv beobachtet, neue Theorien und Modelle entwickeln sich jedoch nur zögerlich.[54] Viele Monografien versuchen sich an einem integrierten Überblick über die Bewegungsforschung (unter anderem Goodwin/Jasper 2014; Tilly/Wood 2015; Buechler 2016), die aktuellen Entwicklungen werden dabei in die bekannten Theoriefelder integriert.

---

53 Das kritisiert auch Buechler (2016: 191): »Just because theories address different levels of analysis or emphasize different variables, it does not follow that they can simply be combined into a synthesis.«

54 Eine Ausnahme stellt hier der Band von Jochen Roose und Hella Dietz (2016) dar, in dem explizit eine Übertragung unterschiedlicher Sozialtheorien (etwa Systemtheorie, Michel Foucaults Ideen der Gouvernementalität, Neo-Institutionalismus, Judith Butlers Überlegungen zur Anerkennung) in die Bewegungsforschung versucht wird.

Der aktuell stärkste theoretische Impuls scheint vom *cultural turn* – konkret: der neueren Technik-, Emotions- und Körpersoziologie – auszugehen. Da sich jedoch derzeit noch keine ausformulierten Ansätze in Bezug auf Soziale Bewegungen identifizieren lassen, wird dieses letzte Kapitel vor allem einen kursorischen Überblick über die aktuellen Bewegungen geben (7.1), das Thema Digitalisierung Sozialer Bewegungen aufgreifen (7.2), anhand von Judith Butlers Überlegungen einen Vorschlag machen, wie sich die Anerkennungstheorie in die Bewegungsforschung integrieren lassen könnte (7.3), und Ansätze zur Integration von körperbezogenen Theorien vorstellen (7.4).

7.1   Soziale Bewegungen in einer neoliberalen und global vernetzten Welt

Das Engagement in Sozialen Bewegungen ist auch in den letzten 25 Jahren eine der wichtigen Formen politischer Partizipation geblieben: Die 1990er Jahre waren geprägt vom Zerfall der Sowjetunion und den an ihm beteiligten Bewegungen.[55] In Polen waren es die von der unabhängigen Gewerkschaft Solidarność initiierten Streiks auf den Werften in Gdańsk und Gdynia in den späten 1980er Jahren, welche die kommunistische Regierung unter erheblichen Reformdruck setzten (Dietz 2015), in Deutschland die Montagsdemonstrationen in Leipzig (Opp 1991; Opp/Gern 1993; siehe Kapitel 4.3). In der Tschechoslowakei und Rumänien trugen ebenfalls Demonstrationen und Straßenproteste zum Untergang der jeweiligen Regimes bei.

Viele der neu entstandenen Staaten erlebten in den frühen 2000er Jahren ihre eigenen, unbewaffneten und (mehr oder minder) friedlichen Regierungswechsel, die unter dem Begriff der Farbrevolution medienwirksam bekannt wurden, weil hier Farben oder Pflanzen als Erkennungszeichen und zur Identitätsbildung benutzt wurden: Die Rosen-

---

55 Die politischen Umwälzungen, die sich 1989 in Osteuropa vollzogen, wären jedoch vermutlich nicht ohne den Reformwillen Michail Gorbatschows und der Politik von Glasnost und Perestroika erfolgreich gewesen (Görtemarker 2004).

revolution in Georgien 2003, die Orange Revolution 2004 in der Ukraine oder die Tulpenrevolution in Kirgisien 2005.

Aber nicht nur nationale Bewegungen machten in den 1990er und 2000er Jahren von sich reden: 1997 entstand das Netzwerk Attac als Teil der Antiglobalisierungsbewegung, die besondere massenmediale Sichtbarkeit erlangte, nachdem die dritte WTO-Konferenz in Seattle im Jahr 1999 nach gewalttätigen Ausschreitungen abgebrochen wurde. Die globalisierungskritische Bewegung, die sich danach weltweit entwickelte, von Anbeginn auf globale Vernetzung setzte und unterschiedliche korporative Akteure wie Gewerkschaften, Sozialforen, NGOs und individuelle Akteur*innen (Naomi Klein, Arundhati Roy oder Noam Chomsky) vereinte, machte noch einmal beim EU-Gipfel in Göteborg und beim G8-Gipfel in Genua (beides 2001) durch spektakuläre Aktionen und gewaltsamen Auseinandersetzungen mit Polizeikräften von sich Reden (Greffe u. a. 2002).

Die Jahre zwischen 2008 und 2011 waren gekennzeichnet von einer weltweiten Vitalisierung Sozialer Bewegungen, ausgelöst durch den Beinahe-Kollaps des Neoliberalismus im Zuge der weltweiten Finanzkrise 2008. Infolge der Bankrotterklärung der griechischen Regierung brachen im Dezember 2008 in Athen Unruhen aus, die vor allem von gut gebildeten Jugendlichen und dem Athener Mittelstand getragen wurden. Sie können als Startpunkt verschiedenartiger Bürgerproteste in Großstädten weltweit gesehen werden: Madrid, Jakarta, Manila, London und Tel Aviv sind nur einige der Orte, die zwischen Dezember 2008 und 2011 aufgrund unterschiedlich gewalttätiger Proteste in den Blickpunkt der Öffentlichkeit gerieten. Diese Bewegungen hatten keine einheitliche Agenda (Mason 2012: 3), sie standen aber alle den durch Austerität, Korruption und Internationalisierung gekennzeichneten nationalen Regierungspolitiken und ihren negativen Folgen für Lebensverhältnisse und Umverteilung kritisch gegenüber, forderten mehr politische Partizipation ein und mobilisierten über neue Medien wie Twitter, Facebook und Youtube bzw. vernetzten sich auf diese Weise international.

Ähnlich kulminierte Kritik an Repression, Gier und Korruption und den damit verbundenen negativen Folgen für das Überleben breiter Bevölkerungsschichten in einer Serie von Protesten in Ländern des Mittleren Ostens und Nordafrikas, die unter dem Begriff Arabischer Frühling bekannt wurden. Kritisches Ereignis war die Selbstverbrennung des Gemüsehändlers Mohamed Bouazizi in Reaktion auf Polizeiwillkür und Demütigungen in Tunesien. Innerhalb weniger Wochen entfesselten sich Massenunruhen im ganzen Land, die innerhalb eines Jahres in fast alle Länder der Region übersprangen.[56] Diese Proteste waren insofern besonders bemerkenswert, als sie in Ländern mit repressiven Regimen und unter Bedingungen massiver Nichtbeachtung von Bürger- und Menschenrechten stattfanden. In den meisten Fällen waren junge, gut ausgebildete Jugendliche wichtige Triebkräfte der öffentlichen Proteste. Ermöglicht wurden sie durch die schnelle Verbreitung von Nachrichten über die Internetmedien Twitter und Facebook, die auch garantierten, dass Ereignisse jenseits etablierter Massenmedien festgehalten und verbreitet werden konnten. So schrieb Paul Mason (2012: 35) über die Erschießung der Demonstrantin Neda Agha-Soltan durch Polizeikräfte in Teheran im Juni 2009: »[T]he whole world actually *was* watching.« Der zeitweise Erfolg der Bewegungen lässt sich nicht zuletzt darauf zurückführen, dass es sehr schnell gelang, nicht nur Bildungseliten, sondern klassen- und berufsgruppenübergreifend zu mobilisieren. Die destabilisierten Autokratien konnten jedoch bisher in den meisten Ländern nicht in stabile Demokratien überführt werden und die wenigsten der Forderungen nach politischer und ökonomischer Partizipation sind bis heute umgesetzt – in Syrien endeten die Proteste gegen die Politik des Regierungschefs Baschar al-Assad in einem Bürgerkrieg.[57]

---

56 Besonders nennenswert sind hier sicherlich die Ereignisse in Ägypten, Libyen, im Iran und in Syrien (Nordhausen/Schmid 2011; Mason 2012): In Ägypten führte der Aufstand, der am 25. Januar 2011 (dem ›Tag des Zorns‹) begann, zur erfolgreichen Absetzung, Verhaftung und Verurteilung des Regierungschefs Husni Mubarak. In Libyen begannen am 18. Februar 2011 Massenproteste in der Hafenstadt Banghazi, in deren Folge der damalige Staatschef Muammar al-Gaddafi abgesetzt wurde und ums Leben kam. Im Iran erfolgte zwar kein Regimewechsel, aber eine beachtliche Reihe sozialer Proteste in Form von Demonstrationen, zivilem Ungehorsam und *rooftop poems*, bei denen sich nachts auf den Dächern in Teheran trotz Versammlungsverbot Menschen trafen, »Allahu akbar« riefen und Gedichte vortrugen.
57 Vgl. hierzu ausführlich Andrea Backhaus (2016).

Seit 2011 sind auch wieder antikapitalistische Bewegungen unter der Überschrift *Occupy!* medienwirksam aktiv und beanspruchen den öffentlichen Raum für Kundgebungen und alternative Formen politischer Teilhabe: In Erinnerung an die Besetzung des Tahrir-Platzes in Kairo nur ein Jahr zuvor, besetzten Demonstrant*innen vom 17. September bis 15. November 2011 den Zuccotti-Park in New York, um für eine stärkere Kontrolle des Banken- und Finanzsektors zu protestieren, der für die Finanzkrise und ihre immer noch spürbaren Auswirkungen verantwortlich gemacht wurde. Mit dem Slogan »We are the 99 Percent« sollte auf die ungleiche Verteilung von Vermögen aufmerksam gemacht werden, und damit verbunden darauf, dass eine kleine gesellschaftliche Minderheit sich auf Kosten der Majorität bereichere und jene von wichtigen gesellschaftlichen Entscheidungen ausschlösse. Die Bewegungsagenda und ihre Losung fanden schnell eine weltweite Anhänger*innenschaft. Aktionen, Slogans und die Bewegungsforderungen inspirierten am Aktionstag (15. März 2012) Proteste in mehr als 1.000 Städten weltweit.

Kritik am globalen neoliberalen Kapitalismus und der damit assoziierten Ungleichverteilung von Vermögen und Mitspracherechten beflügeln jedoch auch die sich aktuell im Aufwind befindlichen ›rechtspopulistischen‹ Bewegungen und Parteien in Europa (Stavrakakis 2014).[58] Frankreich, die Niederlande, Ungarn, Österreich, Polen und Griechenland machten in diesem Kontext besonders von sich Reden, insofern hier rechtsnationale Parteien an Regierungen beteiligt sind oder bei den zur Niederschrift dieses Manuskripttexts bevorstehenden Wahlen des Jahres 2017 besonders aussichtsreich im Rennen liegen.[59] Rechtsnationale Parteien weisen oft weitreichende personelle und institutionelle Überschneidungen mit entsprechenden Sozialen Bewegungen auf oder

---

58 Rechtsnationale Bewegungen und Parteien sind jedoch weder in Europa noch in den USA neuartige Phänomene. Sie haben teils eine sehr lange Historie, wurden aber in den letzten Jahren vermehrt sichtbar und verzeichnen aktuell einen besonders hohen Zulauf (für Zentral- und Osteuropa im Vergleich zu den USA und anderen EU-Staaten vgl. etwa Mudde 2005).

59 Eines der wohl medienwirksamsten rechtsterroristischen Ereignisse fand jedoch am 19. Dezember 2011 in Norwegen statt, als Anders Behring Breivik mit einem Anschlag, dem 69 Menschen zum Opfer fielen, gegen die aus seiner Sicht verfehlte norwegische Integrationspolitik ›opponierte‹ (Backes 2013).

entspringen ihnen unmittelbar. Ihre explizit nationalistisch-exklusive Agenda entfaltet sich meist entlang von Forderungen nach ›Ordnung‹, ›Identität‹ und ›Autorität‹.

In Deutschland erlangte in diesem Zusammenhang die Bewegung Pegida (Patriotische Europäer gegen die Islamisierung des Abendlandes) besondere Bekanntheit. Pegida veranstaltet seit Oktober 2014 in Anlehnung an die Montagsdemonstrationen in Leipzig, die zur Abdankung des damaligen DDR-Regimes beigetragen hatten (siehe Kapitel 4.3), jeden Montag Demonstrationen vor der Semperoper in Dresden mit anschließenden ›Stadtspaziergängen‹. Dabei versammelten sich zeitweise bis zu 25.000 Demonstrierende. Pegida war so erfolgreich, dass den Dresdener Demonstrationen ähnliche in anderen Städten folgten und die neugegründete Partei AfD (Alternative für Deutschland) unter den Pegida-Aktivist*innen ausgesprochen erfolgreich Sympathisant*innen rekrutieren konnte (Speit 2016). Zentral für die Agenda von Pegida ist der Widerstand gegen eine vermeintliche ›Islamisierung‹ Deutschlands aufgrund der Asylpolitik der Bundesregierung. Dabei wird mit Slogans wie ›Lügenpresse‹ oder ›Volksverräter‹ das Unbehagen gegenüber der Regierung und der Medienberichterstattung artikuliert.[60] Als weitere Ingredienz der Agenda lässt sich die starke Ablehnung der EU identifizieren. Mobilisiert wurde mittels Internetaufrufen, was eine Organisation der Proteste mit geringem Mittelaufwand aber großer Sichtbarkeit ermöglichte (Rucht 2014: 3).

Bemerkenswert scheint dabei, dass Pegida in einer Region entstehen konnte, in der sich die Mehrheitsmeinung zu ›Ausländern‹ oder ›Demokratie-Defiziten‹ 2014 nicht wesentlich von der in anderen deutschen Großstädten unterschied. Auch scheint die Unzufriedenheit mit der aktuellen Lebenssituation hier nicht größer zu sein als in anderen Teilen Deutschlands: »Im Gegenteil: Sie [die Einstellung zu Ausländern; A.S.] war noch nie so positiv wie in den Jahren zuvor.« (Reuband 2016: 166)

---

60 Dieter Rucht (2014: 2) schätzt Pegida politisch wie folgt ein: »Insgesamt bietet sich ein schillerndes, teilweise widersprüchliches Bild, dessen rechtspopulistische, ausländerfeindliche und in Teilen auch rassistische Grundierung immer deutlicher hervortrat, auch wenn daneben, und insbesondere im 19-Punkte-Programm, teilweise moderate Töne angeschlagen werden.«

Relative ökonomisch und politisch motivierte Deprivation scheidet mithin als Erklärung für diese Proteste aus. Eine Langzeitstudie, die von Karl-Heinz Reuband und Mitarbeiter*innen im Dezember 2015, sowie Februar und April 2016 durchgeführt wurde, zeigte, dass die Mehrheit der an den Demonstrationen Beteiligten nicht aus Dresden selbst stammte, sondern aus anderen Teilen Sachsens. Die Mehrheit der Demonstrierenden war männlich, auch wenn andere Studien nahelegen, dass rechtsnationale Einstellungen unter Männern nicht häufiger verbreitet sind als unter Frauen (Krause u. a. 2015: 41). Unter den Pegida-Anhänger*innen fand sich zudem ein höherer Anteil gut Gebildeter. Reuband (2016: 172) bemerkt dazu: »Der Grund für die Überrepräsentation der besser Gebildeten unter den Teilnehmern des PEGIDA-Protests ist vermutlich darin zu sehen, dass sie generell eher bereit sind als schlechter Gebildete, politischen Protest auch in unkonventioneller Form – durch die Teilnahme an Demonstrationen – kundzutun.«

Die selbsteingeschätzte Wirkmächtigkeit war in den Befragungen gepaart mit der Überzeugung, die politische Mitte der Gesellschaft zu vertreten. Diese Perzeption scheint sich aus einem vermeintlich weit verbreiteten Antiislamismus, einstellungshomogenen personalen Netzen der Pegida-Aktivist*innen (*Bubble*-Effekt) und einer Ablehnung massenmedialer – korrigierender – Berichterstattung zusammenzusetzen. Im europäischen Kontext ist Pegida keine Ausnahmeerscheinung und kann als Beispiel für das, was Yannis Stavrakakis (2014: 505) »the return of ›the people‹« nennt, gelesen werden. Er verweist allerdings auch darauf, »[w]hat is popular for one is populist for somebody else, and vice versa« (ebd.: 505). Bereits Gustave Le Bon hatte ja mit seiner Massenpsychologie ›dem Volk‹ und seinen Protesten gegen die politischen Eliten der damaligen Zeit misstrauisch gegenüber gestanden. Im Zusammenhang politischer Beteiligung scheint es damit schwer, eine Demokratie ohne Populismus zu imaginieren (Stavrakakis 2014: 506). In diesem Sinne muss immer die Frage gestellt werden, wer ›das Volk‹ bezeichnet, in wessen Namen ›das Volk‹ Forderungen stellt und wer dabei ausgeschlossen bleibt und diskriminiert wird (siehe Kapitel 7.3).

7.2   Die Digitalisierung der *Social Networks*

In fast allen der hier vorgestellten aktuellen Sozialen Bewegungen spielt
die Mobilisierung und Organisation durch digitale Medien eine besondere Rolle: Onlinemobilisierung hat mit der zunehmenden Verbreitung
von Mobiltelefonen und Smartphones erheblich zugenommen und ersetzt zum Teil analoge Formen der Mobilisierung und Organisation. Betrachtet man die aktuellen Entwicklungen Sozialer Bewegungen weltweit, so wird schnell klar, dass die Digitalisierung der Kommunikation
den wichtigsten Unterschied zu früheren Sozialen Bewegungen darstellt:
Heute ziehen sie ihre Mobilisierungskraft wesentlich aus der Nutzung
digitaler Medien wie Twitter, Facebook, Youtube oder Instagram. Das
Smartphone verändert – vielleicht stärker noch als die weltweite Verbreitung der Personal Computer – durch die Möglichkeit, Fotos direkt
nach ihrer Aufnahme zu verschicken, Textnachrichten an konkrete Personen oder ganze Communitys zu senden sowie Ereignisse zu filmen
und (potenziell) mit der ganzen Welt zu teilen, die Mobilisierung von
Aktivist*innen und die Organisation ihrer politischen Aktivitäten.

So berichtet zum Beispiel die Aktivistin Eli Schmitt von Occupy
Wall Street über ihren ersten Kontakt mit der Bewegung: »Ich war in
den Süden Manhattans gefahren, um mich einer Versammlung linker
Dissidenten anzuschließen, man erzählte sich, sie hätten die Wall Street
›besetzt‹. Im Internet hatte ich mir ein paar Websites angeguckt, auf denen Sachen standen wie ›Bei #occupywallstreet ist Dispersion Teil des
Plans‹ und die potenzielle Teilnehmer darüber informierten, man be-
nötige keine offizielle Genehmigung, um sich auf Bürgersteigen zu ver-
sammeln oder diese zu ›besetzen‹.« (zit. nach Blumenkranz u. a. 2011: 7;
im Original kursiv)

(i) Hybridisierung. Digitale Medien sind mittlerweile ein fixer Bestandteil Sozialer Bewegungen, der aus ihrer Kommunikation, Organisation und Koordination nicht mehr wegzudenken ist. Sie helfen, Informationen aufzuzeichnen, aufzubewahren und erleichtern die Suche
nach ihnen, sie globalisieren kommunikative Transaktionen und lösen diese aus Zeit, Raum und Hierarchien (Mason 2012: 133). Sie erleichtern die Herstellung ›virtueller‹ Sozialitäten, die ebenso real und

Abb. 17: Protestierende der Occupy-Wall-Street-Bewegung, Liberty Plaza, NYC am 25. Oktober 2011

(Quelle: David Shankbone; https://commons.wikimedia.org/wiki/File:Day_40_Occupy_ Wall_Street_October_25_2011_Shankbone_14.JPG)

aktiv sind wie analoge soziale Netzwerke und mit denen sie verwoben sind. Andrew Chadwick (2007) nennt dies ›Hybridisierung‹ der politischen Kommunikation: Er argumentiert aus der Perspektive politikwissenschaftlicher Demokratietheorien, dass hybride Demokratieformen (nicht nur in Sozialen Bewegungen) Demokratien *under construction* seien, mit Mischformen politischer Partizipation, unterschiedlich demokratischen Regeln und Normen der Entscheidungsfindung, übrig gebliebenen Räumen, in denen Eliten noch alleinige Verfügungsbefugnis über Ressourcen und taktische Kontrolle haben und deren Dynamiken nicht linear verlaufen (Koevolution demokratischer und nicht-demokratischer Gouvernementalität). Diese Hybridität verbinde hierarchische mit netzwerkförmiger Koordination, autoritäre Kontrolle mit individueller Autonomie, Zentralität mit Dezentralität, technische (online) und analoge (offline) Formen der Koordination, formale und informelle Arbeitsteilung, lokale und globale Relevanzen. Dies illustriert die folgende Passage aus einem Interview mit der Occupy-Wall-Street-Aktivistin Marina Sitrin (zit. nach Blumenkranz u. a. 2011: 61; im Original kursiv): »An der Oberfläche wirkt alles ein wenig desorganisiert und chaotisch, aber hinter den zahllosen Reihen von Zuhörern und den nicht enden wollenden Schallwellen, die von den menschlichen Mikrofonen verbreitet werden, steckt ein effizientes, gut vernetztes Organisationsteam.«

(ii) Mobilisierung. Digitale Medien reduzieren die Kosten der Kommunikation (fast) auf Null. Dies vereinfacht die Entstehung von *weak ties* zwischen Aktivist*innen und Sympathisant*innen durch leichtere Anwerbung und die problemlose Herstellung und Verbreitung einer Vielzahl potenzieller kollektiver Identitäten. Im Rahmen der Theorien zu *critical mass* (siehe Kapitel 4.3.2) könnte man sagen: Die Sichtbarkeit der *critical mass* wird durch digitale Medien erhöht und Mobilisierungskaskaden können einfacher angestoßen werden, da sie keine Kopräsenz mehr erfordern. Bewegungsorganisationen können sich lose rund um den Globus assoziieren, Strategien und Taktiken schnell und fast ohne zeitliche Verzögerung austauschen. Damit wird die Koordination von Protestaktivitäten einfacher und neue Formen wie Flashmobs oder *rooftop poems* – wie in Teheran – werden organisierbar. Gleichzeitig sinkt aber die Verbindlichkeit des Engagements, da die Ausstiegskosten niedrig sind und auch Anonymität angesichts möglicher staatlicher Repressalien erwünscht ist. Dies stellt Bewegungen vor besondere Herausforderungen, wenn sie Aktivist*innen längerfristig verpflichten wollen.

In ihrer Studie zur Bedeutung des *Micro-Blogging*-Dienstes Twitter für die Protestereignisse in Spanien, Griechenland und den USA 2011 kommt eine Forschungsgruppe (Theocharis u. a. 2015) zu dem Ergebnis, dass Twitter am häufigsten dazu genutzt wurde, um Informationen über die Ereignisse und Bewegungen zu verbreiten; nur ein kleiner Anteil der Tweets betrifft die Mobilisierung selbst. Hierfür scheinen andere digitale Formate verwendet zu werden. »[O]ur findings show that in fact few tweets were intended to organize protest activities or to call for action.« (ebd.: 211) Eigentliche Protestaktionen – Demonstrationen, Besetzungen oder Kundgebungen – machen nur ein Drittel der Tweets aus und Mobilisierung ist nicht das wichtigste Ziel der Nachrichten.

Wichtig scheint hingegen zu sein, über Twitter die Medienberichterstattung herkömmlicher Massenmedien zu korrigieren und kommentieren. Tweets werden vor allem von individuellen Aktivist*innen, seltener im Namen von Organisationen versandt. Allerdings enthalten Nachrichten von Organisationen eher Aufrufe für *collective action*. Hierzu passt auch, dass Tweets oft genutzt werden, um Bilder oder Videos zu verbreiten und Ereignisse zu dokumentieren. Inhaltlich ging es in den untersuchten Tweets vor allem um die Themen Bildung, Reformen, mangelnde Repräsentation und Korruption. In Griechenland wurde darüber hinaus überdurchschnittlich häufig zum Thema Austerität kommuniziert. Dabei unterschieden sich die drei untersuchten Bewegungen in Bezug auf Themen, Nutzung, Organisationsgrad und die Verbreitung von Informationen.

Gleichzeitig mit der Veränderung der unmittelbaren Organisation von Protest ermöglichen digitale Medien subversive Strategien jenseits marktförmig organisierter Austauschbeziehungen: So kann das Hacken digitaler Sicherheitsmaßnahmen von Großunternehmen oder staatlichen Organisationen als politischer Protest gerahmt sein und nichtkommerzielle Austauschwege wie Filesharing, Freeware oder andere Formen gemeinschaftlicher Produktion unterminieren klassische kommerzielle Austauschformen (Mason 2012: 139).

(iii) Individualisierung. Digitale Medien ermöglichen die hybride Verschränkung von lokalen und globalen, von digitalen und analogen Initiativen, Taktiken und Slogans. Zudem gestatten sie die Organisation jenseits bestehender politischer Partizipationsformen. Dies scheint insbesondere für die Aktivitäten des Arabischen Frühlings wichtig gewesen zu sein: Junge Aktivist*innen erfuhren hier, dass sie politisch aktiv, international sichtbar und selbstwirksam sein können. Klassische Opportunitätsstrukturen und mit ihnen verknüpfte Organisationen wie Gewerkschaften, Religionsgemeinschaften oder Parteien büßen damit zunehmend ihre mobilisierungsunterstützende Wirkung ein.

Die vereinfachte Kommunikation und die Hybridität der politischen Partizipation ermöglicht das, was Mason (2012: 133) als *networked individuals* bezeichnet (Mason 2012: 133): Aktivist*innen und Sympathisant*innen, die, eingebunden in verschiedene Protestnetzwerke, unterschiedliche Identitäten entwickeln können. Damit gehen eine gestärkte Autonomie und erweiterte Möglichkeiten der Mitsprache einher, aber auch reduzierte und lose Loyalitäten, da Informationsbeschaffung, zeitbeschränkte Partizipation, Vernetzung und auch der Ausstieg einfach und kostengünstig sind. Barry Wellman und Kolleg*innen (2003) beschreiben dies als den Übergang von sozial homogenen, durch Face-to-Face-Kontakt abgestützten *little boxes* zu heterogenen, fluiden *social networks*. Die Digitalisierung von Informationen, Interaktionen und Kooperationen bringt auch eine Vervielfachung der Menge an Informationen mit sich, auf die Nutzer*innen potenziell zugreifen können. Allerdings werden aus diesem Grund auch die Auswahlmechanismen selektiver – wie im Fall von Pegida weiter oben gezeigt –, sodass nur die eigene Weltsicht stützende Nachrichten Beachtung finden. Die Vervielfältigung der Optionen zur Multiplikation von Informationen führt nicht mehr notwendigerweise auch zu einer Infragestellung individueller Standpunkte und Meinungen.

Die Herausforderung moderner Informationstechnologie besteht nicht zuletzt darin, das Ineinandergreifen von online/offline und lokal/global für eine Vielzahl von Personen anschlussfähig zu machen. Slogans, Taktiken und Symbole müssen nicht nur (kultur-)überreifend kommuniziert, sondern auch verstanden werden. So wurde der Protest des Arabischen Frühlings, aber auch die griechischen und spanischen Proteste, vor allem durch eine Gruppe junger, englischsprachiger, gut gebildeter, kosmopolitischer Akademiker*innen globalisiert. Die Digitalisierung erlaubt die Verbreitung von Videos und Bildern, sodass Vernetzung, Kommunikation und Austausch in einem viel größeren Maße sprachunabhängig werden. Viele der verwendeten Symbole und Bilder werden durch Mimikry und Remix kopiert, imitiert und verändert (Intertextualität). Unter dem Begriff der Internetmeme[61] lassen sich verschiedenste solcher Internetphänomene fassen, die teils subversiv und mit viel Freude am Kreativen, teils durch direkte politische Botschaft jenseits von Stand, Klasse und Nationalität verbinden und so einen ge-

---

61 Der Begriff Meme wurde von Richard Dawkins 1976 eingeführt und bezeichnet »small units of culture that spread from person to person by copying or imitation« (Shifman 2014: 2).

meinsamen interkulturellen und transnationalen Kontext schaffen. Sie diffundieren zwischen Personen, rekurrieren aber auf soziale *mindsets* und schaffen jenseits konkreter Inhalte allein durch Ansehen, Verbreiten und Remixen Identität: »Internet memes can be treated as (post)modern folklore, in which shared norms and values are constructed through cultural artifacts such as Photoshopped images or urban legends.« (Shifman 2014: 15)[62]

Schlussendlich bleibt allerdings zu fragen, ob die Verbreitung digitaler Medien für Organisation, Mobilisierung und die Formierung politischer Arenen tatsächlich eine neue Qualität bedeutet und ob sich dies in neuen Theorien, Erklärungsansätzen oder gar in einem neuen Paradigma niederschlagen wird. Viele der in der Bewegungsliteratur beschriebenen Phänomene der Digitalisierung lassen sich eher als ein ›Weiter‹ und ›Schneller‹ begreifen denn als gänzlich neuartige Ereignisse. Damit sind sie prinzipiell auch im herkömmlichen Theorienspektrum bearbeitbar.

7.3 Judith Butler und die Theorie der Anerkennung

Eine Alternative im bisherigen Theorienkanon stellt hingegen die Anerkennungstheorie von Judith Butler dar: Sie wird in der Bewegungsforschung derzeit (noch) nicht systematisch diskutiert, wirft aber unseres Erachtens interessante Fragen auf. Butler (1988) schrieb ihre früheren wissenschaftlichen Texte explizit im Kontext der feministischen und der schwul-lesbischen Bewegung der 1980er Jahre. Sie ist eine ihrer wichtigsten Theoretikerinnen, ihre Überlegungen haben die Bewegungs*politik* selbst maßgeblich beeinflusst, ohne jedoch Eingang in den Theoriekanon der Bewegungs*forschung* gefunden zu haben.

Die für letztere wohl interessantesten Elemente aus dem umfangreichen Werk von Judith Butler betreffen die Idee der Subjektwerdung

---

62 Dennoch müssen auch Internetmeme kulturell und politisch gelesen und verstanden werden (*digital literacy*), damit sie anschlussfähige Kommunikation generieren. Dabei verändern sie sich und ihre Bedeutung durch die Reproduktion ständig und werden wiederum für andere Personen lesbar (Shifman 2014: 35 ff.).

durch Anrufung und den Kampf um Anerkennung: Butler übernahm hier Ideen des Spätmarxisten Louis Althusser, des Linguisten John L. Austin sowie des Psychoanalytikers Jaques Lacan und stellte die Frage, wie sich die Konstituierung des Subjekts im sozialen Verbund mit anderen gestaltet. Dabei gilt das Subjekt – anders als in anderen sozialphilosophischen und Bewegungstheorien – nicht als der Anerkennung vorgängig. Vielmehr entstehe es erst durch den ›performativen Akt der Anrufung‹ oder ›Anerkennung‹. Das Subjekt ist damit immer ein genuin soziales.

Schon Althusser hatte in seinen Ausführungen zur Ideologie und den ideologischen Staatsapparaten auf die subjektkonstituierende Wirkung der Anrufung durch Institutionen hingewiesen. Diese ermögliche nicht nur die Repression, sondern auch die Verortung des Individuums in der Gesellschaft. Mit der These der Performanz von Sprache machte Austin die Wirkmächtigkeit sprachlicher Akte stark: Sie beschreiben Wirklichkeit(en) nicht nur (Lokution), sondern sie generieren sie (Illokution) im Rahmen von Ritualen. Butler (2006: 11ff.) verweist darauf, dass sich Lokution und Illokution nicht voneinander trennen lassen – jeder Sprechakt beinhalte gleichzeitig auch immer eine Tat –, beide aber nicht immer einen rituellen Kontext benötigen. Vielmehr enthebt »verletzende Sprache« (ebd: 13) die damit benannten Personen eben dieses Kontexts. Der Kontext kann damit also nicht unbedingt als dem Sprechakt vorgängig betrachtet werden: »Die Anrede selbst konstituiert das Subjekt innerhalb des möglichen Kreislaufs der Anerkennung oder umgekehrt, außerhalb dieses Kreislaufs, in der Verworfenheit.« (ebd: 15) Daraus folge, dass jede Benennung einer Person auch gleichzeitig ihren Subjektstatus generiere, sie also zu dem Benannten mache und den Kontext definiere, in dem dieser Subjektstatus ein machtvoller oder machtloser sei: »Angesprochen zu werden bedeutet also nicht nur, in dem, was man bereits ist, anerkannt zu werden; sondern jene Bezeichnung zu erhalten, durch die die Anerkennung der Existenz möglich wird.« (ebd.) Mit dieser Wendung – der Anrufung als Akt der Anerkennung (und damit eigentlich der ›Schaffung‹) des Subjekts – versucht Butler, die Erklärungslücke in der Lacan'schen Position zu überwinden, die darin besteht, dass (allgemein gesprochen) für die Besetzung einer gesellschaftlichen Position ein Köper vorausgesetzt werde, der ohne diese Position gar nicht existieren könne.[63]

Jedoch sei die Anerkennung nicht nur daran geknüpft, dass jemand anerkannt werde, sondern, dass er oder sie grundsätzlich anerkenn*bar* sei;[64] dies wiederum hänge von der situativen – rituellen und symbolischen – Verankerung und der Art der Performanz ab. Dies habe drei Implikationen: (i) Anerkennung ist eingebunden in gesellschaftliche Norm- und Machtkontexte. (ii) Die normativen und Machtverhältnisse, in die performative Akte der Anerkennung eingebettet sind, erschaffen, stabilisieren und verschieben sich durch ihre (erzwungene) Wiederholung, Anwendung und Einwilligung: »Subjekte werden durch Normen konstituiert, die in ihrer wiederholten Anwendung die Bedingungen erzeugen und verschieben, unter welchen Subjekte anerkannt werden.« (Butler 2010: 11) Mit diesen Normen könne gebrochen werden. (iii) Nicht jede*r könne gleichermaßen machtvoll performative Akte vollbringen und Akte der Anerkennung könnten ihren intendierten Effekt verfehlen oder modifiziert werden. Dorothea Reimuth (2016: 136ff.) leitet daraus eine Spezifität der Butler'schen Anerkennungstheorie ab. Anerkennung könne negativ werden: Sie müsse nicht unbedingt in Autonomie und Emanzipation gipfeln, sondern könne vielmehr zur Begrenzung von Handlungsbefugnissen, mangelnder Sorge oder Akten (sprachlicher) Verletzung führen. Diese wiederum könnten Widerspruch provozieren, da das Subjekt durchaus in der Lage sei, zwischen ermöglichender und behindernder Anerkennung zu unterscheiden.

Butlers Argumentation bietet keinen unmittelbaren Analyserahmen Sozialer Bewegungen. Trotz der hohen politischen Relevanz und Mobilisierungskraft, ist ihre Theorie eher in der Moralphilosophie verortet. Dennoch lässt sie sich, wie Reimuth (2016) gezeigt hat, für die Untersuchung Sozialer Bewegungen nutzbar machen. Insbesondere die

---

63 Butler exemplifiziert dies am Beispiel des Geschlechtskörpers, über den Männern und Frauen je unterschiedliche gesellschaftliche Positionen zugewiesen werden. Durch gesellschaftlich geteiltes Wissen muss der Körper zur Geschlechterunterscheidung signifiziert und jeder einzelne konkrete Körper durch einen (professionellen) Sprechakt zu einem Geschlechtskörper gemacht werden. Damit setzen Geschlechtskörper vergeschlechtlichte soziale Positionen voraus (Butler 1994).
64 In neueren Arbeiten bezeichnet Butler (2010) dies als ›Betrauerbarkeit‹.

Neuen Sozialen Bewegungen der 1970er und 1980 Jahre lassen sich im Butler'schen Sinne analysieren: »Butler focuses on performances that attempt to undermine the existing category scheme.« (ebd.: 149). Damit hebt Reimuth auf die *perfomative politics* ab, die – nach Butler – die Potenz hätten, existierende Kategoriensysteme zu unterminieren, indem sie Widersprüche sichtbar machen. Da Anerkennung entweder an Menschen als Teil bestimmter Bevölkerungsgruppen (zum Beispiel Muslime, Frauen, Homosexuelle) oder an Menschen als Individuen vergeben werden könne, würden sich hier individuelle und kollektive Identitäten so voneinander unterscheiden lassen, dass der Blick frei werde auf die Möglichkeiten der Subversion: »Thus, applying Butler's approach to social movements we could link collective and individual identity concerns that drive protest movements by analyzing diverse demands for recognition. Taking these insights into account opens an unconventional way to explain why protest emerges [...].« (ebd.: 152)

Darüber hinaus lässt sich unseres Erachtens noch eine andere Anwendung denken: Die Untersuchung der Bedingungen des Subjektstatus kann es ermöglichen, genauer zu analysieren, unter welchen sozialen Bedingungen Widerstand überhaupt möglich ist. Denn als Minimalbedingung muss ein Subjektstatus vorliegen, der *agency* überhaupt erst zulässt. Solidarität und Mobilisierung setzen also eine gesellschaftliche Position voraus, die einen solchen Protest erlaubt. Dies kann über die Zurechnung zu bestimmten Populationen oder zu bestimmten Gruppen geschehen, die wiederum je unterschiedlichen Gefährdungslagen ausgesetzt sind: »Die aus- und abgrenzende Verteilung von Betrauerbarkeit in Populationen ist mit dafür verantwortlich, ob wir uns politisch folgenreich berührt fühlen [...].« (Butler 2010: 30). Damit eröffnen sich Antwortperspektiven auf zwei Fragen, die in der aktuellen Bewegungsforschung eher stiefmütterlich behandelt werden: zum einen, wie ein Subjektstatus herstellt wird, zum anderen, wer die Macht dazu besitzt. So lässt sich vermuten, dass bestehende Machtverhältnisse durch institutionelle, rituelle und symbolische performative Akte Partizipationsmöglichkeiten zuweisen, die durch »die ungleiche – rassistische und nationalistische – Exposition ganz bestimmter Bevölkerungsgruppen eine Gleichverteilung von Gewaltrisiken verweiger[n]« (ebd.:

34). Emanzipationsbewegungen versuchen demnach mittels alternativer performativer Akte Subjektpositionen so zu verschieben, dass protestierende Subjekte entstehen, sichtbar und machtvoll werden können. Dies kann erklären, warum Emanzipationsbewegungen machtvolle Personen oder Organisationen benötigen, die in der Lage sind, diese Verschiebung sozial wirksam vorzunehmen. Das potenzielle Scheitern an gegebenen Normsystemen ist dabei jedoch immer mitgedacht, insbesondere dann, wenn die Politik differente Subjektpositionen zuweist, die miteinander um Partizipationsmöglichkeiten und ökonomische Ressourcen konkurrieren. Hier ist mit Butler eine Anerkennung zu erwarten, die eben nicht einen Zuwachs an Autonomie und Emanzipation, sondern eine Reifikation bestehender Machtverhältnisse mit sich bringt.

7.4 Körper, Emotionen, Atmosphären

Zum Ende dieses Kapitels soll in aller Kürze ein Themengebiet tangiert werden, das unseres Erachtens das Potenzial hat, der Bewegungsforschung neue theoretische Impulse zu geben. Der *cultural turn* hat in der Sozialtheorie den Blick auf den Körper (wieder) freigegeben, auf seine Materialität und den Raum, in dem er sich befindet und agiert. Eine große Anzahl empirischer Studien und theoretischer Perspektiven beschäftigen sich mittlerweile damit, wie Körper kulturell signifiziert werden und wie sie ihrerseits Kultur (re-)produzieren.[65] Dabei wird der Körper zumeist nicht länger als der Kultur vorgängig begriffen, sondern seine Herstellung durch soziale Praktiken, Symbolsysteme und interpretative Zuschreibungen in den Blick genommen.

Diese umfangreiche sozialwissenschaftliche Debatte findet bisher nur zögerlich Eingang in die Theorien der Bewegungsforschung; der Körper scheint ihr mit dem *rational turn* abhanden gekommen zu sein. Es finden sich zwar Studien zu Körpern in Menschenmengen, zum Beispiel beim Fußball (Leistner/Schmidt-Lux 2012), aber eben kaum Un-

---

65 Für einen Überblick vgl. zum Beispiel Gillian A. Bendelow und Simon J. Williams (2002), Hubert Knoblauch (2005) oder Robert Gugutzer (2015).

tersuchungen zu Körpern in Kontexten politischen Protests. Für die frühen Formen der *Collective-Behavior*-Ansätze, wie etwa bei Gustave Le Bon, bildete noch die Erforschung der Menschenmenge als ›ein Körper‹ die theoretische Herausforderung. Heute geht die Diskussion eher in die Richtung der Frage, wie sich Körper in Menschenmengen konstituieren, wie sich hier emotionale Dispositionen fortpflanzen und quasi kaskadenförmig ausbreiten und wie in einem anfänglich friedlichen Protest Gewalt eskalieren kann.

Aus der aktuellen Theoriedebatte lassen sich in Bezug auf diese Fragen noch keine systematischen Antworten destillieren: »[T]heories of collective behavior have paid too little attention to one of the important ways in which affect, excitement, joy, and sexuality are part of crowd action.« (Borch 2009: 276) Christian Borch schlägt hier vor, die emotionale Transformation von Menschen in Menschenmassen durch emotionale Veränderungen in den Blick zu nehmen. So lasse sich die Transformation – nicht in Le Bon'sche willenlose, verführte Mitmarschierer –, sondern in sozial euphorisierte Akteur*innen verstehen, die, über ihre egoistischen und individuellen Ängste und Interessen hinausgehend, gemeinsame Ziele zu verfolgen in der Lage sind. Eine solche Perspektive steht allerdings vor der Herausforderung, erklären zu müssen, wie Emotionen in Menschenmassen – also in Ansammlungen kopräsenter Körper, die einander bewusst und vorbewusst wahrnehmen – übertragen werden.

Hier ließen sich Perspektiven für die Bewegungsforschung andenken, die sich auch in der aktuellen generellen sozialtheoretischen Debatte noch nicht etabliert haben und hier wie dort Neuland eröffnen würden. Hierzu gehören Überlegungen wie der neo-phänomenologische Atmosphären-Ansatz von Hermann Schmitz (2014), in dem Atmosphären als transsubjektive Phänomene firmieren, »die außerhalb des Individuums in der Umwelt des Menschen bzw. im Raum zwischen den Menschen ihren Platz haben« (ebd.: 23). Sie können aufgenommen, ignoriert oder kognitiv als Ärgernis abgespeichert werden. In Atmosphären würden sich die »randlosen Sphären der Leiber« (ebd.: 32) überschneiden oder verbinden, wenn sich verschiedene Menschen mit ihren Körpern in der Reichweite der gleichen Atmosphäre befinden. Atmosphären wie die des

Wetters oder der Tageszeit könnten von unterschiedlichen Menschen in ähnlicher Weise erspürt werden, emotionale Atmosphären wie die der Trauer, der Anspannung, der Euphorie würden Menschen spürbar ergreifen und sich mit der ihnen eigenen ›Autorität‹ aufdrängen. Leiblich erspürte emotionale Atmosphären hätten die Fähigkeit, die Grenzen individueller Körperlichkeit (partiell) zu transzendieren und damit Geteiltheit im engeren Wortsinne zu ermöglichen. Ähnlich versuchen neurophysiologische Erklärungen von Empathie die Selbst-Andere-Grenze in kopräsenten Situation mit geteiltem Wahrnehmungsfokus aufzulösen und emotionale Ansteckung nachzuvollziehen. Empathie wird hier verstanden als etwas, das durch neurophysiologische Simulation mit Hilfe sogenannter Spiegelneuronen hergestellt wird: Spiegelneuronen stimulieren demnach körperliche, mimische oder gestische Ausdrücke, die wir bei anderen Menschen sehen, wir versetzen gewissermaßen den anderen in uns hinein (Gallese 2003, Rizolatti/Sinigaglia 2008). Wir fühlen damit wortwörtlich, was andere fühlen, indem wir ihren emotionalen Ausdruck simulieren. Geteiltheit lässt sich in dieser Perspektive verstehen als Spiegeln, Simulieren und Adaptieren der Anderen im eigenen Körper.

Solche Perspektiven auf Körper und Körperlichkeit politischer Proteste haben das Potenzial, die Bewegungsforschung um alternative theoretische Erklärungen emotionaler Ansteckung in Menschenmengen und für das Eskalieren von Gewalt in politischen Auseinandersetzungen zu bereichern. Beides, sowohl die in und durch Bewegungen geleistete Emotionsarbeit als auch die damit manchmal verbundene Eskalation betreffen soziale Prozesse, deren Mechanismen durch die aktuellen Theorien Sozialer Bewegungen noch nicht hinreichend aufgedeckt sind. Sie sind allerdings auch für die allgemeine soziologische Theoriebildung nach wie vor eine besondere Herausforderung.

Abbildungen

Literatur

Adorno, Theodor W. (1997 [1966]), *Negative Dialektik*, in: ders., Gesammelte Schriften, Bd. 6, Frankfurt a. M., S. 7–410.
- (2003), *Einleitung in die Soziologie*, Frankfurt a. M.
- (2007 [1969]), *Minima Moralia. Reflexionen aus dem beschädigten Leben*, in: ders., Gesammelte Schriften, Bd. 4, Frankfurt a. M.
Alexander, Jeffrey C. (2006), The Civil Sphere, New York 2006.
Arato, Andrew (1972), Georg Lukács: The Search for a Revolutionary Subject, in: Dick Howard/Klare, Karl E. (Hg.), *The Unknown Dimension. European Marxism since Lenin*, New York/London, S. 81–106.
Arzheimer, Kai/Carter, Elisabeth (2006), Political Opportunity Structures and Right-Wing Extremist Party Success, *European Journal of Political Research*, Jg. 45, H. 3, S. 419–443.
Axelrod, Robert (1987), *Die Evolution der Kooperation*, München.
Backes, Uwe (2013), Rechtsextremistische Gewalt in Europa – Qualitative und quantitative Bedrohungsdimensionen, in: Gerhard Hirsche/Eckhard Jesse (Hg.), *Extremismus in Deutschland*, Baden-Baden, S. 43–62.
Backhaus, Andrea (2016), Was vom Frühling übrig blieb, in: Die Zeit, 14.01.2016, *http://www.zeit.de/politik/ausland/2016–01/arabischer-fruehling-uebersicht* (letzter Zugriff: 31.01.2017).
Becker, Gary S. (1965), A Theory of the Allocation of Time, *The Economic Journal*, Jg. 75, H. 299, S. 493–517.
- (1982 [1976]), *Der ökonomische Ansatz zur Erklärung menschlichen Verhaltens*, Tübingen.
Becker, Gary S./Lewis, H. Gregg (1974), Interaction between Quantity and Quality of Children, in: Theodor W. Schultz *(Hg.), Economics of the Family. Marriage, Children, and Human Capital*, Chicago, S. 81–90.
Bendelow, Gillian A./Williams, Simon J. (2005), *The Lived Body. Sociological Themes, Embodied Issues*, London.
Benford, Robert D. (1993), Frame Disputes within the Nuclear Disarmament Movement, *Social Forces*, Jg. 71, H. 3, S. 677–701.
- (1997), An Insider's Critique of the Social Movement Framing Perspective, *Sociological Inquiry*, Jg. 67, H. 4, S. 409–430.

Bercé, Yves Marie (1987), *Revolt and Revolution in Early modern Europe. An Essay on the History of Political Violence*, Manchester.

Bernstein, Mary (1997), Celebration and Suppression. The Strategic Uses of Identity by the Lesbian and Gay Movement, *American Journal of Sociology*, Jg. 103, H. 3, S. 531–565.

Blumenkranz, Carla/Gessen, Keith/Glazek, Christopher/Greif, Mark/Leonard, Sarah/Ross, Kathleen/Saval, Nikil/Schmitt, Eli/Taylor, Astra (Hg.) (2011), *Occupy! Die ersten Wochen in New York*, Frankfurt a. M.

Blumer, Herbert (1939), Collective Behavior, in: Robert E. Park, (Hg.), *An Outline of the Principles of Sociology*. New York, S. 221–280.

– (1995 [1951]), Social Movements, in: Lyman, Stanford M. (Hg.) *Social Movements. Critiques, Concepts, Case Studies*, New York, S. 60–84.

Borch, Christian (2009), Body to Body. On the Political Anatomy of Crowds, *Sociological Theory*, Jg. 27, H. 3, S. 271–290.

Bosi, Lorenzo/Malthaner, Stefan (2015), Political Violence, in: Donatella Della Porta/Mario Diani (Hg.), *The Oxford Handbook of Social Movements*, Oxford, S. 439–452.

Brady, Henry E./Verba, Sidney/Lehman Schlozman, Kay (1995), Beyond SES. A resource model of political participation, *American Political Science Review*, Jg. 89, H. 2, S. 271–294.

Buchanan, James M./Tullock, Gordon (1962), *The Calculus of Consent*, Ann Arbor.

Buechler, Steven M. (1995), New Social Movement Theories, *The Sociological Quarterly*, Jg. 36, H. 3, S. 441–464.

– (2016), *Understanding Social Movements*, London/New York.

Butler, Judith (1988), Performative Acts and Gender Constitution. An Essay in Phenomenology and Feminist Theory, *Theatre Journal*, Jg. 40, H. 4, S. 519–531.

– (1991), *Das Unbehagen der Geschlechter*, Frankfurt a. M.

– (1994), Phantasmatische Identifizierung und die Annahme des Geschlechts, in: Institut für Sozialforschung Frankfurt (Hg.), *Geschlechterverhältnisse und Politik*, Frankfurt a. M., S. 101–139.

– (2006), *Haß spricht. Zur Politik des Performativen*, Frankfurt a. M.

– (2010), *Raster des Krieges. Warum wir nicht jedes Leid beklagen*, Frankfurt a. M./New York.

Caniglia, Elisabeth Schafer (2001), Informal Alliances vs. Institutional Ties. The Effects of Elite Alliances on Environmental TSMO Networks, *Mobilization*, Jg. 6, H. 1, S. 37–54.

Castells, Manuel (1983), *The City and the Grassroots A Cross-Cultural Theory of Urban Social Movements*, Berkeley.

– (2000), Materials for an Exploratory Theory of the Network Society, *The British Journal of Sociology*, Jg. 51, H. 1, S. 5–24.

– (2015), *Networks of Outrage and Hope. Social Movements in the Internet Age*, Hoboken.

Chadwick, Andrew (2007), Digital Network Repertoires and Organizational Hybridity, *Political Communication*, Jg. 24, H. 3, S. 283–301.

Chase, Valerie/Hertwig, Ralph/Gigerenzer, Gerd (1998), Visions of Rationality, *Trends in Cognitive Sciences,* Jg. 2, H. 6, S. 206–214.

Chesters, Graeme/Welsh, Ian (2004), Rebel Colours. ›Framing‹ in Global Social Movements, *The Sociological Review*, Jg. 52, H. 3, S. 314–335.

Clasen, Jochen/Viebrock, Elke (2008), Voluntary Unemployment Insurance and Trade Union Membership. Investigating the Connections in Denmark and Sweden, *Journal of Social Policy*, Jg. 37, H. 3, S. 433–451.

Cohen, Jean L. (1985), Strategy or Identity. New Theoretical Paradigms and Contemporary Social Movements, *Social Research*, Jg. 52, H. 4, S. 663–716.

Coleman, James S. (1990), *Foundations of Social Theory*, Cambridge, Mass.

Coser, Lewis A. (1957), Social Conflict and the Theory of Social Change, *The British Journal of Sociology*, Jg. 8, H. 3, S. 197–207.

Cressey, Paul G. (1932), *The Taxi-Dance Hall. A Sociological Study in Commercialized Recreation and City Life*, Chicago.

Crossley, Nick (2010), *Towards Relational Sociology*, London.

Cumberbatch Anderson, Jessica (2013), March on Washington 1963: Eyewitnesses to History Look Back, in: The Huffington Post, 27.08.2013, *http://www.huffingtonpost.com/2013/08/27/march-on-washington-eyewitnesses-to-history-photos_n_3792414.html* (letzter Zugriff: 12.02.2017).

Davies, James C. (1962), Toward a Theory of Revolution, *American Sociological Review*, Jg. 27, H. 1, S. 5–19.

Della Porta, Donatella (2006), *Social Movements, Political Violence and the State. Comparative Analysis of Italy and Germany*, Cambridge.

Della Porta, Donatella/ Diani, Mario (2009), *Social Movements. An Introduction*, Malden/Oxford.

Diani, Mario (1997), Social Movements and Social Capital. A Network Perspective on Movement Outcomes, *Mobilization*, Jg. 2, H. 2, S. 129–147.

Diani, Mario/McAdam, Doug (Hg.) (2003), *Social Movements and Networks*, Oxford/New York.

Dietz, Hella (2015), *Polnischer Protest. Zur pragmatistischen Fundierung von Theorien sozialen Wandels*, Frankfurt a. M./New York.

DiMaggio, Paul J. (1988), Interest and Agency in Institutional Theory, in: Lynne G. Zucker (Hg.), *Institutional Patterns and Organizations. Culture and Environment*, Cambridge, Mass., S. 3–22.

Downs, Anthony (1957), *An Economic Analysis of Democracy*, New York.

Durkheim, Émile (1973 [1897]), *Der Selbstmord*, Neuwied/Berlin.

– (2007 [1912]), *Die elementaren Formen des religiösen Lebens*, Frankfurt a. M.

Edelman, Murray (1988), *Constructing the Political Spectacle*, Chicago.

Eisinger, Peter K. (1973), The Conditions of Protest Behavior in American Cities, *American Political Science Review,* Jg. 67, H. 1, S. 11–28.

Engels, Friedrich (1975 [1886]), *Ludwig Feuerbach und der Ausgang der klassischen deutschen Philosophie* in: Karl Marx/Friedrichs Engels, *Werke*, Bd. 21, Berlin, S. 291–307.

Etzioni, Amitai (1975), *Comparative Analysis of Complex Organizations*, New York.

Feierabend, Ivo K./Feierabend, Rosalind L./Nesvold, Betty A. (1969), Social Change and Political Violence. Cross-national Patterns, in: Hugh D. Graham/Ted R. Gurr (Hg.), *The History of Violence in America. Historical and Comparative Perspectives*, New York, S. 632–687.

– (1973), The Comparative Study of Revolution and Violence, *Comparative Politics*, Jg. 5, H. 3, S. 393–424.

Flesher Fominaya, Cristina (2010a), Collective Identity in Social Movements. Central Concepts and Debates, *Sociology Compass*, Jg. 4, H. 6, S. 393–404.

– (2010b), Creating Cohesion from Diversity. The Challenge of Collective Identity Formation in the Global Justice Movement, *Sociological Inquiry,* Jg. 80, H. 3, S. 377–404.

Frey, Bruno S. (2008), Terrorism from the Rational Choice Point of View, in: Andreas Diekmann/Klaus Eichner/Peter Schmidt/Thomas Voss (Hg.), *Rational Choice. Theoretische Analysen und empirische Resultate*, Wiesbaden, S. 211–222.

Frohlich, Norman/Oppenheimer, Joe A. (1970), I Get By with a Little Help From my Friends, *World Politics*, Jg. 23, H. 1, S. 104–120.

Gallese, Vincent (2003), The Manifold Nature of Interpersonal Relations: The Quest for a Common Mechanism. *Philosophical Transactions of The Royal Society: Biological Sciences*, Jg. 358, S. 517–528.

Gamson, Joshua (1995), Must Identity Movements Self-Destruct? A Queer Dilemma, *Social Problems,* Jg. 42, H. 3, S. 390–407.

Gamson, William A. (1992), *Talking Politics*, Cambridge, Mass./New York.

– (1995), Constructing Social Protest, in: Hank Johnston/Bert Klandermans (Hg.), *Social Movements And Culture*, Minneapolis, S. 85–106.

Gamson, William A./Modigliani, Andre (1989), Media Discourse and Public Opinion on Nuclear Power. A Constructionist Approach, *American Journal of Sociology*, Jg. 95, H. 1, S. 1–37.

Gamson, William A./Wolfsfeld, Gadi (1993), Movements and Media as Interacting Systems, *The Annals of the American Academy of Political and Social Science*, Nr. 528, S. 114–125.

Gamson, William A./Fireman, Bruce/Rytina, Steven (1982), *Encounters with Unjust Authority*, Homewood, Ill.

Ganz, Marshall (2000), Resources and Resourcefulness. Strategic Capacity in the Unionization of California Agriculture, 1959–1966, *American Journal of Sociology*, Jg. 105, H. 4, S. 1003–1062.

Gerhard, Ute (1983), Frauenbewegung, in: Wolfgang W. Mickel (Hg.), Handlexikon zur Politikwissenschaft, München, S. 150–155.

– (1992), Westdeutsche Frauenbewegung. Zwischen Autonomie und Recht auf Gleichheit, *Feministische Studien*, Jg. 10, H. 2, S. 35–55.

– (1995), Die ›langen Wellen‹ der Frauenbewegung. Traditionslinien und unerledigte Anliegen, in: Regina Becker-Schmidt/Gudrun-Axeli Knapp (Hg.), *Das Geschlechterverhältnis als Gegenstand der Sozialwissenschaften*, Frankfurt a. M./New York, S. 247–278.

Gessenharter, Wolfgang/Pfeiffer, Thomas (Hg.) (2004), *Die neue Rechte, eine Gefahr für die Demokratie?*, Wiesbaden.

Gilcher-Holtey, Ingrid (2008), *1968. Vom Ereignis zum Mythos*, Frankfurt a. M.

Gitlin, Todd (1980), *The Whole World is Watching. Mass Media in the Making & Unmaking of the New Left*, Berkeley u. a.

Goffman, Erving. (1974), *Frame Analysis. An Essay on The Organization of Experience*, New York.

Goodwin, Jeff/Jasper, James M. (1999), Caught in a Winding, Snarling Vine. The Structural Bias of Political Process Theory, *Sociological Forum*, Jg. 14, H. 1, S. 27–54.

– (Hg.) (2014), *The Social Movements Reader. Cases and Concepts*, Hoboken.

Görtemarker, Manfred (2004), *Die demokratische Revolution in Osteuropa. Internationale Beziehungen I. Der Ost-West-Konflikt*, Informationen zur politischen Bildung, Nr. 245, Bonn.

Gould, Roger (1991), Multiple Networks and Mobilization in the Paris Commune, 1871, *American Sociological Review*, Jg. 56, H. 6, S. 716–729.

Gramsci, Antonio (2012a [1975]), *Gefängnishefte. Kritische Gesamtausgabe*, Bd. 6, Hamburg.

– (2012b [1975]), *Gefängnishefte. Kritische Gesamtausgabe*, Bd. 4, Hamburg.

– (2012c [1975]), *Gefängnishefte. Kritische Gesamtausgabe*, Bd. 7, Hamburg.

– (2012d [1975]), *Gefängnishefte. Kritische Gesamtausgabe*, Bd. 2, Hamburg.

– (2012e [1975]), *Gefängnishefte. Kritische Gesamtausgabe*, Bd. 5, Hamburg.

– (2012f [1975]), *Gefängnishefte.: Kritische Gesamtausgabe*, Bd. 1, Hamburg.

Grefe, Christiane/Greffrath, Mathias/Schumann, Harald (2002), *Attac. Was wollen die Globalisierungskritiker*, Berlin.

Gugutzer, Robert (2015), *Soziologie des Körpers*, Bielefeld.

Gurney, Joan Neff/Tierney, Kathleen J. (1982), Relative Deprivation and Social Movements: A Critical Look at Twenty Years of Theory and Research, *The Sociological Quarterly*, Jg. 23, H. 1, S. 33–47.

Gurr, Ted Robert (1972), *Why Men Rebel*, London.

– (1973), The Revolution. Social-Change Nexus. Some Old Theories and New Hypotheses, *Comparative Politics*, Jg. 5, H. 3 (Special Issue on Revolution and Social Change), S. 359–392.

Gusfield, Joseph (1968), The Study of Social Movements, in: David Sills (Hg.): *The International Encyclopedia of the Social Sciences*, New York, S. 445–452.

Habermas, Jürgen (1981), *New Social Movements*, Telos, Nr. 49, S. 33–37.

– (2011 [1981]), *Theorie des kommunikativen Handelns*, 2 Bde., Frankfurt a. M.

Haenfler, Ross (2004), Collective Identity in the Straight Edge Movement: How Diffuse Movements Foster Commitment, Encourage Individualized Participation, and Promote Cultural Change. *Sociological Quarterly*, Jg. 45, H. 4, S. 785–805.

Hardin, Garrett (1968), The Tragedy of the Commons, *Science*, Jg. 162, Nr. 3859, S. 1243–1248.

Hardin, Russell (1982), *Collective Action*, Baltimore.

Heaney, Michael T./Rojas, Fabio (2011), The Partisan Dynamics of Contention. Demobilization of the Antiwar Movement in the United States, 2007–2009, *Mobilization*, Jg. 16, H. 1, S. 45–64.

Hechter, Michael (1987), *Principles of Group Solidarity*, Berkeley.

– (1990), The Emergence of Cooperative Social Institutions, in: Michael Hechter/Karl-Dieter Opp/Reinhard Wippler (Hg.), *Social Institutions*, Berlin, S. 13–35.

Heckathorn, Douglas D. (1988), Collective Sanctions and the Creation of Prisoner's Dilemma Norms, *American Journal of Sociology*, Jg. 94, H. 3, S. 535–562.

– (1989), Collective Action and the Second-Order Free-Rider Problem, *Rationality and Society*, Jg. 1, H. 1, S. 78–100.

– (1993), Collective Action and Group Heterogeneity. Voluntary Provision Versus Selective Incentives, *American Sociological Review*, Jg. 58, H. 3, S. 329–350.

– (1996), The Dynamics and Dilemmas of Collective Action, *American Sociological Review*, Jg. 61, H. 2, S. 250–277.

Hedström, Peter/Swedberg, Richard (Hg.) (1998), *Social Mechanisms. An Analytical Approach to Social Theory*, Cambridge, Mass.

Hellmann, Kai-Uwe (1999), Paradigmen der Bewegungsforschung, in: Ansgar Klein/Hans-Josef Legrand/Thomas Leif (Hg.), *Neue soziale Bewegungen*, Opladen, S. 91–113.

Hercus, Cheryl (1999) Identity, Emotion, and Feminist Collective Action, *Gender & Society*, Jg. 13, H. 1, S. 34–55.

Hetherington, Kevin (1998), *Expressions of Identity. Space, Performance, Politics*, London/Thousand Oaks, Calif.

Hunt, Scott/Benford, Robert (2004), *Collective Identity, Solidarity, and Commitment*, in: David Snow/Sarah Soule/Hanspeter Kriesi (Hg.), *The Blackwell Companion to Social Movements*, Oxford, S. 433–460.

Hunt, Scott A./ Benford, Robert D./Snow, David A. (1994), *Identity Fields. Framing Processes and the Social Construction of Movement Identities*, in: Enrique Larana/Hank Johnston/Joseph R. Gusfield (Hg.), *New Social Movements. From Ideology to Identity*, Philadelphia, S. 185–208.

Huntington, Samuel (1968), *Political Order in Changing Societies*, New Haven.

Jasper, James M. (1998), The Emotions of Protest. Affective and Reactive Emotions in and Around Social Movements, *Sociological Forum,* Jg. 13, H. 3, S. 397–424.

– (1997), *The Art of Moral Protest. Culture, Biography, and Creativity in Social Movements*, Chicago.

– (2010), Cultural Approaches in the Sociology of Social Movements, in: Bert Klandermans/Conny Roggeband (Hg.), *Handbook of Social Movements across Disciplines*, New York, S. 59–109.

Jenkins, J. Craig (1983), Resource Mobilization Theory and the Study of Social Movements, *Annual Review of Sociology*, Jg. 9, S. 527–553.

Johnston, Hank (1995), A Methodology for Frame Analysis. From Discourse to Cognitive Schemata, in: Hank Johnston/Bert Klandermans (Hg.), *Social Movements And Culture*, Minneapolis, S. 217–246.

Johnston, Hank/Laraña, Enrique/Gusfield, Joseph R. (1994), Identities, Grievances and New Social Movements, in: Enrique Laraña/Hank Johnston/Joseph R. Gusfield (Hg.), *New Social Movements. From Ideology to Identity*, Philadelphia, S. 3–35.

Keller, Berndt (1988), Olsons Logik des kollektiven Handelns. Entwicklung, Kritik – und eine Alternative, *Politische Vierteljahresschrift,* Jg. 29, H. 3, S. 388–406.

Kerbo, Harold R./Shaffer, Richard A. (1992), Lower Class Insurgency and the Political Process. The Response of the U.S. Unemployed, 1890–1940, *Social Problems,* Jg. 39, H. 2, S. 139–54.

Kern, Thomas (2008), *Soziale Bewegungen. Ursachen, Wirkungen, Mechanismen*, Wiesbaden.

Killian, Lewis M. (1964), Social Movements, in: Robert Faris (Hg.), *Handbook of Modern Sociology,* Paris/Chicago, S. 426–455.

– (1984), Organization, Rationality and Spontaneity in the Civil Rights Movement, *American Sociological Review*, Jg. 49, H. 6, S. 770–783.

Kitschelt, Herbert P. (1986), Political Opportunity Structures and Political Protest. Anti-Nuclear Movements in Four Democracies, *British Journal of Political Science*, Jg. 16, H. 1, S. 57–85.

Klandermans, Bert (1997), *The Social Psychology of Protest*, Oxford.

Klandermans, Bert/Tarrow, Sidney (1988), Mobilization into Social Movements. Synthesizing European and American Approaches, *International Social Movement Research*, Jg. 1, H. 1, S. 1–38.

Klandermans, Bert/de Weerd, Marga/Sabucedo, Jose-Manuel/Costa, Maria (1999), Injustice and Adversarial Frames in a Supranational Political Context. Farmers' Protests in the Netherlands and Spain, in: Donatella Della Porta/Hanspeter Kriesi/Dieter Rucht (Hg.), *Social Movements in a Globalizing World*, Basingstoke, S. 134–147.

Klapp, Orrin Edgar (1969), *Collective Search for Identity*, New York.

Kliemt, Hartmut (1986), *Antagonistische Kooperation*, Freiburg/München.

Knoblauch, Hubert (2005), Die Bedeutung des Körpers in der sozialkonstruktivistischen Wissenssoziologie, in: Markus Schroer (Hg.), *Soziologie des Körpers*, Frankfurt a.M, S. 92–114.

Kollock, Peter (1994), The Emergence of Exchange Structures. An Experimental Study of Uncertainty, Commitment, and Trust, *American Journal of Sociology*, Jg. 100, H. 2, S. 313–345.

König, Helmut (1992), *Zivilisation und Leidenschaften. Die Masse im bürgerlichen Zeitalter*, Reinbek bei Hamburg.

Koopmans, Ruud (2007), Social Movements, in: Russell J. Dalton/Hans-Dieter Klingemann (Hg.), *The Oxford Handbook of Political Behavior*, New York, S. 693–707.

Krause, Daniela/Zicke, Andreas/Küpper, Beate (2015), Zwischen Wut und Druck. Rechtspopulistische Einstellungen in der Mitte, in: Ralf Melzer/Dietmar Molthagen/Andreas Zick/Beate Küpper (Hg.), *Wut, Verachtung, Abwertung. Rechtspopulismus in Deutschland*, Berlin, S. 41–60.

Laclau, Ernesto/Mouffe, Chantal (1985), *Hegemony and Socialist Strategy. Towards a Radical Democratic Politics*, London/New York.

Le Bon, Gustave (2001 [1896]), *The Crowd. A Study of the Popular Mind*, Kitchener, Ont.

Leistner, Alexander/Schmidt-Lux, Thomas (2012), Konzentriertes Fallenlassen. Ansätze einer Soziologie kollektiver Ekstase, in: Annette Schnabel/Rainer Schützeichel (Hg.), *Emotionen, Sozialstruktur und Moderne*, Wiesbaden, S. 117–135.

Lenin, Wladimir Iljitsch (1955 [1902]), *Was tun?*, in: ders., Werke, Bd. 5., Berlin, S. 355–551.

Lipsky, Michael (1968), Protest as a Political Resource, *The American Political Science Review*, Jg. 62, H. 4, S. 1144–1158.

– (1970), *Protest in City Politics*, Chicago.

Lofland, John (1982), Crowd Joys, *Urban Life*, Jg. 10, H. 1, S. 355–381.

Lohmann, Susanne (1994), The Dynamics of Informational Cascades. The Monday Demonstrations in Leipzig, East Germany, 1989–91, *World Politics*, Jg. 47, H. 1, S. 42–101.

Luhmann, Niklas (2005), Interaktion, Organisation, Gesellschaft, in: ders., *Soziologische Aufklärung 2*, Wiesbaden, S. 9–24.

Lukács, Georg (1970a [1923]), Die Verdinglichung und das Bewußtsein des Proletariats, in: ders., *Geschichte und Klassenbewußtsein*, Neuwied/Berlin, S. 170–355.

– (1970b), Vorwort (1967), in: ders., *Geschichte und Klassenbewußtsein*, Neuwied/Berlin, S. 5–45.

– (1970c [1923]), Was ist orthodoxer Marxismus?, in: ders., *Geschichte und Klassenbewußtsein*, Neuwied/Berlin, S. 58–93.

Maffesoli, Michel (1996), *The Time of the Tribes. The Decline of Individualism in Mass Society*, London/Thousand Oaks, Calif.

Manning, Roy (1973), Fifteen Years of Collective Behavior, *The Sociological Quarterly*, Jg. 14, H. 2, S. 279–286.

Markovits, Andrei S./Gorski, Philip S. (1997), Grün schlägt Rot. Die deutsche Linke nach 1945, Hamburg.

Marwell, Gerald/Oliver, Pamela (1988), The Paradox of Group Size in Collective Action. A Theory of the Critical Mass II, *American Sociological Review*, Jg. 53, H. 1, S. 1–8.

– (1991), A Theory of the Critical Mass IV. Cliques and Collective Action, in: Henrik Kreutz/Johann Bacher (Hg.), *Disziplin und Kreativität. Sozialwissenschaftliche Computersimulation*, Opladen, S. 49–62.

– (1993), *The Critical Mass in Collective Action*, Cambridge, Mass.

Marwell, Gerald/Oliver, Pamela/Prahl, Ralf (1988), Social Networks and Collective Action. A Theory of the Critical Mass III, *American Journal of Sociology*, Jg. 94, H. 3, S. 502–534.

– (1991), Reach and Selectivity as Strategies of Recruitment for Collective Action. A Theory of the Critical Mass V, *Journal of Mathematical Sociology*, Jg. 16, H. 2, S. 137–164.

Marwell, Gerald/Oliver, Pamela/Teixeira, Ruy A. (1985), A Theory of the Critical Mass I. Interdependence, Group Heterogeneity, and the Production of Collective Action, *American Journal of Sociology*, Jg. 91, H. 3, S. 522–556.

Marx, Karl (1968 [1867]), Das Kapital. Kritik der politischen Ökonomie. Bd. 1, in: Friedrich Engels, *Werke*, Bd. 23, Berlin.

– (1968 [1932]), Ökonomisch-philosophische Manuskripte aus dem Jahre 1844, in: Friedrich Engels, *Werke*, Ergänzungsband 1, Berlin, S. 465–588.

– (1969 [1845]), Thesen über Feuerbach, in: ders./Friedrich Engels, *Werke*, Bd. 3, Berlin, S. 3–5.

– (1971 [1859]), Zur Kritik der Politischen Ökonomie. Vorwort, in: Friedrich Engels, *Werke*, Bd. 13. Berlin, S. 7–11.

– (1972 [1847]), Das Elend der Philosophie, in: Friedrich Engels, *Werke*, Bd. 4, Berlin, S. 63–182.

- (1976 [1843]), Zur Kritik der Hegelschen Rechtsphilosophie. Kritik des Hegelschen Staatsrechts, in: Friedrich Engels, *Werke*, Bd. 1, Berlin, S. 203–333.
- (1983 [1894]), Das Kapital. Kritik der politischen Ökonomie. Bd. 3, in: Engels, Friedrich, *Werke*, Bd. 25, Berlin.

Marx, Karl/Engels, Friedrich (1969 [1845]), *Thesen über Feuerbach*, in: Karl Marx/Friedrich Engels, *Werke*, Bd. 3, Berlin, S. 3–5.

- (1972 [1848]), Manifest der Kommunistischen Partei. in: Karl Marx/Friedrich Engels, *Werke*, Bd. 4, Berlin, S. 459–493.

Mason, Paul (2012), *Why It's Kicking Off Everywhere. The New Global Revolutions*, London/New York.

McAdam, Doug (1982), *Political Process and the Development of Black Insurgency, 1930–1970*, Chicago.

McAdam, Doug (1999), Introduction to the Second Edition, in: ders., *Political Process and the Development of Black Insurgency, 1930–1970*, 2nd ed., Chicago, S. vii–xlii.

McAdam, Doug/Tarrow, Sidney (2010), Ballots and Barricades. On the Reciprocal Relationship between Elections and Social Movements, *Perspectives on Politics*, Jg. 8, H. 2, S. 529–542.

McAdam, Doug/Tarrow, Sidney/Tilly, Charles (2001), *Dynamics of Contention*, Cambridge, Mass.

McCammon, Holly J./Campbell, Karen E./Granberg, Ellen M./Mowery, Christine (2001), How Movements Win. Gendered Opportunity Structures and U.S. Women's Suffrage Movements, 1866 to 1919, *American Sociological Review*, Jg. 66, H. 1, S. 49–70.

McCarthy, John D./Mayer N. Zald (1977), Resource Mobilization and Social Movements. A Partial Theory, *American Journal of Sociology*, Jg. 82, H. 6, S. 1212–1241.

McDonald, Kevin (2002), From Solidarity to Fluidity. Social Movements beyond ›Collective Identity‹. The Case of Globalization Conflicts, *Social Movement Studies*, Jg. 1, H. 2, S. 109–128.

Melucci, Alberto (1980), The New Social Movements. A Theoretical Approach, *Social Science Information*, Jg. 19, H. 2, S. 199–226.

- (1988), Getting Involved. Identity and Mobilization in Social Movements, *International Social Movement Research*, Jg. 1, S. 329–348.
- (1989), *Nomads of the Present. Social Movements and Individual Needs in Contemporary Society*, Philadelphia.
- (1995), The Process of Collective Identity, in: Hank Johnston/Bert Klandermans (Hg.), *Social Movements And Culture*, Minneapolis, S. 41–63.

Meyer, John W./Boli, John/Thomas, George M./Ramirez, Francisco O. (1997), World Society and the Nation-State, *American Journal of Sociology*, Jg. 103, H. 1, S. 144–181.

Michels, Robert (1911), *Zur Soziologie des Parteiwesens in der modernen Demokratie. Untersuchungen über die oligarchischen Tendenzen des Gruppenlebens*, Leipzig.

Mills, C. Wright (1959), *The Sociological Imagination*, Oxford/New York.

Mohanty, Chandra Talpade (1991), *Third World Women and the Politics of Feminism*, Bloomington.

Mudde, Cas (2005), Racist Extremism in Central and Eastern Europe, *East European Politics & Societies*, Jg. 19, H. 2, S. 161–184.

Musgrave, Richard A./Musgrave, Peggy B./Kullmer, Lore (1990 [1966]), *Die öffentlichen Finanzen in Theorie und Praxis*, Tübingen.

Nave-Herz, Rosemarie (1997), *Die Geschichte der Frauenbewegung in Deutschland*, Bonn.

Neidhardt, Friedhelm/Rucht, Dieter (1991), The Analysis of Social Movements. The State of Art and Some Perspectives for Further Research, in: Dieter Rucht (Hg.), *Research on Social Movements. The State of the Art in Western Europe and the USA*, Frankfurt a. M./New York, S. 421–464.

Nordhausen, Frank/Schmid, Thomas (2011), *Die arabische Revolution*, Berlin.

O'Brien, Kevin J./Li, Lianjiang (2006), *Rightful Resistance in Rural China*, Cambridge, Mass.

Oberschall, Anthony (1973), *Social Conflict and Social Movements*, Eaglewood Cliffs, N.J.

Offe, Claus (1985), New Social Movements. Challenging the Boundaries of Institutional Politics, *Social Research*, Jg. 52, H. 4, S. 817–868.

Oliver, Pamela (1980), Rewards and Punishments as Selective Incentives for Collective Action. Theoretical Investigations, *American Journal of Sociology*, Jg. 85, H. 6, S. 1356–1375.

Oliver, Pamela/Marwell, Gerald (2001), Whatever Happened to Critical Mass Theory? A Retrospective and Assessment, *Sociological Theory*, Jg. 19, H. 3, S. 292–311.

Olson, Mancur (1985 [1965]), *Die Logik des kollektiven Handelns*, Tübingen.

Opp, Karl-Dieter (1991), DDR '89. Zu den Ursachen einer spontanen Revolution, *Kölner Zeitschrift für Soziologie und Sozialpsychologie*, Jg. 43, H. 2, S. 302–321.

– (1996), Aufstieg und Niedergang der Ökologiebewegung in der Bundesrepublik, in: Andreas Diekmann/Carlo C. Jäger (Hg.), *Umweltsoziologie*. Sonderheft der Kölner Zeitschrift für Soziologie und Sozialpsychologie, Bd. 36, Opladen, S. 350–379.

– (2009), *Theories of Political Protest and Social Movements. A Multidisciplinary Introduction, Critique, and Synthesis*, London/New York.

Opp, Karl-Dieter/Gern, Christiane (1993), Dissident Groups, Personal Networks and Spontaneous Cooperation. The East German Revolution of 1989, *American Sociological Review*, Jg. 58, H. 5, S. 659–680.

Opp, Karl-Dieter/ Voß, Peter/Gern, Christiane (1993), *Die volkseigene Revolution*, Stuttgart.

Park, Robert E/Burgess, Ernest W. (2009 [1921]), *Introduction to the Science of Sociology*, Chicago.

Parsons, Talcott (1937), *The Structure of Social Action. A Study in Social Theory with Special Reference to a Group of Recent European Writers*, New York/London.

Pettenkofer, Andreas (2010), *Radikaler Protest. Zur soziologischen Theorie politischer Bewegungen*, Frankfurt a. M./New York.

Philpott, Daniel (2007), Explaining the Political Ambivalence of Religion, *American Political Science Review*, Jg. 101, H. 3, S. 505–525.

Piven, Frances F./Cloward, Richard A. (1977), *Poor People's Movements. Why They Succeed, How They Fail*, New York.

– (1992), Normalizing Collective Protest, in: Aldon Morris/Caroll McClurg Mueller (Hg.), *Frontiers of Social Movement Theory*, New Haven, S. 302–325.

Pizzorno, Alessandro (1975), *Marché, démocratie, action collective*, Paris (unveröffentlichtes Manuskript).

– (1978), Political Science and Collective Identity in Industrial Conflict, in: Colin Crouch/Alessandro Pizzorno (Hg.), *Resurgence of Class Conflict in Western Europe Since 1968*, London/Basingstoke, S. 277–299.

Pollack, Detlef (2000), *Politischer Protest. Politisch alternative Gruppen in der DDR*, Opladen.

Polletta, Francesca (2006), *It Was Like a Fever. Storytelling in Protest and Politics*, Chicago.

Polletta, Francesca/Jasper, James M. (2001), Collective Identity and Social Movements, *Annual Review of Sociology*, Jg. 27, S. 283–305.

Raub, Werner/Voss, Thomas (1986), Die Sozialstruktur der Kooperation rationaler Egoisten. Zur ›utilitaristischen‹ Erklärung sozialer Ordnung, *Zeitschrift für Soziologie*, Jg. 15, H. 5, S. 309–323.

Raub, Werner/Weesie, Jeroen (1990), Reputation and Efficiency in Social Interactions. An Example of Network Effects, *American Journal of Sociology*, Jg. 96, H. 3, S. 626–654.

Reimuth, Dorothea (2016), Judith Butler and the Politics of Protest, in: Jochen Roose/Hella Dietz (Hg.), *Social Theory and Social Movements*, Wiesbaden, S. 135–155.

Reuband, Karl-Heinz (2016), Außenseiter oder Repräsentanten der Mehrheit?, in: Karl-Siegbert Rehberg/Franziska Kunz/Tino Schlinzig (Hg.), *PEGIDA. Rechtspopulismus zwischen Fremdenangst und ›Wende‹-Enttäuschung? Analysen im Überblick*, Bielefeld, S. 165–186.

Riker, William H./Ordeshook, Peter C. (1968), A Theory of the Calculus of Voting, *American Political Science Review*, Jg. 62, H. 1, S. 25–42.

Rizzolatti, Giacomo/Sinigaglia, Corrado (2008), *Empathie und Spiegelneurone. Die biologische Basis des Mitgefühls*, Frankfurt a. M.

Rochford, E. Burke (1985), *Hare Krishna in America*, New Brunswick.

Rohlinger, Deana A. (2002), Framing the Abortion Debate. Organizational Resources, Media Strategies, and Movement-Countermovement Dynamics, *Sociological Quarterly*, Jg. 43, H. 4, S. 479–507.

Roose, Jochen (2016), Paths of Innovation in Social Movement Theory, in: ders./ Hella Dietz (Hg.), *Social Theory and Social Movements*, Wiesbaden, S. 1–12.

Roose, Jochen/Dietz, Hella (Hg.)(2016), *Social Theory and Social Movements*, Wiesbaden.

Rosenthal, Naomi/Fingrutd, Meryl/Ethier, Michele/Karant, Roberta/McDonald, David (1985), Social Movements and Network Analysis. A Case Study of Nineteenth-century Women's Reform in New York State, *American Journal of Sociology*, Jg. 90, H. 5, S. 1022–1054.

Rucht, Dieter (2015) *Pegida & Co. Aufstieg und Fall eines populistischen Unternehmens. Friedrich-Ebert-Stiftung*, betrifft: Bürgergesellschaft, Nr. 41, Berlin.

Rule, James/Tilly, Charles (1975), Political Process in Revolutionary France: 1830–1832, in: John M. Merriman (Hg.), *1830 in France*, New York, S. 41–85.

Rupp, Leila/Taylor, Verta (1999), Forging Feminist Identity in an International Movement. A Collective Identity Approach to Twentieth-Century Feminism, *Signs,* Jg. 24, H. 2, S. 363–386.

Samuelson, Paul A. (1954), The Pure Theory of Public Expenditures, *Review of Economic and Statistics*, Jg. 36, H. 4, S. 387–389.

Saunders, Clare (2008), Double-Edged Swords? Collective Identity and Solidarity in the Environment Movement, *British Journal of Sociology*, Jg. 59, H. 2, S. 227–253.

Schmalenbach, Hermann (1922), Die soziologische Kategorie des Bundes, München.

Schmitz, Hermann (2014), *Atmosphären*, Freiburg i. Br.

Schnabel, Annette (2003), *Die Rationalität der Emotionen. Die Neue Deutsche Frauenbewegung als soziale Bewegung*, Wiesbaden.

Schneiberg, Marc/Lounsbury, Michael (2008), Social Movements and Institutional Analysis, in: Greenwood Royston/Christine Oliver/Kerstin Sahlin-Andersson, /Roy Suddaby (Hg.), *The Sage Handbook of Organizational Institutionalism*, London/Thousand Oaks, Calif., S. 648–670.

Schubert, Hans-Joachim (2007), The Chicago School of Sociology. Theorie, Empirie, Methode, in: Klingemann, Carsten (Hg.), *Soziologisches Erbe: Georg Simmel, Max Weber, Soziologie und Religion, Chicagoer Schule der Soziologie*, Wiesbaden, S. 119–164.

Scott, W. Richard (2004) Reflections on a Half-Century of Organizational Sociology, *Annual Review for Sociology,* Jg. 30, S. 1–21.

Sherkat, Darren E./Ellison, Christopher G. (1997), The Cognitive Structure of a Moral Crusade. Conservative Protestantism and Opposition to Pornography, *Social Forces*, Jg.75, H. 3, S. 957–980.

Shifman, Limor (2014), *Memes in Digital Cultures*, Cambridge, Mass.

Simon, Herbert A. (1955), A Behavioral Model of Rational Choice, *Quarterly Journal of Economics*, Jg. 69, H. 1, S. 99–118.

Smelser, Neil J. (1959), *Social Change in the Industrial Revolution. An Application of Theory to the Lancashire Cotton Industry, 1770–1840*, London.

– (1962), *Theory of Collective Behavior*, New York.

Snow, David A. (1979), A Dramaturgical Analysis Of Movement Accommodation. Building Idiosyncrasy Credit as a Movement Mobilization Strategy, *Symbolic Interaction*, Jg. 2, H. 2, S. 23–44.

– (1987), Organization, Ideology and Mobilization. The Case of Nichiren Shoshu of America, in: David G. Bromley/Pilipp E. Hammond (Hg.), *The Future of New Religious Movements*, Macon, S. 153–172.

Snow, David A./Benford, Robert D. (1988), Ideology, Frame Resonance, and Participant Mobilization. *International Social Movement Research*, Jg. 1, H. 1, S. 197–217.

Snow, David A./McAdam, Doug (2000), Identity Work Processes in the Context of Social Movements. Clarifying the Identity/Movement Nexus, in: Sheldon Stryker/Timothy Owens/Robert W. White (Hg.), *Self, Identity and Social Movements*, Minneapolis/London, S. 41–67.

Snow, David A./Rochford, Jr., Burke E./Worden, Steven K./Benford., Robert D. (1986), Frame Alignment Processes, Micromobilization and Movement Participation, *American Sociological Review*, Jg. 51, H. 4, S. 464–81.

Speit, Andreas (2016), *Bürgerliche Scharfmacher: Deutschlands neue rechte Mitte – von AfD bis Pegida*, Basel.

Spelman, Elizabeth V. (1988), *Inessential Woman. Problems of Exclusion in Feminist Thought*, Boston.

Stark, Rodney, (1996), *The Rise of Christianity. A Sociologist Reconsiders History*, Princeton, N.J.

Stavrakakis, Yannis (2014), The Return of ›the People‹. Populism and Anti-Populism in the Shadow of the European Crisis, *Constellations*, Jg. 21, H. 4, S. 505–517.

Steinberg, Marc W. (1998), Tilting the Frame. Considerations on Collective Action Framing from a Discursive Turn, *Theory and Society*, Jg. 27, H. 6, S. 845–72.

Sugden, Robert (1991), Rational Choice. A Survey of Contributions from Economics and Philosophy, *The Economic Journal*, Jg. 101, Nr. 407, S. 751–785.

Swidler, Ann (1986), Culture in Action. Symbols and Strategies, *American Sociological Review*, Jg. 51, H. 2, S. 273–86.

- (1995), Cultural Power and Social Movements, in: Hank Johnston/Bert Klandermans (Hg.), *Social Movements And Culture*, Minneapolis, S. 20–44.

Tajfel, Henri/ Turner, John C. (1979), An Integrative Theory of Intergroup Conflict, in: William G. Austin/Stephen Worchel (Hg.), *The Social Psychology of Intergroup Relations*, Monterey, S. 33–47.

- (1986), The Social Identity Theory of Intergroup Behavior, in: William G. Austin/Stephen Worchel (Hg.), *Psychology of Intergroup Relations*, Chicago, S. 7–24.

Tarrow, Sidney (1983), *Struggling to Reform. Social Movements and Policy Change during Cycles of Protest*, Ithaca, N.Y.

- (2011 [1998]), *Power in Movement. Social Movements and Contentious Politics,* Cambridge, Mass.

Taylor, Verta/Whittier, Nancy E. (1992), Collective Identity in Social Movement Communities. Lesbian Feminist Mobilization, in: Aldon D. Morris/ Caroll McClurg Mueller (Hg.), *Frontiers in Social Movement Theory*, New Haven, S. 104–129.

- (1995), Analytical approaches to social movement culture. The Culture of the Women's Movement, *Social Movements and Culture*, Jg. 4, S. 163–187.

Theocharis, Yannis/Lowe, Will/van Deth, Jan W./ García-Albacete, Gema (2015), Using Twitter to Mobilize Protest Action: Online Mobilization Patterns and Action Repertoires in the Occupy Wall Street, Indignados, and Aganaktismenoi Movements, *Information, Communication & Society*, Jg. 18, H. 2, S. 202–220.

Thomas, William I./Thomas, Dorothy S. (1928), *The Child in America. Behavior Problems and Programs*, New York.

Tilly, Charles (1973), Does Modernization Breed Revolution?, *Comparative Politics*, Jg. 5, H. 3, S. 425–447.

- (1976 [1964]), *The Vendée*, Cambridge, Mass.
- (1978), *From Mobilization to Revolution*, New York.
- (2004), *Social Movements 1768–2004*, Boulder.

Tilly, Charles/Wood, Lesley J. (2015), *Social Movements 1768–2012*, London.

Tilly, Charles/McAdam, Doug/Tarrow, Sidney (2001), *Dynamics of Contention*, Cambridge, Mass.

Touraine, Alain (1974), *Pour la Sociologie*, Paris.

- (1971), *The Post-Industrial Society. Tomorrow's Social History. Classes, Conflicts and Culture in the Programmed Society*, New York.

- (1981 [1978]), *The Voice and the Eye. An Analysis of Social Movements*, Cambridge, Mass.

Turner, Ralph H. (1964), Collective Behavior, in: Robert Faris (Hg.), *Handbook of Modern Sociology*, Chicago, S. 382–425.

- (1969), The Theme of Contemporary Social Movements, *The British Journal of Sociology*, Jg. 20, H. 4, S. 390–405.

Turner, Ralph H./Killian, Lewis M. (1957), *Collective Behavior*, Englewood Cliffs, N.J.
-    (1972), *Collective Behavior,* 2nd ed., Englewood Cliffs, N. J.
Tversky, Amos/Kahneman, Daniel (1981), The Framing of Decisions and the Psychology of Choice, *Science*, Jg. 211, Nr. 4481, S. 453–458.
Van Dülmen, Richard (2015), *Reformation als Revolution: Soziale Bewegung und religiöser Radikalismus in der deutschen Reformation*, Frankfurt a. M.
Vanberg, Viktor (1975), *Die zwei Soziologien. Individualismus und Kollektivismus in der Sozialtheorie*, Tübingen.
-    (1978), Kollektive Güter und kollektives Handeln, *Kölner Zeitschrift für Soziologie und Sozialpsychologie*, Jg. 30, H. 4, S. 652–679.
Walder, Andrew (2009), Political Sociology and Social Movements, *Annual Reviews*, Jg. 35, S. 393–412.
Weber, Max (1985 [1922]), *Gesammelte Aufsätze zur Wissenschaftslehre*, Tübingen.
Weede, Erich (1992), *Mensch und Gesellschaft. Soziologie aus der Perspektive des methodologischen Individualismus*, Tübingen.
Weede, Erich/Muller, Edward N. (1998), Rebellion, Violence and Revolution a Rational Choice Perspective, *Journal of Peace Research*, Jg. 35, H. 1, S. 43–59.
Weller, Jack M./Quarantelli, Enrico L. (1973), Neglected Characteristics of Collective Behavior, *American Journal of Sociology,* Jg. 79, H. 3, S. 665–685.
Wellman, Barry/Quan-Haase, Anabel/Boase, Jeffrey/Chen, Wenhong/Hampton, Keith/Díaz, Isabel/ Miyata, Kakuko (2003), The Social Affordances of the Internet for Networked Individualism, *Journal of Computer-Mediated Communication*, Jg. 8, H. 3, DOI: 10.1111/j.1083–6101.2003.tb00216.x.
Whittier, Nancy (1997), Political Generations, Micro-Cohorts and the Transformation of Social Movements, *American Sociological Review*, Jg. 62, H. 5, S. 760–778.
Whyte, William F. (1943), *Street Corner Society. The Social Structure of an Italian* Slum, Chicago.
Wiesenthal, Helmut (1987), Rational Choice. Ein Überblick über Grundlinien, Theoriefelder und neuere Themenakquisition eines sozialwissenschaftlichen Paradigmas, *Zeitschrift für Soziologie*, Jg. 16, H. 6, S. 434–449.
Wiktorowicz, Quintan (2004), *Islamic Activism. A Social Movement Theory Approach*, Bloomington.
Wolford, Wendy (2003), Families, Fields and Fighting for Land. The Spatial Dynamics of Contention in Rural Brazil, *Mobilization*, Jg. 8, H. 2, S. 157–172.
Woods, Roger (2007), *Germany's New Right as Culture and Politics*, New York.
Young, Iris M. (1994), Gender as Seriality. Thinking about Women as a Social Collective, *Signs*, Jg. 19, H. 3, S. 99–124.
Zald, Mayer N./Ash, Roberta (1966), Social Movement Organizations. Growth, Decay and Change, *Social Forces*, Jg. 44, H. 3, S. 327–341.